民族药物提取分离新技术

朴香兰 / 编著

Minzu Yaowu Tiqu Fenli Xinjishu

中央民族大学出版社
China Minzu University Press

图书在版编目（CIP）数据

民族药物提取分离新技术/朴香兰编著. —北京：
中央民族大学出版社，2011.10（2017.12重印）
ISBN 978 - 7 - 5660 - 0036 - 1

Ⅰ.①民…　Ⅱ.①朴…　Ⅲ.①民族医学—中药
化学成分—提取②民族医学—中药化学成分—分离
Ⅳ.①R284.2

中国版本图书馆 CIP 数据核字（2011）第 152480 号

民族药物提取分离新技术

编著者　朴香兰
责任编辑　李　飞
封面设计　布拉格
出　版　者　中央民族大学出版社
　　　　　　北京市海淀区中关村南大街 27 号　邮编：100081
　　　　　　电话：68472815（发行部）传真：68932751（发行部）
　　　　　　　　68932218（总编室）　　　　68932447（办公室）
发　行　者　全国各地新华书店
印　刷　者　北京盛华达印刷有限公司
开　　　本　787×960（毫米）　1/16　印张：13.875
字　　　数　230 千字
版　　　次　2011 年 10 月第 1 版　2017 年 12 月第 2 次印刷
书　　　号　ISBN 978 - 7 - 5660 - 0036 - 1
定　　　价　30.00 元

教育部
"长江学者和创新团队发展计划"
资 助 出 版
(IRT0871)

(Supproted by Program for Changjiang Scholars and Innovative
Research Team in University PCSIRT)

目　　录

内容简介

　　民族医药是我国传统医药的重要组成部分，它有自己的医疗特色。在我国五十五个少数民族中，藏、蒙古、维吾尔、傣、朝鲜、壮、苗、土家等民族医药学，都有悠久的历史和自己的理论体系，对防病治病，为本民族人民的身体健康和繁衍昌盛作出了重要的贡献。

　　当今科学技术的高速发展给中药、民族药的发展带来了良好的机遇，应用现代科学技术手段研究中药、民族药是其发展的必然途经。提高中药、民族药的质量，改变它们传统剂型"大、黑、粗"的状态，让中药、民族药进入国际市场，对它们的制备加工工艺提出了更高要求，其中中药、民族药有效成分的提取分离过程是其重要的关键环节。中药、民族药活性成分研究的早期方法盲目性大，耗时、费资。因此很有必要研究新的分离方法，快速从中药、民族药中有目的地选择分离有效成分。

　　全书共分五章。第一章总论介绍我国民族医药的概况，我国民族药物的现状，民族医药的保护与发展及民族药物提取分离新技术的研究意义；第二章主要介绍民族药物提取新技术；第三章介绍民族药物分离新技术；第四章介绍民族药物不同类型成分的提取分离；第五章民族药物开发。本书可供从事传统药物研究、开发与生产的专业技术人员，相关专业高校教师、高年级本科生、研究生以及从事化工、植物学、农学、食品、天然资源研究的技术人员学习参考。

第一章 总 论

第一节 民族药物的简况

一、民族医药

医药是人类与生俱来的需求，各个民族在历史上都有自己的医学创造与医学积累。"民族医学"是在各民族发展过程中产生的有自身文化特点的疾病信仰与治疗实践。民族医药的概念可以分广义和狭义的两种。广义的概念是指中华民族的传统医药，犹如民族工业、民族企业、民族经济的用词一样。这里的民族，是指中华民族大家庭，具有本国的、本土的、非外来的意义。狭义的概念就是指中国少数民族的传统医药。由于在现阶段的中国，"民族"一词习惯上是"少数民族"的简称，所以上述"民族医药"的概念不会产生歧义，也不可能把中医学包容在内[1]。

民族医药是中国传统医药的组成部分，它是中国少数民族的传统医药，其中包括藏医药、蒙古医药、维吾尔医药、傣医药、壮医药、苗医药、瑶医药、彝医药、侗医药、土家族医药、回回医药、朝鲜族医药等等。民族医药是中国社会医药文化多元性的反映，它是中医学的姐妹而不是中医学的地方化或中医学的某个分支。民族医药这个概念本身，并不是一个新创立的、统一的医学体系，而是多种民族医药成分聚合在一起的一个学术总称和工作定义，它是蕴藏在民间的养生习俗、单方验方、草医草药和医疗方面的一技之长，他们并不一定受到中医学的理论的指导，也很难归属于某个民族医学，人们一般通称其为"民间草医"。民族医学和中医学从其民族性、历史性、传承性而言，它们和中医学有着相似的哲学思维、医疗特点、用药经验和历史命运，都属于中国的传统医药。

中国传统医药包括中医药、民族医药、民间医药。世界卫生组织于 1976 年把传统医药列入工作日程。在 2002 年通过的《世界卫生组织 2002～2005 年传统医学战略》中，对传统医学下了确切的定义，指出"传统医学是传统中医学、印度医学及阿拉伯医学等传统医学系统以及多种形式的民间疗法的统称。传统医学疗法包括药物疗法（如使用草药、动物器官和矿物）和非药物疗法（如在基本不使用药物的情况下进行，比如针刺疗法、手法治疗及精神治疗）。在主要卫生保健系统基于对抗疗法或传统医学尚未纳入国家卫生保健系统的国家，传统医学经常被称为"补充"、"替代"或"非常规"医学。显然，我国的民族医药不仅是中国传统医学的重要组成部分，而且就其学术体系的完整性、继承保护的完善性和现代应用的广泛性而言，也应该是世界传统医学的重要组成部分[2]。

"非物质文化遗产"是指各族人民世代相承的、与群众生活密切相关的各种传统文化表现形式和文化空间。民族医药作为有关自然界和宇宙的民间传统知识和实践，属于非物质文化遗产范畴。它是中国珍贵的、面临濒危并且具有历史、文化和科学价值的民族传统医学。应将民族医药的传承与发展，纳入到各民族非物质文化遗产的保护与传承轨迹之中并加以重视。

1982 年颁布的《中华人民共和国宪法》规定："国家发展医疗卫生事业，发展现代医药和我国传统医药"。这里指的传统医药包括中医药、民族医药和民间医药三个组成部分。1984 年 11 月 23 日国务院办公厅转发卫生部、国家民族事务委员会《关于加强全国民族医药工作的几点意见》的通知中指出："民族医药是祖国医药学宝库的重要组成部分。发展民族医药事业，不但是各族人民健康的需要，而且对增进民族团结、促进民族地区经济、文化事业的发展，建设具有中国特色的社会主义医疗卫生事业有着十分重要的意义"。1997 年 1 月 15 日，中共中央、国务院《关于卫生改革与发展的决定》指出："各民族医药是中华民族传统医药的组成部分，要努力发掘、整理、总结、提高，充分发挥其保护各民族人民健康的作用"。2002 年 10 月 19 日，中共中央、国务院《关于进一步加强农村卫生工作的决定》指出："要认真发掘、整理和推广民族医药技术"。

2002 年 12 月 4 日，卫生部、教育部、人事部、农业部在《关于加强农村卫生人才培养和队伍建设的意见》中提出"在中等医学专业中可保留卫生保健及中医（民族医）类专业"，在谈到进一步深化课程体系和教学内容改革时，要求"增强全科医学知识和中医药学（民族医学）的教学内容"。2004
年 2 月 19 日，国务院副总理吴仪在全国中医药工作会议上讲话指出："民族医
药在保障人民群众身体健康方面也发挥着重要作用，要认真做好挖掘、整理、
总结、提高工作，大力促进其发展"；"在少数民族集中居住的农村和偏远山
区、牧区，还要注重发挥民族医药的作用，要高度重视民族医药的发展"。吴
仪副总理强调："我们都在讲中医药是国粹，要努力保护，加以提高，但是不
给予积极支持，连起码的政策都不落实，又谈何重视，谈何保护，谈何提高？
这必须引起我们的高度重视，要果断落实好既有的政策，把对中医药的支持落
实到行动上来。同时，要不断研究制定新的有利于中医药发展的政策"。2003
年 10 月 1 日起实施的《中华人民共和国中医药条例》在附则中规定："民族
医药的治理参照本条例执行"。这表明，民族医药有自己独立的学术地位，享
受与中医药相同的政策。在不违反《中医药条例》的前提下，民族医药可以
有特殊的待遇。特别是在民族地区，在民族自治法、民族自治条例的范围内，
允许制定某些相应的因地制宜的保护、继承、发展的具体措施。

二、民族医药的优势

医药理论的形成与发展基本相同，都是由长期的经验，通过长期的实践不
断的完善、总结而来的。药用资源基本相同，都是以天然的（或人工的）动
植物为主。由于各民族聚居的地域不同，自然环境不同，生活习惯不同，文化
背景不同，形成的医药理论体系也不同，使其各自的医学擅长治疗某些门类的
病症。如：蒙藏医药擅长治疗风湿病、皮肤病、胃肠疾病，而傣、苗一些南方
民族则擅于治疗疟疾、毒蛇咬伤、外伤等疾病。

少数民族医药在临床方面有其独特的优势，具有内涵丰富的实践经验和独
特的理论。它不但对疾病的治疗起到积极作用，而且对疾病的未病先防和疾病
防变等方面皆起到很好的效果。例如，蒙古族医学的防治方法，除了药物以
外，还有传统的灸疗、针刺、正骨、冷热敷、马奶酒疗法、饮食疗法、正脑
术、药浴、天然温泉疗法等；藏医对疾病的预防有着相当丰富的内容，除了药
物防治之外，还有灸法、搽涂外敷法、药浴、药膳等防治疾病的方法；维吾尔
族医学将治疗方法在形式上分为四大类：即护理疗法、饮食疗法、药物疗法、
手治疗法；壮族医学、朝鲜族医学、傣族医学、彝族医学以及苗族、鄂伦春
族、拉祜族等少数民族医学也各其独特的医疗方法和特效方药。

三、我国民族医药的政策

《中华人民共和国药典》从 1977 年版开始，在所收载的"中药药材"中开始包括少数民族药材，在中药成方制剂中包括少数民族成药，这是《中国药典》第一次出现民族药的概念。

2007 年 12 月 18 日，国家中医药管理局等 11 部委联合制定并发布了《关于切实加强民族医药事业发展的指导意见》（以下称《指导意见》），提出了完善民族医药从业人员准入制度的政策。在继续完善藏、蒙、维、傣医师资格考试的同时，开展中医类别中医（朝医）专业和中医类别中医（壮医）专业医师资格考试。此次出台的《指导意见》明确了发展民族医药事业的工作思路和工作目标，提出"要切实加大投入"新建医院，改善现有民族医院的基础设施等，各地要根据本地区的实际情况和当地群众对民族医药服务的需求，在有条件的综合性医院、乡镇卫生院、社区卫生服务中心设立民族医科（室）。为此，中央财政将投入数亿元资金，用于扶持和鼓励民族医药事业的发展。

在 2008 年举行的第十一届全国人民代表大会第一次会议上，温家宝总理在政府工作报告中提出："要扶持中医药和民族医药事业的发展"。2008 年 7 月，《中国的药品安全监管状况》白皮书面世。其中，"中药和民族药的监管"被作为重要的内容单列——无论是加大政策支持力度的举措，还是关于出台相关法律法规的建议，其目的都是为民族医药创造更大的发展空间，保证民族医药的可持续发展。

第二节　我国民族药物的现状

一、现状概述

在我国的 55 个少数民族中，已整理出传统医药资料的有 30 多个民族。由于历史条件和文化背景不同，各个民族的传统医药的发展是不平衡的，后来的继承发展状况也各不相同：有的民族医药不仅有丰富多彩的诊疗方法，而且形成了独特的医药理论体系；有的民族则只保留了少量的医药书籍，而且散落在民间，目前尚在进行系统整理之中；有的则没有文字记载，只流传了一些单方、验方或简易的诊疗方法，有待进一步发掘和整理。一些少数民族医学除了吸收汉族医学外，还吸收了其他国家的医学，由此丰富了民族医学的内容。比如，藏族医学既吸收了汉族医学，也吸收了古印度医学；蒙族医学既吸收汉、藏医学也曾吸收俄罗斯医学等。

近30年来，特别是从1984年9月全国第一次民族医药工作会议以来，我国民族医药事业得到较快的恢复和发展。目前我国有藏、蒙古、维吾尔、傣、壮、朝鲜、苗、瑶、回、彝、土家、布依、侗、哈萨克、羌共15个民族设置本民族医药的医院共203所，随着投入不断加大，一批民族医院、科研机构和民族医药高等院校相继建立，一些综合医院和乡镇卫生院设立民族医科。国家中医药管理局共确定了13个重点民族医专科（专病），10家重点民族医医院建设单位，取得了较好成效[3]。历史上没有文字和医学文献的少数民族，民族医药的发掘整理成效显著，陆续用汉文编著出版了本民族传统医学的概论、医学史、诊断学和药物学等方面的图书，其中以壮医学、苗医学、土家医学、瑶医学、侗医学为代表。此外还有仡佬、布依、畲、黎、拉祜、羌、佤、纳西、水、满、毛南等民族，也都出版了本民族的传统医学专著。民族医药作为非物质文化遗产受到广泛重视。

然而，我们也应看到，民族医药目前的发展状况面临着人才、政策、资金等诸多困扰。其中，最大的问题是理论体系和标准建设问题。质量标准落后，部分民族药的有效成分没有明确的定性、定量指标，一些验方在理论系统上存在争议和空白，种种问题阻碍了民族医药的进一步推广和应用。

二、研究机构及教育现状

（一）中国民族医药学会

中国民族医药学会是中国各少数民族传统医药的学术团体。中国是一个历史悠久的多民族国家，传统文化的积累非常深厚，各个民族在历史上创造了大量的医药文化。除中医学以外，还有藏医学、蒙医学、维吾尔医学、傣医学、壮医学以及苗、瑶、彝、侗、土家、朝鲜、回、哈萨克等几十种民族医药。它是一个伟大的医药宝库，也是当代依然有科学生命力的医药卫生资源。

中国民族医药学会是由国家中医药管理局主管的学术团体，成立于1994年2月18日，1997年11月召开第一届全国会员代表大会并全面开展学术活动，现有会员11000余人，团体会员35个。从1998年开始，相继主办或承办了藏医药、蒙医药、维吾尔医药的大型国际学术会议，与各民族地区的地方政府和学术组织联合召开了藏医药、蒙医药、苗医药、土家医药、壮医药、瑶医药、彝医药、侗医药等学术研讨会，促进了这些民族医药的继承和发展。同时，连续举办了"中国民族医药论坛"，首次提出"让民族医药下山进城，造福人类"，对"民族医药的可持续发展"、"民族医药走向世界"、"民族医药与西部开发"、"民族医药面对入世"、"民族医药与社会保健"、"民族药产业发展与产业政策"等重大课题，组织专家和企业家进行了深入研讨。

中国民族医药学会对各地的民族医药做了大量的调查研究工作，认为民族医药是中华民族优秀传统文化的组成部分，是中华民族"多元一体"文化格局的重要表现。对民族医药的继承和发扬，是对民族文化应有的认知和尊重，也是根据人民的意愿对现实存在的传统医药资源的必要开发和合理利用。中国民族医药学会根据深入的调查和会员群众的意见向国家有关部门提出了《加强民族医药文献整理的建议》、《关于推荐民族医药专家进入国家药典委员会的建议》、《关于适当放宽民族医院院内制剂审批标准的建议》、《关于民族医药立法的建议》、《关于让更多的民族药进入"医保目录"的建议》、《关于推举民族药进入"国家基本药物制剂品种目录"的建议》及《国家基本药物目录》（民族药部分遴选方案的建议草案）等等，对民族医药工作的发展起了一定的推动作用。

中国民族医药学会多次提出"抢救民族医药，保护民族医药，把根留住"的学术呼吁。发掘整理民族医药要采取尊重历史、实事求是、满腔热情、深入细致的态度，有则有之，无则无之，多则多之，少则少之，不轻易否定，不随意拔高。保护民族医药主要要保护人才，保护文献文物，保护药材资源，保护民族医药文化园区。同时认为民族医药必须与时俱进，开拓创新，不抱残守缺，不固步自封，要利用先进的科学技术和现代化手段，促进民族医药的发展，千方百计提高自己的临床能力为人民造福。

中国民族医药学会是中国特有的医学学术团体。它深深地根植于历史文化的土壤之中，以"团结队伍，发展学术"为己任，将民族传统医药的精华奉献于当代中国人民并走向世界。

（二）中国民族医药协会

中国民族医药协会由国家民委主管，经国家民政部批准，于2007年9月5日正式成立。中国民族医药协会作为国家一级社团，旨在团结各民族热爱民族医药事业的工作者，积极发掘、整理和推广民族医药，不断促进民族医药事业的繁荣发展，充分发挥其保护各族人民健康的作用。主要职责包括：研究民族医药在发展中存在的问题，提出相关政策性建议；协助政府部门开展民族医药的相关工作，促进民族医药法制化建设；挖掘、整理和推广民族医药；继承和保护民族医药传统文化遗产；开展民族医药发展战略研究；组织民族医药相关培训活动；开展国内外民族医药文化交流活动，增进政府相关部门与广大民族医药工作者和各民族医药执业者之间的联系，帮助他们解决困难和问题，更好地为少数民族和民族地区服务，促进民族医药事业的发展。

中国民族医药协会成立以来，参与起草制定了一系列民族医药政策措施，并协助国家相关部委承办或协办传统医药领域的多项重大活动，包括"2007全民科技健康行动"、"2008年传统医药国际科技博览会"、"2009中国—东盟传统医药高峰论坛"、"2009传统医药国际科技大会暨博览会"、"2010传统医药国际科技大会暨博览会"等。在"2009传统医药国际科技大会暨博览会"、"2010传统医药国际科技大会暨博览会"中，中国民族医药协会作为协办单位，主办了大会分会"民族医药继承与发展论坛"。

（三）中国少数民族传统医学研究院

中国少数民族传统医学研究中心于2004年在国家"985工程"建设基础上进行筹建，2006年10月经国家民委和教育部批准，成为第一批国家民委—教育部共建重点实验室，也是中央民族大学首个科研型实验室。2008年6月，经学校研究决定将中国少数民族传统医学研究中心正式更名为中国少数民族传统医学研究院。研究院的中国少数民族传统医学是北京市重点（交叉）学科，并有中国少数民族传统医学的硕士点和博士点。

中国少数民族传统医学研究院根据国家重点发展基础科学研究方针和民族医药学发展趋势，本着"充实、完善、凝炼、提升"的指导思想，实行"开放、流动、联合、竞争"的运行机制，通过明确的研究目标与发展战略、浓郁的创新氛围、丰富的人力资源、足够的资源投入、高效率的项目组织、高质量的过程管理、有效的业绩考核创造良好的科研环境和实验条件，使本研究院逐步成为一流学者会聚、高层次人才快速成长、高水平研究成果层出不穷的中国民族医药学研究基地，构建成为布局合理、功能齐全、开放高效、体系完备的国家级开放型科研平台。

中国少数民族传统医学研究院自成立以来先后在中央民族大学"985工

程"二期建设项目、"十·五"规划、"211工程"二期建设项目支持下，加强科学研究、高层次人才培养及学术交流，完善民族医学学科发展的支撑体系建设，促进科研成果的社会转化，努力为少数民族健康与少数民族传统医药事业发展做贡献。

几年来，少数民族传统医学学科迅速发展。该院已形成了一支具有高度创新能力、开放性和学科交叉特点的创新团队，建立了完善的人才培养机制、科学的项目管理体制和运行机制，构建了具有中国特色的少数民族医药理论体系，不断提升少数民族医药学等学科的建设水平。目前，研究院是创新药物与民族药现代化国家民委—教育部重点实验室，中国少数民族医药文化学被列入北京市重点（交叉）学科，2008年，中国少数民族传统医学学科被列入中央民族大学"211工程"三期重点学科建设项目，主要开展少数民族传统医学、少数民族药学、少数民族公共卫生等方面的研究。中国少数民族传统医学研究院的建立和发展将为我国民族医学的理论体系和标准建设、我国民族医药的发展发挥重要作用。

（四）少数民族医药机构与人员队伍

目前，我国有民族医医院203所。2003年在北京成立了综合性的北京民族医院，全国各地还有一批民族医药的门诊部和科室。西藏、新疆、内蒙古、青海、四川、云南、湖南、吉林、辽宁等省、自治区都建立了民族医药研究所，开展了社会调查、文献整理、临床观察和药物研究，还有相当一部分分散在民间。广西、云南、贵州等地的壮族、瑶族、彝族、侗族、土家族医生，基本上是一支民间医生队伍。有的民族建立了医学典籍和理论体系，如藏族医学、蒙古族医学、维吾尔族医学、朝鲜族医学、傣族医学、彝族医学等；有的民族虽然没有文字，但医药资源丰富，近几十年来进行了大量的发掘工作，用汉文编纂出版了医学著作，梳理出了固有的理论并使之系统化，取得了学术上的重大建树，如壮族、瑶族、侗族、土家族医学等。

（五）少数民族的医药教育

为继承和发扬民族医药文化、逐步培养民族医药人才，从20世纪80年代起，藏医、蒙古医、维吾尔医都建立了专科学校，并在甘肃中医学院、成都中医药大学、云南中医学院内设立了藏医专业，广西中医学院设立了壮医专业，中央民族大学于2002年设立了藏医专业，2009年延边大学医学部也设立了朝医药专业。

三、我国民族医药企业的发展状况

我国民族医药企业的出现可以上溯到 20 世纪 60 年代大搞中草药群众运动时期。当时西藏自治区藏医院（它的前身是药王山医学利众院与"门孜康"合并而成的拉萨藏医院）因门诊量增大，国内外对藏药的需求明显增加，藏医不仅要在门诊看病，还要自己动手配药、粉碎、制丸、包装甚至发药。1964年，为了满足藏医药事业发展的需要，西藏自治区人民政府批准藏医院扩建藏药厂，同时派专人到北京同仁堂学习先进的制药技术。1982 年，由中国药材公司筹划并投资，在内蒙古的通辽建立了第一个现代化的蒙药厂。1996 年，在西藏自治区成立四十周年大庆时，由江苏省投资近 7000 万元在拉萨援建了现代化的西藏自治区藏药厂（今西藏藏药股份有限公司），成为传统藏药进入现代化生产的重要标志。20 世纪 90 年代初，在改革开放和西部大开发形势的鼓舞下，一批民营的民族医药企业如雨后春笋，蓬勃兴起。如奇正藏药创办于1993 年，金诃藏药创办于 1996 年。至目前为止，全国的民族药企业约 130 家，主要包括藏、蒙、维、苗、傣、彝六类民族药，有 47 个民族药品种已进入国家基本医疗保险报销目录[1]。

随着民族医药产业的快速发展，已经形成了一批颇具规模的民族医药企业。如西藏华西诺迪康药业集团、西藏自治区藏药厂、西藏藏医学院藏药厂、奇正藏药集团、青海金诃藏药集团、晶珠藏药有限公司、青海大地制药有限公司、青海久美藏药药业有限公司、甘肃独一味藏药有限公司、内蒙古蒙药制药厂、新疆维吾尔药厂等。

第三节　民族医药与知识产权保护

我国是个多民族国家，民族医学是各民族在长期的生产和医疗实践中摸索、总结出的独特的医药理论和诊疗方法。长期以来在少数民族地区的防病治病中发挥了重要的作用，是少数民族地区医药卫生保健体系的重要组成部分。是少数民族千百年来与大自然斗争的智慧和知识的结晶，是我国传统文化的一部分。我国有丰富的民族医药资源，在 12807 种药物资源中，其中有很大一部分是民族医药。但由于各民族的生活、生产习性以及条件的不同，各个民族医药的发展状况并不相同。与现代医药的发展相比，民族医药的发展还存在很多问题。

一、民族医药知识产权保护存在的问题

1. 民族医药相关资料的不完整

从 20 世纪 80 年代以来，各地对民族医药做了大量的保护、抢救、发掘、整理工作，民族医药有了较大的恢复和发展。但由于少数民族医药自身所处环境以及发展特点，许多少数民族医药的知识理论常常出现不系统或简析的语言文字记载，留传于民间。而还有些民族没有自己的文字，那么该民族的医药知识理论只能口口相传。许多有关疾病的治疗方剂、单方、验方、精方主要是口传心授、师徒相教，一代一代传授下来。加上现代许多少数民族的年轻人学习民族医药的热情也大不如前。如纳西族的东巴现仅有两名草医，均年已过 75 岁。在云南金平深山密林中的拉祜族村寨中没有年轻人愿意学习传统医药[4]。许多民族医药面临着传承断代的危险。民族医药相关资料的收集整理工作迫在眉睫。

2. 专利保护意识薄弱

专利制度是世界保护技术成果的主要方式。但民族医药在专利保护方面还存在很多问题。主要有：专利保护意识薄弱，吐火加在新疆的医院实证考察了解到，有的医院多年来几乎没有申请到一项专利[5]；专利的研发能力较弱，大部分申请在技术控制含金量低，不了解所立项专题的专利背景，盲目研究，很多专利保护的医药或其技术没有做到转化只停留在保护阶段甚至出现放弃保护现象。法律基础薄弱，权利行使的方式欠科学，可操作性、标准化与专利保护战略不协调；由于民族医药发展历史的原因，申请专利有的不知如何保护。

3. 商标保护差

"医药品牌是健康的需要，是民族文化的体现，是人类文明的结果，树立品牌意识是开拓市场，抢占市场的关键。"我国民族医药在这方面的问题主要有：商标意识薄弱，我国共有 2000 万家企业，到 1995 年约注册了 500 万件商标，平均 40 家企业才有一个企业注册商标[6]；民族医药商标名主要以西药商标名代替；商标设计独特性差；民族医药的商标甚至被其他国家抢注。

4. 商业秘密保护意识淡薄

很多民族医药知识被作为秘密世代相传，很多秘方、配方、生产加工工艺等等都是民族医药的商业秘密。我国许多知名的商标都是用商业秘密保护其知识产权，如云南白药等，特别是在现有的专利制度对我国民族医药保护不利条

件下，商业秘密保护尤为重要。目前商业秘密的主要问题有：商业秘密保护意识淡薄，许多民族医药的配方、生产加工工艺不注意保护，而使商业秘密流到其他国家；缺乏对商业秘密的科学使用。

5. 行政保护不充足

我国民族医药行业行政保护的依据尚不充足，暂时以中医药相关管理规则为主。其中新药的保护依据是：新药的保护依据是《药品管理法》；中药品种保护的依据是《中药品种保护条例》；知识产权边境保护的依据是《中华人民共和国知识产权海关保护条例》。但对于民族医药来说行政保护不利之处主要体现在，一是虽然民族医药利用传统方剂开发出许多药品，但由于未列入国家标准的品种，而不能获得品种保护。二是许多民族医药研发生产周期较长，需要投入大量的人力、财力，而新药保护期限显短一些。

二、民族医药知识产权保护途径

1. 民族医药相关资料的收集整理

培养民族医药方面人才，增强民族医药知识产权保护和管理方面专业人员的素质，制定保护传统知识的有效措施。加强不同专业人才的交流与合作，加强对民族地区特别是无文字记载，经口碑流传下来的单方、验方、医药知识的收集、整理。建立民族医药知识库，包括各民族医疗理论库、医药库、医疗技法库等等。我国目前在民族医药领域建立了许多数据库，例如"中国民族医药网"、"中国民族民间医药网"等等，当这些数据库满足著作权法规定的"独创性"时，自然可以获得著作权法的保护。我们可以借鉴欧盟的做法组建数据库，即1996年通过的《欧盟数据库指令》规定的如果数据库的内容在获得、收集、处理和呈现方面是有实质性投入而非简单的信息集中，欧盟成员国的法律可授予符合条件的数据库所有人专门的数据库权[6]，这样可以使民族医药数据库得到更广泛的保护。

2. 专利保护

专利制度是世界保护技术成果的主要方式。专利保护是药品发明保护中最为有效的方式之一。专利保护要把握好申请专利的时机，一般情况下，应先申请专利，再发表文章、进行技术鉴定、申报成果奖、申报新药证书或技术转让。为满足专利制度要求，对于民族医药来讲，应从以下几个方面进行技术创新。

（1）民族医药新用途。既包括原有配方在其他疾病治疗中的应用，也包括在其他行业的应用。

（2）民族医药新剂型。传统民族医药剂型多以丸剂、汤剂、散剂、酊剂等为主，患者服用起来很不方便而且不便于运输和携带。因此，可以利用现代新的制剂手段对旧剂型进行改进，如将汤剂改为片剂或胶囊剂。又如云南白药，在原来制剂的基础上开发了贴剂、胶囊剂、膏剂、喷雾剂等新剂型。奇正藏药的五味甘露颗粒剂型制造工艺在美国获专利[7]。

（3）民族医药医疗技法创新。民族医药医疗技法创新主要是在原有技法基础上通过现代技术进行创新。在中国传统经络学基础上运用现代电子学理论制造电子针灸产品[8]。民族医疗方面也有很多技法如傣族的烘雅（傣语，熏蒸之意），苗族的火针疗法[1]。

（4）药材栽培、养殖技术。很多少数民族地区药材主要以野生为主，但野生药材资源有限，对其过度的采伐和捕猎使得他们的量越来越少。采用现代技术对野生药材培养、养殖非常有必要，并且将有重要价值的动植物进行人工种植、养殖，并授予这些技术专利权是非常可行的。

3. 商标保护

商标是商品之"脸"，商标是商品的专用标志。民族医药企业应加强商标意识，防止别人抢注；在经济不断发达的今天，交易已经国际化，企业要及时扩大商标的注册地；商标设计应和本民族的文化联系起来，要有民族特色；要提高商标的科技含量。

4. 商业秘密保护

《反不正当竞争法》把商业秘密定义为：不为公众所知、能为权利人带来经济利益、具有实用性并经权利人采取保密措施的技术信息和经济信息。在现有的专利制度对我国民族医药保护不利条件下，商业秘密保护尤为重要。对于民族医药而言，应从以下几个方面来对其进行保护。

（1）民族医药配方。对于民族医药，许多都是几代留传下来的名方、经方、秘方。这些经方、秘方的配方只有少数人知道，并且是民族医药文化中非常重要的一部分，它们便可以称为商业秘密。对这些商业秘密的保护对于开发研究民族医药至关重要。

（2）民族医药炮制技术。民族医药连同中药都有特殊的炮制工艺，有很多药材在不同民族中名字不同，炮制方式也不同，用法也不同。它们的炮制过程独具特色。如藏药中的金石剂中二十五味珍珠丸的炮制过程，苗药中的熏蒸剂。对这些炮制技术的保护十分有意义，也十分重要。

（3）民族医药诊疗技法。许多少数民族地区的诊疗技法极具特色，一些技法具有商业秘密的特征，应当受到保护。如维医中的正骨术，藏医中的烙铁熨疗法。

除了从以上三个方面外，对在研究民族医药过程中的记录，包括失败记录、调制记录等都应该加以保护。

5. 行政保护

民族医药行政保护当务之急，应当加快对民族医药的研究步伐和临床试验步伐，尽快纳入国家品种体系之中，各民族地区也应当加快制定本民族的医药标准，以适应本民族医药的发展。民族医药保护的立法模式应该在知识产权这个大框架之下，形成以现有知识产权制度为主，特殊机制为辅的保护模式，以适应民族医药的发展[5]。

我国民族医药虽然历史悠久，但知识产权保护工作做的还远远不够。知识产权保护迫在眉睫，需要各方面人员的共同努力。保护的形式也不局限于以上手段，应当逐步建立多种手段并用的综合性体系来对民族医药进行知识产权保护，使我国的民族医药真正走向现代化、国际化。

第四节　民族药物有效成分的研究

一、民族药物有效成分研究概况

传统药物是各民族人民长期与疾病作斗争的实践经验总结和宝贵的传统知识财富，在人民群众的防病治病中发挥了重要的作用，是各族人民对人类健康的伟大创造和对世界文明的伟大贡献。各民族的传统医学历史悠久，已成为各民族文化的重要组成部分，作为各少数民族和民族地区医药卫生保健体系的重要组成部分，为各族人民繁衍昌盛发挥了重要的作用，而且，时至今日仍是各族人民群众不可缺少的防病治病的重要手段，也是全人类的宝贵遗产。

传统药物来自植物、动物、矿物和微生物，并以植物来源为主，种类繁多。早在《本草纲目》（明，李时珍著）中就记载传统药材 1892 种。《本草纲目拾遗》（清，赵学敏著）又补充 1021 种。动物药如熊胆、牛黄、阿胶、紫河车等，以及矿物药朱砂等也具有悠久的使用历史。相信随着科学技术的进步，医疗实践的发展以及国家、地区、民族间文化交流的扩大，这个数字还会不断变化、发展[9]。

传统药物之所以能够防病治病，其物质基础是其中所含的有效成分。然而一种传统药物往往含有结构、性质不尽相同的多种成分。例如，从中药人参（*Panax ginseng* 的根及根茎）中提取分离的人参皂苷（ginsenoside）具有提高人体免疫力、抗疲劳、抗衰老等作用[10,11]；藏药雪莲花（*Saussurea involucrata*），藏语称恰果苏巴，为菊科多年生草本植物，它不但是难得一见的奇花异草，也是举世闻名的珍稀藏药，含有木脂素、云香甙、雪莲内脂、生物碱、挥发油、多糖等成分[12]；蒙药汗达盖—赫勒（*Ligularia fischeri*）中则含有黄酮类、萜类、挥发油等成分[13]。以上几例中，人参皂苷、黄酮类、萜类等成分具有一定的生物活性，因此也叫有效成分。但淀粉、树脂等则一般认为是无效成分或者杂质。加工生产过程中应注意设法除去那些杂质，以得到富集有效成分的制剂或直接得到这些有效成分的纯品，这就需要根据传统药物的有效成分性质进行提取。

我国有着丰富的民族药物资源，在临床应用等许多方面更有着丰富的经验积累，是一个亟待发掘、整理、提高的巨大宝库。随着国家经济实力及科学技术的不断发展，民族药物化学研究也取得飞跃式的发展。麻黄素、芦丁、西地兰等十几种民族药物产品的工业生产已经进行多年，甾体激素类药物的原料——薯蓣皂苷元的工业生产及其资源开发研究更取得了巨大的成就，不仅保证了国内需要，还有大量出口。近十几年来，随着对外开放政策的贯彻执行，大大地推动了我国科学界与国外同行间的学术交流及人员交往。这对提高我国研究水平，促进研究队伍的成长起到了重要的作用。国家经济实力的增强，HPLC、GC、MS、NMR、X-射线单晶衍射等一批现代分离分析设备、新材料、新试剂、新技术的引进也为民族药物化学研究工作的开展奠定了必要的物质基础。目前，我国民族药物化学研究工作的步伐已经大大加快，研究水平也有很大提高，接近发达国家的水平。加上我国拥有丰富的民族药物资源，相信在21世纪一定能对人类的保健事业做出更大的贡献。

二、民族药物有效成分提取分离技术的进展

民族药物为中国乃至全世界人民的健康做出了不可磨灭的贡献。然而，由于传统药物及复方中的化学成分复杂，药效物质基础不明确，因此对于其作用机制、体内生物转化及代谢过程的研究也就成了无的放矢。药效物质基础不明

确已成为严重制约传统药物发展的瓶颈，不仅导致传统药物及复方缺乏可靠的药理学、毒理学研究数据，而且不能建立与国际接轨的质量标准，最终造成我国传统药物的出口率低、市场竞争薄弱。提取有效成分并进一步加以分离、纯化，得到有效成分单体化合物是民族药物研究领域中的重要内容。因此，民族药物有效成分研究是传统药物现代化研究的关键问题。技术与方法是制约民族药物研究的重要原因之一。

（一）提取新技术进展

1. 超声提取技术

超声提取技术（ultrasonication extraction）主要是利用超声波的空化作用加速植物有效成分的浸出提取，另外超声波的次级效应，加机械振动、乳化、扩散、击碎、化学效应等，也能加速欲提取成分的扩散释放并充分与溶剂混合而提取。与常规提取法相比，具有提取时间短、产率高、无需加热等优点[14,15]。

2. 微波辅助萃取技术

微波辅助提取（microwave-assisted extraction，MAE）又称微波萃取，是指使用适合的溶剂在微波反应器中从天然药用植物、矿物、动物组织中提取各种化学成分的技术和方法。微波辅助萃取具有快速、高效、省溶剂、环境友好等优点[16]。

3. 超临界流体萃取技术

超临界流体萃取（supercritical fluid extraction，SFE）是利用超临界流体对脂肪酸、植物碱、醚类、酮类、甘油酯等具有特殊溶解作用，利用超临界流体的溶解能力与其密度的关系，即利用压力和温度对超临界流体溶解能力的影响而进行的。在超临界状态下，将超临界流体与待分离的物质接触，使其有选择性地把极性大小、沸点高低和分子量大小的成分依次萃取出来。具有快速、不用溶剂、环保等优点[17]。

4. 连续动态逆流提取

连续动态逆流提取（dynamic continuous counter current extraction）是利用固液两相的浓度梯度差，逐级将药材中的有效成分扩散至起始浓度相对较低的溶液中，达到最大限度转移药物中溶解成分的目的。在提取过程中，物料与溶剂同时连续运动，但运动方向相反。通过机械传输，连续定量加料，使物料和溶剂充分接触，设备内溶剂不断更新。具有节约溶剂用量、降低能耗、提高提取率等优点。

5. 酶工程技术

酶工程技术（cellulase engineering technique）是利用恰当的酶，通过酶反应使细胞壁的组成成分和黏液质等杂质成分水解或降解而除去，进而加速有效成分的释放提取。应用于具有坚固的植物细胞壁中提取分离生物碱、黄酮、皂苷、香豆素、多糖等成分[18,19]。

6. 半仿生提取

半仿生提取法（semi-bionic extraction，SBE）是近几年提出的新方法。它是从生物药剂学的角度，将整体药物研究法与分子药物研究法相结合，模拟口服药物经胃肠道转运吸收的环境，采用活性指导下的导向分离方法，是经消化道口服给药的制剂设计的一种新的提取工艺。半仿生提取法具有提取过程符合中医配伍和临床用药的特点和口服药物在胃肠道转运吸收的特点；既考虑活性混合成分又以单体成分作指标，这样不仅能充分发挥混合物的综合作用，又能利用单体成分控制中药制剂的质量；同时有效成分损失少。在对多个单味中药和复方制剂的研究中，半仿生提取法已经显示出较大的优势和广泛的应用前景[20]。

（二）分离新技术进展

分离纯化是民族药物物质基础研究的最关键的一步。随着现代科学技术的发展及人们对绿色环保意识的提高，分离新技术的要求也越来越上升，而且也取得了很大的进展。

1. 色谱分离技术

色谱法（Chromatography）是一种分离复杂混合物中各个组分的有效方法。它是利用不同物质在由固定相和流动相构成的体系中具有不同的分配系数，当两相作相对运动时，这些物质随流动相一起运动，并在两相间进行反复多次的分配，从而使各物质达到分离[21,22]。

色谱法按固定相类型和分离原理可分为吸附色谱、分配色谱、离子交换色谱、亲和色谱、凝胶色谱等。最常用的是吸附色谱分离技术。吸附色谱法是指混合物随流动相通过吸附剂（固定相）时，由于吸附剂对不同物质具有不同的吸附力而使混合物中各组分分离的方法。被分离的物质与吸附剂、洗脱剂共同构成吸附色谱的三要素，彼此紧密相连。

2. 大孔树脂吸附分离技术

大孔树脂（macro absorption resin）大孔吸附树脂是一类不含交换基团且有大孔结构的高分子吸附树脂，具有良好的大孔网状结构和较大的比表面积，可以通过物理吸附从溶液中有选择地吸附有机物，是 20 世纪 60 年代发展起来的新型有机高聚物吸附剂，已在环保、食品、医药等领域得到了广泛的应用。大孔吸附树脂的孔径与比表面积都比较大，在树脂内部具有三维空间立体孔结构，因此具有物理化学稳定性高、比表面积大、吸附容量大、选择性好、吸附速度快、解吸条件温和、再生处理方便、使用周期长、宜于构成闭路循环、节省费用等优点。

大孔树脂吸附分离纯化原理是大孔树脂包含有许多具有微观小球的网状孔穴结构，颗粒的总表面积很大，具有一定的极性基团，使大孔树脂具有较大的吸附能力；网状孔穴的孔径有一定的范围，使得它们对化合物根据其分子量不同而具有一定的选择性。通过吸附性和分子筛原理，有机化合物根据吸附力及分子量的不同，再经一定的溶剂洗脱而达到分离的目的[23]。

3. 膜分离技术

膜分离技术（membrane separation technique，MST）是利用膜的选择性分离实现料液的不同组分的分离、纯化、浓缩的过程。膜是具有选择性分离功能的材料，它与传统过滤的不同在于，膜可以在分子范围内进行分离，并且这过程是一种物理过程，不需发生相的变化和添加助剂。膜的孔径一般为微米级，依据其孔径的不同（或称为截留分子量），可将膜分为微滤膜、超滤膜、纳滤膜和反渗透膜，根据材料的不同，可分为无机膜和有机膜，无机膜主要还只有微滤级别的膜，主要是陶瓷膜和金属膜。有机膜是由高分子材料做成的，如醋酸纤维素、芳香族聚酰胺、聚醚砜、聚氟聚合物等等。有效成分损失极少，特别适用于热敏性物质，如抗生素等医药、果汁、酶、蛋白的分离与浓缩[24,25]。

4. 分子蒸馏技术

分子蒸馏（molecular distillation，MD）是一种特殊的液—液分离技术，它不同于传统蒸馏依靠沸点差分离原理，而是靠不同物质分子运动平均自由程的差别实现分离。当液体混合物沿加热板流动并被加热，轻、重分子会逸出液面而进入气相，由于轻、重分子的自由程不同，不同物质的分子从液面逸出后移动距离不同，而达到物质分离的目的[26]。

5. 双水相萃取技术

双水相萃取（aqueous two-phase extraction，ATPE）与水—有机相萃取的原理相似，都是依据物质在两相间的选择性分配。当萃取体系的性质不同时，物质进入双水相体系后，由于表面性质、电荷作用和各种力（如憎水键、氢键和离子键等）的存在和环境因素的影响，使其在上、下相中的浓度不同而达到分离目的[27]。

参 考 文 献

［1］崔箭，唐丽．中国少数民族传统医学概论［M］．北京：中央民族大学出版社，2007．

［2］诸国本．民族医药发展战略［M］．南宁：2005 全国首届壮医药学术会议，2005．

［3］张东风．我国已有民族医医院203所．中国中医药报［M］．2011 年3月18日．

［4］裴盛基．传统医药现代化与民族医药的传承［J］．中国民族民间医药杂志，2000.1：1－3．

［5］吐火加．哈萨克族传统医药的知识产权保护研究［M］．2009．

［6］李运仓，马玉珍．加强民族医药的知识产权保护实现民族医药的可持续发展［J］．经济与法制，2006（4）：306－307．

［7］张雪梅，李祖伦．试论民族医药的知识产权保护［J］．时珍国医国药，2007.18（5）：1214－1215．

［8］电子类针灸产品将成为市场近期新热点［J］．医疗保健器具，2004.Z1．

［9］吴立军．天然药物化学［M］．北京：人民卫生出版社，2009．

［10］Lee JG, Baek SH, Lee YY, et al. Anti-complementary Ginsenosides Isolated from Processed Ginseng ［J］. Biological and Pharmceutical Bulletin, 2011. 34（6）：898－900．

［11］Park JH, Cha HY, Seo JJ, et al. Anxiolytic-like effects of ginseng in the elevated plus-maze model：comparison of red ginseng and sun ginseng［J］. Prog Neuropsychopharmacol Biol Psychiatry, 2005. 29（6）：895－900．

［12］Li Y, Wang C, Guo S, et al. Three guaianolides from Saussurea involucrata and their contents determination by HPLC［J］. Journal of Pharmceutical and Biomedical Analysis, 2007. 44（1）：288－292．

［13］Piao XL, Mi XY, Tian YZ, et al. Rapid Identification and Characterization of Antioxidants from Ligularia fischeri［J］. Archives of Pahrmacal Research,

2009. 32（12）：1689 – 1694.

［14］胡斌杰，陈金锋，王宫南. 超声波法与传统热水法提取灵芝多糖的比较研究［J］. 食品工业科技，2007. 28（2）：190 – 192.

［15］Cho EJ，Piao XL，Jang MH，et al. The effect of steaming on the free amino acid contents and antioxidant acitivity of Panax ginseng［J］. Food Chemistry，2008. 107：876 – 882.

［16］陈燕芬，王燕玲，陈丽娟. 决明子的微波提取与含量测定［J］. 中国中药杂志，2007. 32（2）：160 – 161.

［17］罗登林，邱泰球，王睿瑞. 不同强化方法对超临界 CO_2 萃取人参皂苷的影响［J］. 精细化工，2006. 23（3）：269 – 272.

［18］闫巧娟，韩鲁佳，江正强. 纤维素酶法提取黄芪多糖［J］. 中草药，2005. 36（12）：1804 – 1807.

［19］曹慧，陈晓青，肖建波. 酶法提取杜仲中降压活性成分［J］. 中国生化药物杂志，2005. 26（4）：203 – 205.

［20］王蕙，赵树全，吴凌等. 正交实验法优选银杏叶总黄酮的半仿生提取工艺［J］. 食品科技，2009. 34（2）：207 – 209.

［21］Piao XL，Jang MH，Cui J，et al. Lignans from the fruits of Forsythia suspensa［J］. Bioorg Med Chem Lett，2008. 18（6）：1980 – 1984.

［22］Piao XL，Park IH，Baek SH，et al. Antioxidative activity of furanocoumarins isolated from Angelicae dahuricae［J］. Journal of Ethnopharmacology，2004. 93（2 – 3）：243 – 246.

［23］胡志军，郝利君，王南溪. D – 101 大孔吸附树脂分离纯化橘皮中的黄酮类物质［J］. 食品科学，2010. 31（8）：65 – 69.

［24］张小曼，马银海，李勇. 膜分离技术提取山竺红色素的工艺优化［J］. 食品科学，2010. 31（10）：133 – 136.

［25］苏浩，余以刚，杨海燕等. 膜分离技术在水溶性大豆多糖提取中的应用［J］. 食品工业科技，2009. 8：216 – 217，220.

［26］孙月娥，李超，王卫东. 分子蒸馏技术及其应用［J］. 粮油加工，2010. 2 91 – 95.

［27］陈明丽，付海阔，孟皓等. 离子液体双水相萃取—蒸气发生原子荧光法测定痕量镉［J］. 分析化学，2010. 38（9）：1299 – 1304.

第二章　民族药物提取技术

民族药物是各民族人民长期与疾病作斗争的实践经验总结和宝贵的传统知识财富，在人民群众的防病治病中发挥了重要的作用，是各族人民对人类健康的伟大创造和对世界文明的伟大贡献。各民族的传统医学历史悠久，已成为各民族文化的重要组成部分，作为各少数民族和民族地区医药卫生保健体系的重要组成部分，为各族人民繁衍昌盛发挥了重要的作用，而且，时至今日仍是各族人民群众不可缺少的防病治病的重要手段，也是全人类的宝贵遗产。

民族药物来自植物、动物、矿物和微生物，并以植物来源为主，种类繁多。早在《本草纲目》（明，李时珍）中就记载传统药材 1892 种。《本草纲目拾遗》（清，赵学敏）又补充 1021 种。相信随着科学技术的进步，医疗实践的发展以及国家、地区、民族间文化交流的扩大，这个数字还会不断变化、发展[1]。

民族药物之所以能够防病治病，其物质基础是其中所含的有效成分。然而一种传统药物往往含有结构、性质不尽相同的多种成分。例如，中药连翘（*Forsythia suspensa*）中就含有连翘苷（phillyrin）等多种木脂素类物质以及苯乙醇苷类、黄酮类、淀粉、树脂等其他成分；中药人参（*Panax ginseng* 的根及根茎）中则含有人参皂苷（ginsenoside）等多种皂苷以及黄酮类、多糖等成分。以上两例中，苯乙醇苷类成分具有较强的抗菌活性，人参皂苷则具有抗肿瘤、提高免疫等作用，因此也叫有效成分。但淀粉、树脂等则一般认为是无效成分或者杂质。加工生产过程中应注意设法除去那些杂质，以得到富集有效成分的制剂或直接得到这些有效成分的纯品，这就需要根据传统药物的有效成分性质进行提取。

传统药物化学的发展离不开现代科学技术的进步。过去，一个天然化合物从天然药物中分离、纯化，到确定结构、人工合成需要很长的时间。近 30 年来，由于各种色谱技术及波谱学技术的进步及广泛应用，民族药物化学的发展取得了更为显著的进步，研究工作的速度大大加快，水平大大提高，研究工作的深度与广度也已今非昔比。许多过去令人望而生畏、不敢涉足的领域，如机体内源性生理活性物质，微量、水溶性、不稳定的成分以及大分子物质等都已提到了研究日程。

我国有着丰富的天然药物资源，在临床应用等许多方面更有着丰富的经验积累，是一个亟待发掘、整理、提高的巨大宝库。近十几年来，随着对外开放政策的贯彻执行，大大地推动了我国科学界与国外同行间的学术交流及人员交往。这对提高我国研究水平，促进研究队伍的成长起到了重要的作用。国家经济实力的增强，HPLC、GC、MS、NMR、X - 射线单晶衍射等一批现代分离分析设备、新材料、新试剂、新技术的引进也为民族药物物质基础研究工作的开展奠定了必要的物质基础。相信在 21 世纪一定能对人类的保健事业作出更大的贡献。

民族药物提取分离技术是依据民族药物有效成分及有效群体的存在状态、极性、溶解性等设计一条科学、合理、可行的工艺，采用一系列分离技术来完成。近年来伴随着现代工业工程技术的迅猛发展，一些现代高新工程技术正在不断地借鉴到民族药物提取分离工艺中来。但传统的提取分离技术在民族药物的提取利用过程中，也曾发挥着不可磨灭的作用。

从药材中提取天然活性成分的方法有溶剂法、水蒸气蒸馏法及升华法等。后两种方法的应用范围十分有限，大多数情况下是采用溶剂提取法。

第一节　溶剂提取法

应用最为广泛的提取方法是溶剂提取法（solvent extraction），其原理是在渗透、扩散作用下，溶剂渗入药材细胞组织内部，溶解可溶性物质，造成细胞内外溶质的浓度差，从而带动溶质做不断往返的运动，直至细胞内外溶液中，被溶解的化学成分的浓度达到平衡，提出所需化学成分。

溶剂提取法是根据"相似者相溶"这一原理进行的，通过选择适当溶剂将中药中的化学成分从药材中提取出来。化合物亲水性和亲脂性程度的大小与其分子结构直接相关，一般来说，两种基本母核相同的成分，其分子中官能团的极性越大或极性官能团数目越多，则整个分子的极性就越大，表现亲水性越强，而亲脂性就越弱。其分子非极性部分越大或碳链越长，则极性越小，亲脂性越强，而亲水性就越弱。植物成分中，萜类、甾体等脂环类及芳香类化合物因极性较小，易溶于氯仿、乙醚等亲脂性溶剂中；而糖苷、氨基酸等类成分则极性较大，易溶于水及含水醇中；至于酸性、碱性及两性化合物，因存在状态（分子或离子形式）随溶液而异，故溶解度将随 pH 而改变。常见溶剂的极性强弱顺序可表示如下：石油醚（低沸点—高沸点）＜二硫化碳＜四氯化碳＜三氯乙烯＜苯＜二氯甲烷＜氯仿＜乙醚＜乙酸乙酯＜丙酮＜乙醇＜甲醇＜乙腈＜水＜吡啶＜乙酸。

溶剂的选择主要根据溶剂的极性、被提取成分的性质、共存的其他成分的性质三方面来考虑，同时还要注意到溶剂易回收、安全、低度、廉价等因素。按化学的观点认为，溶质与溶剂之间存在"相似相溶"的关系。其含义是：溶质与溶剂之间的极性要相同（或相似），才存在溶解与被溶解的关系。同样的道理，在民族药物提取过程中也是一样的：若要提取的成分是极性成分，就选择极性溶剂；若要提取的成分是非极性成分，则选择亲脂性溶剂；若要提取的成分是中等极性成分，则选择两性溶剂。极性溶剂以水为代表；两性溶剂以甲醇为代表；非极性溶剂包括氯仿、乙酸乙酯、丙酮、乙醚、石油醚、正丁醇等。

从药材中提取活性成分时，由于存在多种成分间的相互助溶作用，情况要复杂得多。因此，从药材中提取活性成分很难有一个固定的模式。溶剂法分类常规的提取方法可按是否加热可分为冷提和热提两种。

一、煎煮法

煎煮法是我国最早使用的传统的浸出方法，早在《五二十病方》中，就有用水煎药的记载。该法是以水为提取溶媒，将药材加热煮沸一定时间而获得煮出液，并重复进行 $2 \sim 3$ 次，以提取其有效成分的传统方法，因此有时也称为"水煮法"或"水提法"。此法简便易行，能煎出大部分有效成分，但煎出液中杂质较多，且容易发生霉变，一些不耐热挥发性成分易损失。所用容器一般为陶瓷、砂罐或铜制、搪瓷器皿，不宜用铁锅，以免药液变色。加热时最好时常搅拌，以免局部药材受热太高，容易焦糊。本法适用于有效成分能溶于水，且对加热不敏感的药材。煎煮法符合传统用药习惯，能提取相对较多的有效成分，故对有效成分尚未完全清楚的药材或方剂进行剂型改进时，通常采用该法初提[2-4]。

民族药物单方或复方所含的化学成分复杂、多样。为了更有效的提取有效成分，煎煮法可分为以下几种：

1. 共煎法

民族药复方所含的化学成分，不是单味药成分的简单相加，有时复方含有的化学成分，单味药不一定具备。如有报道以四君子汤为例探讨甘草在汤剂中的增溶作用，结果表明，党参、白术、茯苓合煎与分煎其总水溶出物相对无明显差异，加入甘草则总水溶出物显著增加。另外，有人采用薄层色谱法对参脉散煎剂中人参皂甙进行研究，发现参脉煎剂中人参皂甙 Rg3、Rh1 的含量明显高于单味人参煎剂的含量，系因复方共煎过程中，人参皂甙发生水解及转化所致。

2. 分煎法

有些方剂分煎比共煎好。如四逆汤合煎，其所含的乌头碱与甘草酸产生不溶性沉淀，采用单煎后适当纯化再混合的方法可避免煮提过程中乌头碱与甘草酸生成难溶性大分子物质造成损失，从而增加二者含量，有利于提高药效。

3. 综合法

例如小青龙合剂由麻黄、桂枝、白芍、干姜、细辛、甘草、法半夏、五味子组成。在提取时，先将细辛、桂枝蒸馏挥发油；再将两药残渣加入白芍、麻黄、五味子、甘草用水煎煮至味尽；法半夏、干姜采用渗漏法。最后将所有提取液混合。

4. 特殊方法

先煎、后下、包煎另煎、烊化、冲服。

为提高提取率，减少有效成分的损失，应注意操作。关键方法：药材在罐内应浸泡不小于20~60分钟，不可用沸水或立即煎煮，宜用冷水，以免药材表面的蛋白质凝固、淀粉糊化妨碍水渗入及有效成分煎出；煎煮时间与浸出效果有关，过短未充分浸出有效成分，过长浸出杂质过多，挥发性成分损失大，故应根据药材成分、硬度、质地、投量及设备具体情况而定；为提高浸出率可采用强制循环以缩短时间。煎煮次数2~3次为宜，药材粉碎适度。

煎煮法操作简便，但含挥发性成分或有效成分遇热易分解的中药材不宜用此法。

二、浸渍法

该法属于静态提取方法，是在常温或低热（<80℃）条件下用适当的溶

23

剂浸渍药材，使其所含的有效成分被浸出的方法，是一种简便而常用的浸出方法。适用于有效成分遇热易挥发和易破坏的中草药的提取，常用于制备酊剂。浸渍法的操作是先将中草药粉或碎片装入适当的容器中，然后加入适宜的溶剂（如乙醇、烯醇或水等），浸渍药材以溶出其中有效成分。通常可以分为：冷浸渍法、热浸渍法、重浸渍法。加热浸渍虽然可缩短时间，使之浸出较多的有效成分，但高于室温浸液冷却后常有沉淀析出，故应适当沉淀分离处理，以确保质量。此法虽简单，但产量低，时间长，效率低，并且如果提取溶剂为水的话，其提取液易于发霉变质，须注意加入适当的防腐剂。为提高浸出率，减少由于药渣吸附导致的损失，可采用重浸渍法或渗漉法[5-7]。

浸渍法适用于有效成分遇热不稳定的或含大量淀粉、树胶、果胶、粘液质的中药的提取。但本法出膏率低，需要特别注意的是当水为溶剂时，其提取液易于发霉变质，须注意加入适当的防腐剂。

三、渗漉法

渗漉法是不断向粉碎的中药材中添加新鲜浸出溶剂，使其渗过药材，从渗漉筒下端出口流出浸出液的一种方法。将药材粉碎后装入特制的渗漏筒或渗漏罐中，从渗漏罐上方连续通入溶媒，使其渗过罐内药材积层，发生固液传质作用，从而浸出有效成分，自罐体下部出口排出浸出液，这种浸出方法即为渗漏法。具体操作是将民族药粉末先装在渗漉器中使药材浸渍24~48h膨胀，然后不断添加新溶剂，使其自上而下渗透过药材，从渗漉器下部流出、收集浸出液。当溶剂渗透进药材细胞内溶出成分后，由于其比重加大而向下移动时，上层新加入的溶液使置换其位置，造成良好的浓度差，使扩散能较好地进行，提取的过程是一种动态过程，故浸出的效果优于浸渍法。但流速应该加以控制（宜呈滴不宜成线），在渗漉过程中应该随时从药面上补充加入新的溶剂，使药材中有效成分充分浸出为止。当渗漉流出液的颜色极浅或渗漉液的体积相当于原药材重的10倍时，便可认为基本上已提取完全。所用溶剂多为不同浓度的乙醇和水，不宜用低沸点易挥发的有机溶剂。适用于遇热易被破坏的成分[8-10]。

渗漉法消耗溶剂量大、费时长、操作比较麻烦。

四、回流提取法

该法是以甲醇等易挥发的有机溶剂或甲醇—水等为提取溶剂，对浸出液加热蒸馏，其中挥发性溶剂馏出后又被冷凝，重新回到浸出器中继续参与浸出过程，循环进行，直至有效成分浸出完全，此即回流提取法[11-13]。该法可分为：回流热浸和循环回流法。加热回流可防止有机溶剂挥发损失并减少有毒溶剂对实验操作者的毒害。在高等院校、科研机构做实验性操作时，回流提取法是最常见的提取方法之一。

实验操作时，一般在圆底烧瓶中加入所要提取的药物，并加入容器20% ~ 50%的溶剂，溶剂浸过药材表面 1 – 2cm，在圆底烧瓶上连接回流冷凝器，在水浴或加热套中加热回流约 1h，放冷过滤，再在药渣中加入溶剂，进行第二次、第三次加热回流提取 0.5 ~ 1h。

根据回流装置，回流法可分为回流热浸法和回流冷浸法。

回流热浸法是将药材饮片或粗粉装入容器中，加入溶剂浸没药材表面，回流提取，过滤提取液，药渣中再加入新溶剂进行回流提取，最后合并各次提取液，减压浓缩，得到浓缩液。提取效率与煎煮法相同，较冷浸法高，对受热易破坏的成分，不宜用此法。由于其操作的局限性，在大量生产中很少被应用，而是多采用连续提取法。

回流冷浸法（索式提取法）是将小量药粉用索式提取器提取，又名沙式提取。利用溶剂回流及虹吸原理，使药材粗粉连续不断地被纯溶剂提取，既节约溶剂，又提高了提取效率。先将药材研碎，以增加固液接触的面积。然后将药材粗粉放在滤纸套内，置于索式提取器中，提取器的下端与盛有溶剂的圆底烧瓶相连接，上面接回流冷凝管。加热圆底烧瓶，使溶剂沸腾，蒸气通过提取器的支管上升，被冷凝后滴入提取器中，溶剂和固体接触进行提取，当溶剂面超过虹吸管的最高处时，含有提取物的溶剂虹吸回烧瓶，因而萃取出一部分物质，如此重复，使药材粗粉不断为纯的溶剂所提取，溶剂反复利用，缩短了提取时间，所以萃取效率较高。将提取出的物质富集在烧瓶中[14]。这种方法适用于提取溶解度较小的物质，但当物质受热易分解和萃取剂沸点较高时，不宜用此种方法。

五、连续提取法

该法是实验室做民族药有效成分分析时，用有机溶剂提取中常用的方法，通常用脂肪提取器或称索氏提取器来完成。这种提取法，需用溶剂量较少，提取成分也少，但一般需数小时（常 6 ~ 8h）才能完成，所以遇热不稳定易变化的中药成分不宜采用此法。尽管如此，在挥发性有机溶剂提取中草药有效成分时，不论小型实验或大型生产，均以连续提取法为好。

连续回流提取法弥补了回流提取法中溶剂消耗量大，操作太烦琐的不足，实验室常用索氏提取器来完成本法操作。但此法时间较长，对受热易分解的成分不宜用此法。

六、超声提取技术

利用超声波增大物质分子运动频率和速度，增加溶剂穿透力，提高药物溶出速度和溶出次数，缩短提取时间的浸取方法。

超声波是指频率为 20 千赫 ~ 50 兆赫左右的电磁波，它是一种机械波，需要能量载体（介质）来进行传播。超声波在传递过程中存在着的正负压强交变周期，在正相位时，对介质分子产生挤压，增加介质原来的密度；负相位时，介质分子稀疏、离散，介质密度减小。也就是说，超声波并不能使样品内的分子产生极化，而是在溶剂和样品之间产生声波空化作用，导致溶液内气泡的形成、增长和爆破压缩，从而使固体样品分散，增大样品与萃取溶剂之间的接触面积，提高目标物从固相转移到液相的传质速率。在工业应用方面，利用超声波进行清洗、干燥、杀菌、雾化及无损检测等，是一种非常成熟且有广泛应用的技术。超声波提取具有提取效率高、提取时间缩短、对遇热不稳定、易水解或氧化的天然植物有效成分具有保护作用、操作简单等优点。

民族药物中许多有效成分是细胞内的成分，提取时需破碎细胞壁或细胞膜，细胞壁或细胞膜的破碎程度直接影响提取结果。超声波提取因其独特的提取机制与理想的提取效果，在民族药物有效成分的提取中显示出优势[15]。

1. 超声波萃取的原理

超声波萃取药材的优越性，是基于超声波的特殊物理性质。主要是主要通过压电换能器产生的快速机械振动波来减少目标萃取物与样品基体之间的作用力从而实现固—液萃取分离。

（1）加速介质质点运动。高于 20KHz 声波频率的超声波的连续介质（例如水）中传播时，根据惠更斯波动原理，在其传播的波阵面上将引起介质质点（包括药材重要效成分的质点）的运动，使介质质点运动获行巨大的加速度和动能。质点的加速度经计算一般可达重力加速度的二千倍以上。由于介质质点将超声波能量作用于药材中有效成分质点上而使之获得巨大的加速度和动能，迅速逸出药材基体而游离于水中。

（2）空化作用。超声波在液体介质中传播产生特殊的"空化效应"，"空化效应"不断产生无数内部压力达到上千个大气压的微气穴并不断"爆破"产生微观上的强大冲击波作用在中药材上，使其药材成分物质被"轰击"逸出，并使得药材基体被不断剥蚀，其中不属于植物结构的药效成分不断被分离出来。加速植物有效成份的浸出提取。

（3）超声波的振动匀化（Sonication）使样品介质内各点受到的作用一致，使整个样品萃取更均匀。

因此，药材中的药效物质在超声波场作用下不但作为介质质点获得自身的巨大加速度和动能，而且通过"空化效应"获得强大的外力冲击，所以能高效率并充分分离出来。

2. 超声波萃取的特点

适用于民族药有效成份的萃取，是民族药物改变传统的水煮醇沉萃取方法的新方法、新工艺。与水煮、醇沉工艺相比，超声波萃取具有如下突出特点：

（1）无需高温。在40℃－50℃水温中超声波强化萃取，无水煮高温，不破坏中药材中某些具有热不稳定，易水解或氧化特性的药效成份。超声波能促使植物细胞破壁，提高中药的疗效。

（2）常压萃取，安全性好，操作简单易行，维护保养方便。

（3）萃取效率高。超声波强化萃取20～40分钟即可获最佳提取率，萃取时间仅为水煮、醇沉法的三分之一或更少。萃取充分，萃取量是传统方法的两倍以上。据统计，超声波在65～70℃工作效率非常高。而温度在65℃度内中草药植物的有效成份基本没有受到破坏。加入超声波后（在65℃条件下），植物有效成份提取时间约40分钟。而蒸煮法的蒸煮时间往往需要两到三个小时，是超声波提取时间的3倍以上。每罐提取3次，基本上可提取有效成份的90%以上。

（4）具有广谱性。适用性广，绝大多数的民族药材各类成份均可超声萃取。

（5）超声波萃取对溶剂和目标萃取物的性质（如极性）关系不大。因此，可供选择的萃取溶剂种类多、目标萃取物范围广泛。

（6）减少能耗。由于超声萃取无需加热或加热温度低，萃取时间短，因此大大降低能耗。

（7）药材原料处理量大，成倍或数倍提高，且杂质少，有效成分易于分离、净化。

（8）萃取工艺成本低，综合经济效益显著。

七、仿生提取法

1. 半仿生提取

半仿生提取法（Semi-bionic Extraction method，SBE 法）是从生物药剂学的角度将整体药物研究法与分子药物研究法相结合，模仿口服药物在胃肠道的转运过程，采用选定 pH 值的酸性水和碱性水，依次连续提取得到含指标成分高的活性混合物的民族药和方剂的药效物质提取新技术。

口服给药受人体消化系统的生理状态、药物理化性质和食物等多种因素的影响而吸收。经口服给药的制剂，如果能呈现较理想的疗效，就说明其药效成分能被胃肠吸收、代谢和利用。针对口服给药的吸收受消化系统生理状态、药物理化性质和食物等多种因素的影响，SBE 法坚持从生物药剂学的角度模仿口服药物在胃肠道的转运过程进行提取。此外，对民族药物中有些化学成分清楚，但大部分化学成分未知，利用此思维方式经口服给药的制剂可设计一种与传统水提取不同的另一种方法。也就是先将提取液的酸碱度加以生理模仿，分别用近似胃和肠道的酸碱溶液进行煎煮的提取方法。一般是先将药材用一定酸度的水提取，然后再以一定碱度的水提取。在提取工艺的设计上，以一种或多种有效成分、总浸出物及不同极性部位等作为考察指标和（或）主要药理作用做指标，并考虑各指标在工艺选择中的主次，给予不同的加权系数，从而优选出工艺参数。由于 SBE 法不可能完全与人体的生理条件相同下提取，所以称之为半仿生提取法。

半仿生提取法突破了几千年来民族药方剂水煎工艺和近半个世纪水煎醇沉工艺的旧框，将民族药口服给药的传统方法同现代生物药剂学理论相结合，既符合民族医药学重视方剂以综合成分发挥药效的传统理论与经验，又同西医学重视单体有效成分和用动物试验指标评价药效与安全性的现代科技相接轨。以模仿口服药物在胃肠道的转运过程，对于作用物质基础不明确而又疗效确切的药物，半仿生提取法相比之下则更能确切反应药物真正的作用基础[16-18]。

2. 仿生提取

1998 年在以往的半仿生提取的基础上，研究者提出了仿生提取法，综合运用人工胃液、肠液的化学仿生与酶的医学仿生原理，将整体药物研究（仿生提取法提取的药物接近药物在体内达到平衡时有效成分群）与分子药物研究（某一单体成分为指标）相结合，将生物技术应用到民族药物研究，体现了民族医药的整体观和系统观。仿生提取法是以人工胃液、肠液为基础，根据正交试验法或均匀设计法、比例分割法等，优选 pH 值、温度、时间、酶/底物浓度等最佳条件，并模拟胃肠道蠕动加以搅拌。仿生提取法主要针对口服给药的提取，将药物经模拟人体胃肠道的环境，克服半仿生提取法的高温煎煮而破坏有效成分的不足，同时又增加酶解的优势。

八、超临界流体萃取技术

超临界流体萃取（Supercritical Fluid Extraction，SFE）技术是 20 世纪 80 年代引入中国的新型分离技术。其原理是利用超临界流体（Supercritical Fluid，SF）作为萃取剂在高于临界温度和压力下，从目标物中萃取有效成分，当恢复到常压常温时，溶解在流体中成分立即以溶于吸收液的液体状态与气态流体分开。通过改变压力和温度，改变超临界流体的密度使其能溶解许多不同的化学成分，达到选择性地提取各种类型化合物的目的。

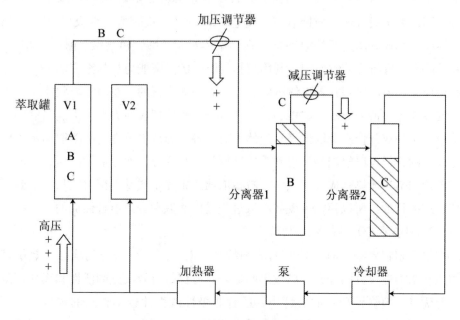

图 2－1　超临界流体萃取流程示意图

已知可作为超临界流体的物质有很多，如二氧化碳、一氧化二氮、六氟化硫、乙烷、庚烷、氨、二氯二氟甲烷等，其中以 CO_2 最为常用。在医药行业中常用的萃取剂为 CO_2，因其无毒，不易燃易爆、价廉，其极性类似乙烷。超临界 CO_2 萃取技术更适合脂溶性，高沸点，热敏性成分，现广泛用于具有挥发性成分的研究。

SFE 技术在中药有效成分的提取分离具有收率高、速度快、纯度高等优点，是一种具有广泛应用前景的技术。但 SFE 也存在一些缺点，如常用的 SF 极性小，在提取时需加调节剂来改变极性，从而会影响后续的分离分析。

一般，具有很好溶解性能的溶剂，也往往是很好的夹带剂，如甲醇、乙醇、丙酮和乙腈等。

超临界流体萃取技术在医药、化工、食品、轻工及环保等领域取得了可喜的成果。特别是在中药有效成分萃取技术领域，如中药生物碱、挥发油、苯丙素、黄酮、有机酸、苷类、萜类及天然色素的萃取方面得到广泛应用。

1. 超临界 CO_2 萃取技术的原理

其原理是控制超临界流体（CO_2）在高于临界温度和临界压力的条件下，从目标物中萃取有效成分，当恢复到常压和常温时，溶解在 CO_2 流体中的成分立即以溶于吸收液的液体状态与气态 CO_2 分开，从而达到萃取目的[19]。超临界流体萃取分离过程的原理是超临界流体对脂肪酸、植物碱、醚类、酮类、甘油酯等具有特殊溶解作用，利用超临界流体的溶解能力与其密度的关系，即利用压力和温度对超临界流体溶解能力的影响而进行的。在超临界状态下，将超临界流体与待分离的物质接触，使其有选择性地把极性大小、沸点高低和分子量大小的成分依次萃取出来。当然，对应各压力范围所得到的萃取物不可能是单一的，但可以控制条件得到最佳比例的混合成分，然后借助减压、升温的方法使超临界流体变成普通气体，被萃取物质则完全或基本析出，从而达到分离提纯的目的，所以超临界流体萃取过程是由萃取和分离组合而成的。

2. 超临界 CO_2 萃取技术的特点

由于超临界 CO_2 具有较好的溶剂特性，对于挥发性较强的成分、热敏性物质和脂溶性成分的提取分离效果明显，具有保持有效成分的活性和无残留溶剂等优点。超临界 CO_2 的极性小，适宜非极性或极性较小物质的提取，若要提取极性较大的成分，需要加入合适的调节剂——夹带剂，以提高超临界流体对萃取组分的选择性和溶解性，从而改善萃取效果。目前常用的夹带剂有甲醇、乙醇和水等。超临界 CO_2 萃取技术萃取能力强，提取效率高，生产周期短，容易发现中草药中新的活性成分[20]。极少损失中草药中易挥发组分或破坏生理活性物质，没有溶剂残留，产品质量高。同时超临界 CO_2 萃取技术结合其他分析分离技术如薄层色谱、气相色谱、气—质联用、高效液相色谱、紫外光谱、红外光谱、核磁共振谱等对萃取物进行成分分析和含量测定以及提供高纯度样品。目前国内已建立了完整的中草药超临界提取中试设备，萃取所用的 CO_2 气体可回收和循环利用，成本较低，提取压力从原有的 14700kPa 提高到 32340kPa，使应用范围和工艺要求得到充分的满足[21]。

3. 超临界 CO_2 萃取技术在民族药提取中的应用

民族药是我国的传统医药，具有悠久的历史，采用超临界 CO_2 萃取技术提取民族药物的有效成分可克服传统提取方法的诸多缺点，如有效成分损失大、收率低、质量不稳定等。目前已成功地用于挥发油、生物碱、内酯类、萜类、黄酮类、醌类、皂苷类、糖类等民族药物的有效成分的萃取分离。

超临界 CO_2 萃取技术适合于脂溶性、高沸点、热敏性成分的提取，已广泛用于具有挥发性成分中草药的提取。大蒜是百合科葱属的多年生草本植物，蒜油在临床方面具有广泛的应用：解毒、抗菌、消炎。但蒜油的热稳定性差，当提取温度过高、受热时间过长，挥发性成分易发生变化，抑菌作用明显下降。采用超临界 CO_2 萃取技术萃取时，保留了大蒜的热敏性成分，使其抑菌效果提高了 3~6 倍[22]。当归为伞形科植物的干燥根，有效化学成分主要为挥发油和一些水溶性成分，其中挥发油成分有 38 种，大多具有较强的生理活性。通过比较超临界 CO_2 萃取法及水蒸气蒸馏法所得当归挥发油的收率，发现前法所得当归挥发油的收率约为后法的 2 倍，超临界 CO_2 萃取法是目前提取当归挥发油较好的方法[23]。野菊花是一种常用中草药，有清热解毒、平肝明目、降血压等功效，用超临界 CO_2 萃取法与水蒸气蒸馏法提取其挥发性成分，结果水蒸气蒸馏法提取物收率为 0.32%，鉴定出 46 个化学成分；超临界 CO_2 萃取物的收率为 3.4%，鉴定出 60 个化学成分[24]。

厚朴为常用的芳香化湿类中草药，主要有效成分为厚朴酚、和厚朴酚，还含有挥发油、生物碱类等，具有脂溶性、挥发性和氧化性等理化特点。传统的提取方法有水煎提、碱水提和乙醇提，提取的固形物较多且不完全，制剂生产过程中因湿热可导致有效成分的严重损失。采用超临界 CO_2 萃取法萃取其有效成分厚朴酚、和厚朴酚，完全避免了传统方法提取过程中湿热等引起的挥发、氧化等理化变化而带来的有效成分的损失，提取物厚朴酚、和厚朴酚含量达74%以上，实现了对厚朴的高效的提取分离过程[25,26]。

丹参是一味常用中草药，其脂溶性有效成分之一为丹参酮，用超临界 CO_2 萃取法提取，可以减少丹参酮的降解，提取率比传统的醇提工艺大大提高，达90%以上[27]。

当归的提取物中含量较高的藁本内酯是主要活性成分之一，具有解痉止痛、平喘等作用。应用超临界 CO_2 萃取法可以对藁本内酯进行提取，确定萃取工艺条件：温度 40℃，压力 35Mpa，CO_2 消耗量 60mL，冰水浴收集产品[28]。

超临界 CO_2 萃取朱砂七游离蒽醌的提取工艺，探讨萃取温度、萃取压力、萃取时间、夹带剂种类和用量、提取次数和浸泡对游离蒽醌得率的影响。结果表明，超临界萃取之前，用 10mL 水浸泡朱砂七（200mg）24h，萃取温度45℃，萃取压力 35MPa，静萃取时间 35min，夹带剂（无水乙醇）15mL 和动萃取时间 30min，连续提取 3 次，游离蒽醌得率达 3.98%，其中大黄素和大黄素甲醚分别为 3.44% 和 0.38%。与超声法相比，超临界 CO_2 提取工艺具有得率高、对环境友好和溶剂残留少等优点[29]。

牵牛子主要含有树脂苷类化合物、脂肪酸等成分，具有泻下、利尿、驱虫等作用。应用超临界 CO_2 萃取法结合气相—质谱技术对国产牵牛子脂肪油进行分析。结果发现，牵牛子含油量较高，共分离鉴定出 11 种脂肪酸，饱和脂肪酸以棕榈酸为主，含量为 11.3%；不饱和脂肪酸含量为 88.7%，以亚油酸、油酸和亚麻酸为主[30]。

紫杉醇是一种短叶红豆杉树皮中的具有抗癌活性的二萜类化合物。采用含夹带剂的超临界 CO_2 萃取法对紫杉醇进行萃取，比传统工艺方法萃取效果提高 1.29 倍[31]。以冷榨柑橘精油为原料，探讨超临界萃取压力、萃取温度、萃

取时间和 CO_2 流量等因素对含氧化合物分离效果的影响。实验结果表明，萃取相中萜烯类化合物的回收率总体上随着萃取压力、温度、时间和 CO_2 流量的增大而增大。当萃取压力为 12MPa，萃取温度为 45℃，萃取时间为 4h 以及 CO_2 流量为 1.0L/min 时，分离效果最佳，其萃取相中萜烯类化合物的回收率高达 90.03%[32]。

三七总皂苷为药材三七的主要生物活性物质，先采用粉碎工艺或轧胚工艺对其预处理，然后进行超临界 CO_2 萃取，粉碎工艺适宜的萃取温度 45℃，压力 38MPa，CO_2 流量 23kg/h，夹带剂 300mL，萃取时间 3.0h，提取率 7.97%；轧胚工艺适宜的萃取温度 45℃，压力 35MPa，CO_2 流量 20kg/h，夹带剂 350mL，萃取时间 2.5h，提取率 9.98%[33]。以蒙古口蘑为原料，经超临界 CO_2 流体萃取脱脂处理后，采用微波技术提取蒙古口蘑多糖。通过单因素试验和正交试验，确定蒙古口蘑多糖微波提取技术的最佳工艺条件，即：微波功率 300W，微波处理时间 4min，料液比 1:30，原料粒度 0.147mm。按此工艺条件提取蒙古口蘑多糖，提取率为 31.05%[34]。

夏天无为罂粟科紫堇延胡索亚属植物伏生紫堇的干燥块茎，具有活血通络、行气止痛之功效，其成分主要为生物碱类。传统的提取方法均存在提取固含物较多、有效成分提取不完全的缺点。采用超临界 CO_2 萃取法萃取其有效成分延胡索乙素。结果表明，提取的固含物较少，有效成分含量高，延胡索乙素提取率高达 89.3%，且该法操作简便快速，具有低温操作、耗能低、无有机溶剂残留等优点[35]。

复方药成分复杂，提取难度较大，鉴别困难。目前采用超临界 CO_2 萃取技术在这方面的研究较少[36,37]。运用 CO_2 超临界萃取装置同时对荷叶、山楂、决明子和泽泻的复方物进行萃取，用 Box-Bebnken 响应曲面设计法，以萃取压力、萃取温度、夹带剂用量为自变量，以总生物碱、总蒽醌、总三萜类物质得率 3 个指标用多指标实验全概率法处理后所得的全概率公式分为响应指标，用回归方程的方差分析检验模型的准确性。最优化的条件为萃取压力 30.93MPa，萃取温度 50.04℃，夹带剂用量 2.16mL/g。在此条件下提取 3 次结果与理论预测值相近。

随着超临界 CO_2 萃取技术的不断发展和进一步的完善，基础理论和应用研究的不断深入，其优越性必将充分体现，在推动民族药物提取技术的现代化方面发挥更大的作用。

九、微波提取法

微波萃取技术又称微波辅助提取（Microwave-assisted Extraction，MAE）是指使用适合的溶剂在微波反应器中从天然药用植物、矿物、动物组织中提取各种化学成分的技术和方法。与传统的水蒸汽蒸馏、索氏抽提等技术相比较，微波萃取技术可以缩短实验和生产时间、降低能耗、减少溶剂用量以及废物的产生，同时可以提高收率和提取物纯度；其优越性不仅在于降低了实验操作费用和生产成本，更重要的是这种技术更加符合"绿色"环保的要求。运用微波萃取技术提取天然药物的化学成分具有很高的实用价值，有待开展多方面的深入研究。现在，利用微波萃取技术对传统民族药物提取技术进行改革，提高民族药物中有效成分的收得率、降低生产成本、提高质量、改善生产条件等，已经受到科技工作者的广泛关注。微波萃取的原理就是在微波场中，利用不同结构的物质吸收微波能力的差异，使得基体物质的某些区域或萃取体系中的某些组分被选择性加热，从而使被萃取物质从基体或体系中分离，进入到介电常数较小、微波吸收能力相对差的萃取剂中[38]。

1. 微波萃取技术特点及机理

与其它的天然药物提取方法相比较，微波萃取技术具有以下特点：

（1）较高的选择性：微波萃取能对萃取体系中的不同组分进行选择性加热，可以使目标组分直接从基体中分离；且其受溶剂亲和力的限制较小，可供选择的溶剂较多。

（2）快速高效：传统的萃取加热中的热量损失使得一般加热过程的热效率较低，而微波加热利用分子极化或离子导电效应直接对物质进行加热，因此热效率高，升温快速均匀，大大缩短了萃取时间，提高了萃取效率。

（3）质量稳定：可以在较低的温度条件下完成萃取操作，有效地保护药品、食品以及其他化工物料中的有效成分。

（4）耗能低：溶剂用量少（可较常规方法少 50% ~ 90%），低耗能，安全无污染。基于以上特点，微波萃取常被誉为"绿色提取工艺"。

微波萃取也存在一定的局限性。例如，微波萃取仅适用于热稳定性物质的提取，对于热敏性物质，微波加热可能使其变性或失活；微波萃取要求药材具有良好的吸水性，否则细胞难以吸收足够的微波能而将自身击破，产物也就难以释放出来；微波萃取过程中细胞因受热而破裂，一些不希望得到的组分也会溶解于溶剂中，从而使微波萃取的选择性显著降低[39]。

微波萃取的机理可从以下 3 个方面来分析：

①微波辐射过程是高频电磁波穿透萃取介质到达物料内部的微管束和腺胞系统的过程。由于吸收了微波能，细胞内部的温度将迅速上升，从而使细胞内部的压力超过细胞壁膨胀所能承受的能力，结果细胞破裂，其内的有效成分自由流出，并在较低的温度下溶解于萃取介质中。通过进一步的过滤和分离，即可获得所需的萃取物。

②微波所产生的电磁场可加速被萃取组分的分子由固体内部向固液界面扩散的速率。例如，以水作溶剂时，在微波场的作用下，水分子由高速转动状态转变为激发态，这是一种高能量的不稳定状态。此时水分子或者汽化以加强萃取组分的驱动力，或者释放出自身多余的能量回到基态，所释放的能量将传递给其他物质的分子，以加速其热运动，从而缩短萃取组分的分子由固体内部扩散至固液界面的时间，结果使萃取速率提高数倍，并能降低萃取温度，最大限度地保证萃取物的质量。

③由于微波的频率与分子转动的频率相关连，因此微波能是一种由离子迁移和偶极子转动而引起分子运动的非离子化辐射能，当它作用于分子时，可促进分子的转动运动，若分子具有一定的极性，即可在微波场的作用下产生瞬时极化，并以 24.5 亿次/s 的速度作极性变换运动，从而产生键的振动、撕裂和粒子间的摩擦和碰撞，并迅速生成大量的热能，促使细胞破裂，使细胞液溢出并扩散至溶剂中。在微波萃取中，吸收微波能力的差异可使基体物质的某些区域或萃取体系中的某些组分被选择性加热，从而使被萃取物质从基体或体系中分离，进入到具有较小介电常数、微波吸收能力相对较差的萃取溶剂中。

总之，微波能是一种能量形式，它在传输过程中可对许多由极性分子组成的物质产生作用，并使其中的极性分子产生瞬时极化，并迅速生成大量的热能，导致细胞破裂，其中的细胞液溢出并扩散至溶剂中。从原理上说，传统的溶剂提取法如浸渍法、渗滤法、回流提取法、连续回流提取法等均可加入微波进行辅助提取，从而成为高效的提取方法。

2. 微波萃取技术参数的研究

微波萃取时，萃取参数通常包括萃取溶剂量、微波输出功率、萃取时间、萃取温度以及萃取压力等。选择不同的参数条件，往往得到不同提取效果。萃取溶剂的选择对萃取结果的影响至关重要。微波萃取的选择性主要取决于目标物质和溶剂性质的相似性，所选溶剂对被提取物具有较强的溶解能力，所以必须根据被提取物的性质选择极性或非极性溶剂。微波萃取要求溶剂必须有一定的极性才能吸收微波进行内部加热，通常的做法是在非极性溶剂中加入极性溶剂。介质吸收微波的能力主要取决于其介电常数、介质损失因子、比热和形状等。利用不同物质介电性质的差异也可以达到选择性萃取的目的。水是吸收微波的最好的介质，任何含水的非金属物质或各种生物体都能吸收微波。因此，样品的含水量对提取率影响显著。

3. 微波萃取在民族药物有效成分提取中的应用

民族药多糖是一类具有显著生物活性的生物大分子物质，许多多糖具有抗肿瘤、增强免疫力、抗衰老和抗病毒等作用，因而受到国内外研究者的重视。与常规提取法相比，微波萃取法在选择性与提取时间上都表现出无可比拟的优越性。以远红外干燥的牛蒡粉为原料，运用敞口常压微波和密闭高压微波两种辅助提取方法通过单因素和正交试验对牛蒡多糖的提取工艺进行对比研究，在鲜牛蒡60℃干燥、粉碎过40目筛、纯水溶剂条件下，分别确定最佳工艺参数为常压微波功率250W、料液比1∶25、提取100s，多糖提取率28.84%；高压微波功率90W、料液比1∶35、控制压力0.4MPa、提取160s，多糖提取率31.97%，均高于热水回流浸提6h的24.18%提取率。微波萃取方法具有简单及萃取效率高等优点，经研究发现，高压微波的效果更好[40]。以微波辅助水提醇沉法萃取苦瓜多糖，以正交设计法考察不同料液比、浸提时间和微波功率对苦瓜多糖的提取率的影响。结果确定萃取工艺为：料液比为1∶20；浸提时间为25min；微波功率为600W。利用微波萃取苦瓜多糖是一种新型的提取方式，与传统的浸提法、热回流法等相比有节约时间、提高萃取效率等优势[41]。

微波对某些化合物具有一定的降解作用，且在短时间内可使药材中的酶灭活，因而用于提取苷类等成分时具有更突出的优点。用MAS–Ⅰ型常压微波辅助合成/萃取反应仪微波萃取装置，对桔梗中的有效成分桔梗皂苷D进行了微波辅助萃取。以不同的m（桔梗）∶m（提取液）、甲醇体积分数、微波功率、微波辐射时间、样品粒径和萃取温度作为参数进行实验，用高效液相色谱

（HPLC - PDA）作为桔梗皂苷 D 的检测手段。在 m（桔梗）∶ m（提取液）=1∶20，甲醇体积分数为 20%，微波功率为 600W，微波辐射时间为 110s，样品粒径为 80～100 目，萃取温度为 60℃ 的条件下，桔梗皂苷 D 提取率达 3.87mg/g。对比了微波萃取同回流提取和超声波提取桔梗有效成分的差异[42]。为优选微波辅助萃取方法，以苦瓜总皂苷含量为考察指标，研究萃取溶剂浓度、萃取温度、料液比、萃取时间等因素对总皂苷含量的影响。通过正交试验确定苦瓜总皂苷萃取的最佳工艺条件为：萃取温度 70℃，料液比 1∶24，乙醇体积分数 60%，萃取 12min。此时测得的总皂苷含量为 3.532%，优于正交试验的较优组。将微波辅助萃取法与水浴振荡法和超声提取法进行比较，结果表明，微波辅助萃取法不但大大缩短了萃取时间，而且提高了萃取率。对萃取物用化学法、红外光谱法检测，结果其为三萜类皂苷[43]。

黄酮类成分具有降压、降血脂和抑制血小板聚集等功能，在大部分中药中均存在。黄酮类化合物的传统提取方法主要有水煎煮法、浸提法或索氏提取法，但费时费力且收率较低。微波萃取在黄酮类物质的提取上具有良好的效果，在提取过程中具有反应高效性和强选择性等特点。采用微波萃取法和超声波提取法分别对柚皮中黄酮类化合物的提取工艺进行研究以及对比分析。结果表明：微波萃取法提取柚皮中黄酮类化合物的最佳条件为料液比 1∶25（质量分数）、提取时间为 20min、提取温度为 50℃、乙醇浓度为 60%，此时黄酮得率为 8.437mg/g；超声波提取法提取柚皮黄酮的最佳条件为：料液比 1∶25（质量分数）、提取时间为 10min、提取温度 50℃、乙醇浓度 50%，此时黄酮得率为 5.263mg/g[44]。为寻求萃取苦瓜中黄酮类化合物的最佳工艺，采用单因素和正交试验设计，研究不同体积分数乙醇、萃取时间、固液比、微波功率及萃取温度对萃取效果的影响。结果表明，微波萃取苦瓜中黄酮类化合物的最佳工艺条件：乙醇体积分数 90%，萃取时间 20min，固液比 1∶60g/ml，萃取温度 70℃，功率 400W，在此条件下黄酮类化合物的得率为 6.44%。该方法萃取时间短、成本低、产品易分离[45]。

萜类化合物是一类具有广泛生物活性的天然药物有效成分，植物中的挥发油大多富含单萜和倍半萜类化合物。挥发油的沸点较低，传统提取工艺具有提取温度高、提取时间长、易破坏有效成分的缺陷，致提取收率低。而微波提取可瞬间产生高温，具有提取时间短、提取效率高等优点。采用微波—同时蒸馏萃取刺异叶花椒，GC – MS 鉴定其挥发性组分，共分离出 95 种成分，鉴定 57 种化学成分，其峰面积相对百分含量占挥发油总量的百分数为 91.39%，主要为挥发性萜烯化合物及其衍生物等。除含有 δ – 3 – 蒈烯（18.54%）、柠檬烯（11.99%）[46]、α – 侧柏烯（5.98%）等外，抗癌活性组分 β – 榄香烯也较高，达 2.65%[46]。采用微波辅助萃取法对葫芦巴茎叶挥发油提取工艺进行单因素和正交试验研究，用还原力、DPPH 自由基清除能力和 Rancimat 法对其抗氧化活性进行研究。结果表明：以乙醚为萃取溶剂，从葫芦巴茎叶中萃取挥发油的最佳工艺条件：微波功率为低火、萃取时间 30s、料液比 1∶4（g/mL）、提取前浸泡时间 20min，在此条件下挥发油得率达 3.374%；各因素对挥发油得率影响的主次顺序为料液比 > 浸泡时间 > 微波功率 > 微波萃取时间[47]。

生物碱是生物体内一类含氮有机物的总称，多数生物碱具有较复杂的含氮杂环结构和特殊而显著的生理作用，是中草药中的重要成分之一。通过微波辅助萃取（MAE），高效液相毛细管电泳法（HPEC）分析黄连生物碱，得到最佳提取条件是：浸泡时间（60min），萃取溶剂（1g 样品，5mL），萃取溶剂组成（0.2% 盐酸/甲醇），微波功率（400W）和提取时间（5min）。优化后的条停在定量分析中具有很好的精密度（RSD 值小于 7.50/0）、回收率（从 95.4% 到 112.7%），以及良好线性关系，范围在 5.0 ~ 500μg/mL 为小檗碱（$R^2 > 0.999$）、1.0 ~ 100μg/mL 为黄连碱（$R^2 > 0.996$）、0.5 – 50μg/mL 为药根碱（$R^2 > 0.994$）。实验表明 MAE – HPEC—DAD 是一个简单，快速，低成本的提取分析方法，可以定量分析黄连中主要生物碱[48]。

4. 微波萃取在民族药物提取过程的应用前景

在传统药物制剂生产中，微波萃取技术与传统煎煮法相比较，克服了药材细粉易凝聚、异焦化的弊病，具有选择性高、操作时间短、溶剂消耗量少、有效成分得率高、不产生噪音、适合于热不稳定成分且能在短时间内灭活植物中的水解酶等优点，而且作为吸收微波最好介质的水也是民族药物提取的主要溶剂，因此微波萃取技术在民族药物提取中有良好的应用前景。但如何针对民族药复方的特点设计微波萃取方案以及工业化微波萃取设备的开发等是有待研究的主要问题。目前看来，改善微波萃取技术，使其具有更广泛的应用前景，可以从以下几方面进行深入研究。

虽然许多研究者对微波萃取植物组织中的天然产物的机理进行了大量的研究，但由于基体物质和被萃取物质的复杂性，在萃取机理方面仍有许多工作要做。今后应特别注重微波作用下的传质机理研究，并建立描述微波萃取过程的热力学和动力学模型，这对微波萃取设备的开发和过程的优化设计是至关重要的。此外，迄今为止，有关微波萃取技术用于提高民族药有效成分的含量或收率以及缩短提取时间方面的报道很多，但有关微波对民族药有效成分的药理作用和药物疗效影响的研究则少有报道，这方面尚有许多工作要做。

有关微波萃取技术提取民族药有效成分的报道很多，但大多数微波萃取过程还停留于实验室小样品的提取及分析，所用设备较为简陋，许多甚至还在使用家用微波炉，因而不能提供工业化生产所需的基础数据。今后应加强微波萃取过程的放大研究及其配套设备的开发，以推动微波萃取过程的工程化。可以预见，随着研究的不断深入，微波萃取技术一定能为民族药物现代化作出更大的贡献。

十、生物酶解技术

生物酶解技术提取是在传统的溶剂提取方法的基础上，利用酶具有催化效率高、酶反应的高度专一性及催化条件温和等特点，对植物药材细胞壁的组成成分进行水解或降解，破坏细胞壁结构，使其有效成分暴露、溶解、混悬或胶溶于溶剂中，从而达到提取细胞内有效成分的目的[49]。生物酶解技术较大幅度提高民族药用植物中有效成分的提取率，改善生产过程中的滤过速度和纯化效果，提高产品纯度和制剂的质量。根据提取用途，生物酶解技术又可分为酶法提取（又称酶反应提取）和酶法分离精制（酶法除杂）。由于大部分药材的细胞壁是由纤维素构成，植物的有效成分往往包裹在细胞壁内；纤维素是由 β –D–葡萄糖以 1，4–β 葡萄糖苷键连接，用纤维素酶酶解可以破坏 β –D–葡萄糖键，使植物细胞壁破坏，有利于对有效成分的提取。目前作用于中药植物细胞壁的酶有：纤维素酶、半纤维素酶、果胶酶以及多酶复合体（果胶酶复合体、各类半纤维素酶、葡聚糖内切酶等）。其中纤维素酶、食用木瓜蛋白酶的使用较多[50]。

生物酶解技术用于民族药物的预处理：一般是将药物同相应的酶混合，在合适的温度和 pH 值条件下充分搅拌并使之酶解，之后再按照常规提取办法提取。近年来运用纤维素酶、淀粉酶、木瓜蛋白酶用于民族药物提取分离预处理日渐活跃，效果明确。生物酶解技术还用于植物药的提取、分离和纯化：在民族药水提取液中含有多种类型的杂质，如淀粉、蛋白质、鞣质、果胶、粘液质等，采用常规提取办法，在煎煮过程中药材中的蛋白质会遇热凝固、淀粉糊化，影响药物有效成分的煎出和分离。可以采用相应的酶将其降解成为小分子物质或分解除掉（如可用食用木瓜蛋白酶分解蛋白质），提高制剂的纯度和成品质量的稳定性。又如在对民族药物多糖类活性物质的提取中常遇到蛋白类杂质的干扰，利用水解蛋白酶，可以较好地去除这些杂质，使多糖得出率大大提高。反之，也可利用糖水解酶除去多肽、蛋白类药物中的糖类杂质[51]。

生物酶解技术用于民族药药渣再利用：民族药植物中所含的有效成分相对于植物本身重量来讲，所占比例很小，除部分丸剂、散剂、片剂等外，占民族药大部分的纤维素因分子量大、不溶或微溶于水和一般的溶剂而作为废物被丢弃，如何将这些药渣变废为宝，生物酶解技术提供了可行的方法。

第二节　水蒸气蒸馏法

水蒸气蒸馏所依据的原理是基于两种互不相溶的液体共存时，各组分的蒸气压和它们在纯粹状态时的蒸气压相等，而另一种液体的存在并不影响它的蒸气压，混合体系的总蒸气压等于两纯组分蒸气压之和，由于体系中的蒸气压比任何一组分的蒸气压为高，所以混合物的沸点要比任一组分的沸点为低。加热时，随着温度的增高，挥发性成分和水均要加快蒸发，产生混合体蒸气，其蒸气经锅顶鹅颈导入冷凝器中得到水与挥发性成分的液体混合物，经过挥发性成分与水分离后即可得到挥发性成分。

水蒸气蒸馏法是指将含挥发性成分药材的粗粉或碎片，浸泡湿润后，直火加热蒸馏或通过水蒸汽蒸馏，也可在多能式中药提取罐中对药材边煎煮边蒸馏，药材中的挥发性成分随水蒸气蒸馏而带出，经冷凝后收集馏出液，一般需再蒸馏 1 次，以提高馏出液的纯度和浓度，最后收集一定体积的蒸馏液；但蒸馏次数不宜过多，以免挥发油中某些成分氧化或分解。本法的基本原理是根据道尔顿定律，相互不溶也不起化学作用的液体混合物的蒸汽总压，等于该温度下各组分饱和蒸气压（即分压）之和。因此尽管各组分本身的沸点高于混合液的沸点，但当分压总和等于大气压时，液体混合物即开始沸腾并被蒸馏出来。

水蒸气蒸馏法只适用于具有挥发性的，能随水蒸气蒸馏而不被破坏，与水不发生反应，且难溶或不溶于水的成分的提取。此类成分的沸点多在100℃以上，与水不相混溶或仅微溶，并在100℃左右有一定的蒸气压。当与水在一起加热时，其蒸气压和水的蒸气压总和为一个大气压时，液体就开始沸腾，水蒸气将挥发性物质一并带出。例如中草药中的挥发油，某些小分子生物碱—麻黄碱、萧碱、槟榔碱，以及某些小分子的酚性物质。有些挥发性成分在水中的溶解度稍大些，常将蒸馏液重新蒸馏，在最先蒸馏出的部分，分出挥发油层，或在蒸馏液水层经盐析法并用低沸点溶剂将成分提取出来[52]。

水蒸气蒸馏法适用于具有挥发性的、能随水蒸气蒸馏而不被破坏、且难溶或不溶于水的成分的提取。此类成分的沸点多在100℃以上，并在100℃左右有一定的蒸气压。水蒸气蒸馏法需要将原料加热，不适用于化学性质不稳定组分的提取。

根据蒸馏方式，水蒸气蒸馏法分水中蒸馏、水上蒸馏、直接蒸气蒸馏、水扩散蒸气蒸馏等。

一、水中蒸馏

水中蒸馏是指原料置于筛板或直接放入蒸馏锅，锅内加水浸过料层，锅底进行加热。

二、水上蒸馏

水上蒸馏（隔水蒸馏）是将原料置于筛板，锅内加入水量要满足蒸馏要求，但水面不得高于筛板，并能保证水沸腾至蒸发时不溅湿料层，一般采用回流水，保持锅内水量恒定以满足蒸气操作所需的足够饱和整齐，因此可在锅底安装窥镜，观察水面高度。

三、直接蒸气蒸馏

直接蒸气蒸馏是在筛板下安装一条带孔环行管，由外来蒸气通过小孔直接喷出，进入筛孔对原料进行加热，但水散作用不充分，应预先在锅外进行水散，锅内蒸馏快且易于改为加压蒸馏。

四、水扩散蒸气蒸馏

水扩散蒸气蒸馏是近年国外应用的一种新颖的蒸馏技术。水蒸气由锅顶进入，蒸气至上而下逐渐向料层渗透，同时将料层内的空气推出，其水散和传质出的精油无须全部气化即可进入锅底冷凝器。蒸气为渗滤型，蒸馏均匀、一致、完全，而且水油冷凝液较快进入冷凝器，因此所得精油质量较好、得率较高、能耗较低、蒸馏时间短、设备简单。

第三节　升　华　法

固体物质在受热时不经过熔融直接转化为蒸气，蒸气遇冷后又凝结成固体的现象叫做升华。民族药物中有一些成分具有升华的性质，故可利用升华法直接自中草药中提取出来。如樟木中的樟脑（camphor），在《本草纲目》中已有详细的记载，为世界上最早应用升华法制取药材有效成分的记述。又如茶叶中的咖啡因（caffeine）等具有升华性，可将茶叶放在大小适宜的烧杯中，上面用圆底烧瓶盛水冷却，然后加热，到一定温度（178℃），咖啡因可凝结于烧瓶底部，成白色针状结晶。游离羟基蒽醌类成分，一些香豆素类，有机酸类成分，有些也具有升华的性质。例如七叶内酯及苯甲酸等。

升华法虽然简单易行，但中草药炭化后，往往产生挥发性的焦油状物，粘附在升华物上，不易精制除去，其次，升华不完全，产率低，有时还伴随有分解现象。药材中的成分一般可升华的较少[1]。

参 考 文 献

［1］吴立军．天然药物化学［M］．北京：人民卫生出版社，2009.

［2］孙文格，赵午申，郑倩等．正交设计法优选调胃颗粒的水煎煮提取工艺
　　　［J］．中国医院药学杂志，2010，13）：

［3］周晓虹，邹佳丽，袁月梅等．大黄煎煮与浸渍过程中蒽醌类成分含量变
　　　化比较［J］．中国药房，2010，21（23）：2148 – 2150.

［4］ 孟江，周毅生，廖华为等．正交试验法优化鱼腥草多糖水煎煮提取工艺 ［J］．世界中西医结合杂志，2007，6：341－343.

［5］ 朱芸，刘金荣，王航宇．超临界 CO_2 萃取与浸渍法提取白刺果油化学成分的分析与比较［J］．精细化工，2007，24（3）：239－242.

［6］ Ji MS, Piao XL, Jin YL, et al. Anticoagulant 1, 2, 3, 4, 6 – pentagalloyl – β – D – glucopyranose isolated from geranium (Pelargonium inquinans Ait) ［J］. Archives of Pharmcal Research, 2005, 28 (9)：1037－1041.

［7］ 张爱丽，柳玉肖，周集体．常压和加压浸渍法制备壳聚糖性能对比［J］．化工进展，2007，26（4）：546－549.

［8］ 韩晓珂，刘汉清，张明等．渗漉法和回流法提取丹参药渣中脂溶性成分的比较研究［J］．现代中药研究与实践，2009，23（1）：61－63.

［9］ 易跃能，杨华，赵等．渗漉法提取广枣中黄酮类成分的工艺研究［J］．中国中药杂志，2010，35（14）：1806－1808.

［10］ 喻樊．渗漉法提取红花的工艺研究［J］．安徽农学通报，2008，14（16）：143－144.

［11］ Piao XL, Mi XY, Tian YZ, et al. Rapid Identification and Characterization of Antioxidants from Ligularia fischeri ［J］. Archives of Pahrmacal Research, 2009, 32 (12)：1689－1694.

［12］ Piao XL, Cho EJ, Jang MH, et al. Cytoprotective effect of lignans from Forsythia suspensa against peroxynitrite-induced LLC – PK1 cell damage ［J］. Phytotherapy Research, 2009, 23 (7)：938－942.

［13］ Piao XL, Park IH, Baek S, et al. Antioxidative activity of furanocoumarins isolated from Angelicae dahuricae ［J］. Journal of Ethnopharmacology, 2004, 93 (2－3)：243－246.

［14］ 郭锦棠，杨俊红，李雄勇等．微波与索氏提取甘草酸的正交实验研究［J］．中国药学杂志，2007，37（12）：919－920.

［15］ 刘健剑，何计国．超声提取米邦塔仙人掌总皂苷的工艺优化［J］．食品科学，2010，31（16）：38－41.

［16］ 王英姿，惠建国，张兆旺等．用均匀设计优选苦参半仿生提取法工艺条件［J］．天津中医药，2010，27（1）：66－68.

［17］ 王蕙，赵树全，吴凌等．正交实验法优选银杏叶总黄酮的半仿生提取工

艺［J］. 食品科技，2009，34（2）：207－209.

［18］韩春超，王英姿，孙秀梅. 苦参半仿生提取液醇沉浓度的优选［J］. 山东中医药大学学报，2010，34（4）：361－363.

［19］朱自强. 超临界流体萃取技术原理和应用［M］. 北京：化学工业出版社，2000.

［20］黄炳生，黄国稠，汪穗福. 超临界 CO_2 流体萃取技术在中药中应用的优越性［J］. 基层中药杂志，2001，15（6）：49.

［21］吴镭，平其能主编. 药剂学发展与展望［M］. 北京：化学工业出版社，2002.

［22］张忠义，雷正杰，王鹏等. 超临界 CO_2 萃取大蒜有效成分的研究［J］. 中药材，1998，21（3）：131.

［23］李桂生，马成俊，刘志峰等. 超临界 CO_2 萃取法与水蒸气蒸馏法提取当归挥发油的比较［J］. 中草药，2001，32（7）：581.

［24］周新，莫彬彬，赵超等. 野菊花二氧化碳超临界萃取物的化学成分研究［J］. 中国药学杂志，2002，37（3）：170.

［25］苏子仁，雷正杰，曾健青等. 超临界 CO_2 萃取在厚朴提取工艺中的应用研究［J］. 中国中药杂志，2001，26（1）：31.

［26］张忠义，王桂芳，雷正杰. 超临界 CO_2 萃取厚朴的主要成分［J］. 中国医院药学杂志，2001，21（7）：401.

［27］苏子仁，陈建南，葛发欢，et al. 应用 SFE CO_2 提取丹参脂溶性有效成分工艺研究［J］. 中成药，1998，20（8）：1.

［28］黄宝华，张琨，周晓辉等. 超临界 CO_2 萃取当归中藁本内酯工艺条件研究［J］. 中草药，2002，33（6）：514.

［29］李晓丽，范智超，张志琪. 超临界 CO_2 萃取朱砂七游离蒽醌的研究［J］. 陕西师范大学学报（自然科学版），2008，36（5）：44－47.

［30］李澎灏，陈振德. 牵牛子脂肪油超临界 CO_2 萃取及气相—质谱测定［J］. 中国药房，2003，14（3）：431.

［31］廖周坤，杨林，叶开润. 超临界 CO_2 流体萃取短叶红豆杉树皮中紫杉醇的研究［J］. 四川化工与腐蚀控制，2002，5（1）：1.

［32］王丹清，王宏涛，吴大鹏等. 超临界 CO_2 萃取分离桔油中的萜烯和含氧化合物［J］. 化学工程，2010，38（5）：9－12.

[33] 黄雪, 冯光炷, 雒廷亮. 超临界 CO_2 萃取三七总皂苷 [J]. 精细化工, 2008, 25 (3): 238 - 242.

[34] 侯卓, 张娜, 王大为. 蒙古口蘑多糖微波提取技术的研究 [J]. 食品科学, 2008, 29 (3): 252 - 255.

[35] 王振中, 彭国平. 超临界 CO_2 萃取技术提取夏天无成分的研究[J]. 中国中药杂志, 2002, 27 (8): 585.

[36] 李超, 杨日福, 傅雪峰等. 超声强化超临界 CO_2 萃取复方丁香肉桂挥发油 [J]. 华南理工大学学报 (自然科学版), 2008, 36 (7): 67 - 71.

[37] 甘露菁, 邓泽元, 范亚苇等. 响应曲面法优化超临界二氧化碳萃取荷叶复方活性组分的工艺研究 [J]. 食品工业科技, 2010, 31 (2): 208 - 211, 214.

[38] 邹小兵, 陶进转, 夏之宁等. 微波提取对挥发油化学成分的影响 [J]. 分析化学, 2011, 39 (1): 142 - 145.

[39] 郭维图, 孙福平. 微波技术在中药提取与干燥方面的应用 [J]. 机电信息, 2008, 11 (5 - 11).

[40] 唐仕荣, 刘全德, 苗敬芝等. 两种微波辅助萃取法萃取牛蒡多糖 [J]. 食品科学, 2009, 30 (18): 102 - 105.

[41] 袁媛, 张华, 陈光英. 微波萃取苦瓜多糖的研究 [J]. 海南师范大学学报 (自然科学版), 2008, 21 (1): 44 - 46.

[42] 孙印石, 刘政波, 王建华等. 微波辅助萃取桔梗中桔梗皂苷 D [J]. 精细化工, 2008, 25 (11): 1070 - 1074.

[43] 李健, 任惠峰, 陈姝娟等. 微波辅助萃取苦瓜总皂苷工艺研究 [J]. 中国食品学报, 2009, 9 (3): 78 - 83.

[44] 谭静, 姜子涛, 李荣等. 微波萃取和超声波提取法提取柚皮中黄酮类化合物的对比 [J]. 食品研究与开发, 2010, 31 (2): 42 - 45.

[45] 李星彩. 微波萃取苦瓜中黄酮类化合物的工艺研究 [J]. 安徽农业科学, 2010, 38 (21): 11472 - 11473, 11478.

[46] 李焱, 秦军, 黄筑艳等. 微波—同时蒸馏萃取花椒挥发油化学成分的 GC - MS 分析 [J]. 贵州工业大学学报 (自然科学版), 2005, 34 (3): 33 - 35.

[47] 王雅, 赵萍, 任海伟等. 微波辅助萃取葫芦巴茎叶挥发油工艺优化及抗

氧化性研究［J］. 食品科学，2010，31（18）：120 - 123.

［48］王道武，庞雪，赵全成等. 微波辅助提取黄连生物碱及其毛细管电泳分析［J］. 广东化工，2010，37（10）：35 - 36，73.

［49］陈栋，周永传. 酶法在中药提取中的应用和进展［J］. 中国中药杂志，2007，32（2）：99 - 101，119.

［50］韩伟，马婉婉，骆开荣. 酶法提取技术及其应用进展［J］. 机电信息，2010，17（15 - 18）.

［51］葛邦国，吴茂玉，马超等. 酶解法提取香菇水不溶性膳食纤维技术研究［J］. 食用菌，2010，3（64 - 66）.

［52］王晓杰，马越，杨国伟等. 水蒸气蒸馏法提取佛手挥发油的工艺研究［J］. 食品科技，2010，34（3）：86 - 88.

第三章 民族药物分离技术

民族药物是我国传统药物的一个重要组成部分。民族药物的研究、生产、使用在我国已有悠久的历史，是中华民族优秀文化和科技的璀璨瑰宝。民族药物化学成分较为复杂，所以想要研究和应用其中的有效成分，必须将它们从民族药物中提取出来进一步分离和精制，得到有效成分的单体。因此，民族药物中有效成分的提取、分离和鉴定已日益成为民族药现代化的重要研究方向。

与民族药物的传统提取方式比较，现代提取分离技术具有方便、省时、能耗少、有效成分得率高、选择性强和适于工业化生产等优点，因而越来越得到研究人员的关注。本章节综述民族药物传统的分离纯化技术的同时，介绍近年来现代提取分离技术在民族药物提取中应用研究的特点、相关设备研究及其研究现状和发展前景。

为提高民族药物质量、改变传统民族药物剂型"大、黑、粗"的状态、让民族药物步入国际市场，一些现代高新工程技术正在不断地被借鉴到民族药物生产中来，一方面使民族药物生产要符合传统的民族医药理论，确保用药的质量要求，另一方面也提高了现有民族药用资源的利用率。

随着科学技术的高速发展，越来越多的高新技术将会运用到民族药有效成分的提取分离研究上。有些高新技术具有传统方法无法比拟的优点，对提高民族药制剂质量、减少服用剂量、提高生产效率、降低环境污染等方面起到积极的推动作用。可以预见，高新技术在民族药有效成分提取分离领域的广泛运用必将极大地推动民族药现代化进程。

近20年来，许多新技术、新方法的应用，使得民族药物提取既符合传统的民族医理论，又能达到提高有效成分的收率和纯度的目的。

第一节 溶剂分离法

溶剂分离法（solvent isolation）是根据"相似相溶"的原理，采用适当的溶剂溶解药物中所需要的物质或者去除不需要的杂质，来实现药物中有效成分的分离。大部分民族药物有效成分的分离都采用溶剂分离法，溶剂分离法在传统药物的工业生产中发挥着重要的作用。无论是工业生产还是实验室分离有效成分，目前大部分都采用溶剂分离法，而且具有操作简便、成本低的优点。因此，溶剂分离法具有广泛的使用价值。

常用的溶剂分离法是利用由低极性到高极性的不同极性的溶剂，将民族药物分步进行提取分离。常用的溶剂及其极性如下：

石油醚（乙醚）＜二氯甲烷＜乙酸乙酯＜正丁醇＜甲醇（乙醇）＜水

溶液中加入另一种溶剂来沉淀某一或某些成分的方法及溶剂萃取法也属于溶剂分离法。

在民族药物的提取溶液中加入另一种溶剂，析出其中某种或某些成分，或析出其杂质，也是一种溶剂分离法。如水溶醇沉法，即药材的水提液中常含有树脂、黏液质、蛋白质、淀粉等大分子，可以加入一定量的乙醇，使这些不溶于乙醇的大分子成分自溶液中沉淀析出，而达到与其他成分的分离目的。

两相溶剂萃取简称萃取法，是分离民族药物化学成分常用的方法，其基本原理是利用混合物中各种成分在两相互不相溶的溶剂中分配系数的差异而达到分离的目的。萃取时如果各成分在两相溶剂中分配系数相差越大，则分离效率越高。如果在水提取液中的有效成分是亲脂性的物质，一般多用亲脂性有机溶剂，如苯、氯仿或乙醚进行两相萃取，如果有效成分是偏于亲水性的物质，在亲脂性溶剂中难溶解，就需要改用弱亲脂性的溶剂，例如乙酸乙酯、丁醇等。还可以在氯仿、乙醚中加入适量乙醇或甲醇以增大其亲水性。提取黄酮类成分时，多用乙酸乙脂和水的两相萃取。提取亲水性强的皂苷则多选用正丁醇、异戊醇和水作两相萃取。不过，一般有机溶剂亲水性越大，与水作两相萃取的效果就越不好，因为能使较多的亲水性杂质伴随而出，对有效成分进一步精制影响很大。彝药桃树寄生为桑寄生科（Loranthaceae）钝果寄生属（*Taxillus*）的柳叶钝果寄生（*Taxillus delavayi*），桃树寄生 5.0kg，用 10，8，8 倍量的 80% MeOH 加热回流提取 3 次，每次 3h，合并 3 次提取液，减压浓缩，真空干燥，得甲醇提取干膏（301.8g）。甲醇提取物用水混悬，依次用二氯甲烷（3 次）、正丁醇（3 次）萃取。分别得到二氯甲烷、正丁醇和水萃取物 11.3、224.6、48.0g。从非极性的二氯甲烷部位分离得到极性小的木脂素类单体化合物松脂酚，而从两性溶剂正丁醇部位分离得到黄酮苷类单体化合物儿茶素－7－O－

没食酯酸（如下图）。

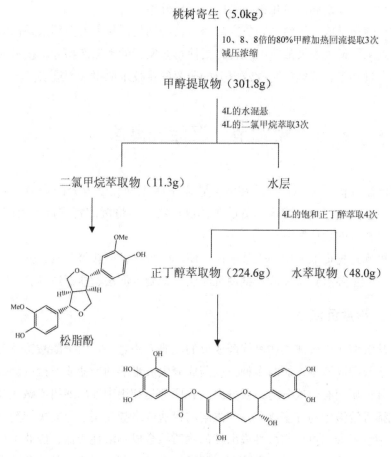

桃树寄生（5.0kg）

10、8、8倍的80%甲醇加热回流提取3次
减压浓缩

甲醇提取物（301.8g）

4L的水混悬
4L的二氯甲烷萃取3次

二氯甲烷萃取物（11.3g）　　　水层

4L的饱和正丁醇萃取4次

正丁醇萃取物（224.6g）　　水萃取物（48.0g）

松脂酚

儿茶素-7-0-没食脂酸

溶剂萃取不同极性成分

此外，也可利用其某些成分能在酸或碱中溶解，又在加碱或加酸变更溶液的 pH 后，成不溶物而析出以达到分离。例如内酯类化合物不溶于水，但遇碱开环生成羧酸盐溶于水，再加酸酸化，又重新形成内酯环从溶液中析出，从而与其它杂质分离；生物碱一般不溶于水，遇酸生成生物碱盐而溶于水，再加碱碱化，又重新生成游离生物碱。这些化合物可以利用与水不相混溶的有机溶剂进行萃取分离。一般中草药总提取物用酸水、碱水先后处理，可以分为三部分：溶于酸水的为碱性成分（如生物碱），溶于碱水的为酸性成分（如有机酸），酸、碱均不溶的为中性成分（如甾醇）。还可利用不同酸、碱度进一步

分离，如酸性化台物可以分为强酸性、弱酸性和酷热酚性三种，它们分别溶于碳酸氢钠、碳酸钠和氢氧化钠，借此可进行分离。

分离纯化已成为天然产物研究的瓶颈，特别是近年来人们环保意识的迅速提高和国家可持续发展战略的施行，更使得开发新的天然产物分离技术成为大势所趋。近年来，天然产物有效成分的分离纯化技术取得很大进展。

第二节　沉淀分离法

沉淀法（precipitation）是在溶液状态下将不同化学成分的物质混合，在混合液中加入适当的沉淀剂制备前驱体沉淀物，再将沉淀物进行干燥或锻烧，从而制得相应的粉体颗粒。

在民族药物提取液中加入某些试剂使产生沉淀，以获得有效成分或除去杂质的方法。主要有铅沉淀法、试剂沉淀法、絮凝沉淀法、盐析法等。

一、铅盐沉淀法

铅盐沉淀法为分离某些民族药成分的经典方法之一。由于醋酸铅及碱式醋酸铅在水及醇溶液中，能与多种民族药成分生成难溶的铅盐或络盐沉淀，故可利用这种性质使有效成分与杂质分离。其原理是利用中性醋酸铅或碱式醋酸铅在水或稀醇溶液中与许多物质生成难溶的铅盐或络盐而用于分离民族药物有效成分。中性醋酸铅可以与酸性或酚性的物质结合成不溶性铅盐，因此可以沉淀有机酸、蛋白质、氨基酸、黏液质、鞣质、酸性皂苷、树脂、部分黄酮苷和花青苷等。碱式醋酸铅沉淀范围更广，除了上述能被中性醋酸铅沉淀的物质外，还可沉淀某些苷类、糖类及一些生物碱等碱性物质。

二、试剂沉淀法

试剂沉淀法是根据民族药及杂质的性质适当选用相应的试剂，如某些生物碱溶液中加入生物碱沉淀试剂，则生物碱会生成复盐沉淀而析出，从而得到分离精制。

三、絮凝沉淀法

絮凝沉淀法是在混悬的民族药物提取液或提取浓缩液中加入一种絮凝沉淀

剂以吸附架桥和电中和方式与蛋白质、果胶、黏液质、鞣质等发生分子间作用，使之沉降，经过滤除去溶液中的粗粒子，以达到精制和提高成品质量目的的一项新技术。絮凝剂的种类很多，有鞣酸、明胶、蛋清、101果汁澄清剂、ZTC澄清剂、壳聚糖（即可溶性甲克素）等，是新发展的一种沉淀法。

四、盐析法

盐析法就是沉淀法的一种，在民族药的水提液中加入无机盐至一定浓度，或达到饱和状态，可使某些成分在水中的溶解度降低沉淀析出，而与水溶性大的杂质分离。常用作盐析的无机盐有氯化钠、硫酸钠、硫酸镁、硫酸铵等。

第三节　结晶与重结晶法

民族药中所含化学成分在常温下大部分为固体物质，都具有结晶的通性。这样就可以根据各种化合物在不同化合物中的溶解度不同，选择适当的溶剂对初提物进行结晶与重结晶，以达到分离精制的目的。结晶的操作方法根据情况不同差异很大，总之就是要与相似相溶背道而驰，一般会达到较好的结晶效果[1]。

结晶法的基本原理是利用混合物中各种成分在溶剂中溶解度的差别，使所需成分以结晶状态析出，达到分离与精制的目的。选择合适的溶剂是结晶法的关键。理想的溶剂必须具备以下条件：（1）不与结晶物质发生化学反应；（2）对结晶物质的溶解度随温度不同有显著差异，热时溶解度大，冷时溶解度小；（3）对可能存在的杂质溶解度非常大或非常小（即冷热均溶或均不溶），前一种情况可使杂质留在母液中，后一种情况可趁热过滤以除去；（4）沸点适中，不宜过高或过低，过低则易挥发损失，过高则不易去除；（5）能给出较好的结晶。当不能选择到一种合适的溶剂时，通常选用两种或两种以上溶剂组成的混合溶剂。结晶法操作的一般过程为：制备结晶溶液→趁热过滤，除去不溶性杂质→将滤液放冷，使析出结晶，抽气过滤，将结晶从母液中分出。

重结晶是利用固体混合物中目标组分在某种溶剂中的溶解度随温度变化有明显差异，在较高温度下溶解度大，降低温度时溶解度小，从而实现分离提纯，该法由于其局限性，也不能广泛应用在民族药物成分的分离过程中[2]。

第四节　透　析　法

透析法是利用小分子物质在溶液中可通过半透膜，而大分子物质不能通过半透膜的性质，达到分离的方法。例如分离和纯化皂甙、蛋白质、多肽、多糖等物质时，可用透析法以除去无机盐、单糖、双糖等杂质。反之也可将大分子的杂质留在半透膜内，而将小分子的物质通过半透膜进入膜外溶液中，而加以分离精制：透析是否成功与透析膜的规格关系极大。透析膜的膜孔有大有小，要根据欲分离成分的具体情况而选择。透析膜有动物性膜、火棉胶膜、羊皮纸膜（硫酸纸膜）、蛋白质胶膜、玻璃纸膜等。透析法常用于分离纯化中药化学成分中的大分子物质如：皂苷、蛋白质、多肽、多糖等[3]。

一、透析技术的操作

1. 使用前处理

（1）将透析袋剪成适当长度（10 – 20cm）的小段。

（2）在大体积的 2%（W/V）碳酸氢钠和 1mmol/L EDTA（PH 8.0）中将透析袋煮沸 10 分钟。

（3）用蒸馏水彻底清洗透析袋。

（4）放在 1mmol/L EDTA（PH 8.0）中将之煮沸 10 分钟。

（5）冷却后，存放于 4 度，必须确保透析袋始终浸没在溶液中。从此时起取用透析袋是必须戴手套。

（6）用前在透析袋内装满水然后排出，将之清洗干净。

2. 储存条件

透析袋可存放于 10 – 29℃；每次使用后将余下的膜放回袋子并密封好，以防干裂。

3. 使用环境

在 pH5 – 9 的情况下透析袋可正常重复使用。常规情况，透析袋外溶液如为流动水或者经常更换袋外液，使袋内液 pH 不断接近中性，则透析袋使用寿命可增加。

4. 袋内液浓度

欲透析的袋内液浓度一般以溶解度的 1/10 为佳，过高的浓度则透析时间拉长，且难于透析完全。在实际使用过程中，透析袋内溶液浓度随透析时间增加，浓度降低，而透析袋效果大大降低。此时可将袋内液浓缩至一定浓度，使袋内外溶液浓度差达到一定水平，则可缩短透析时间，也可增加透析袋的使用寿命。

5. 透析袋装置

不同规格的透析袋有最大装量的要求，一般透析袋的最大装量以 Vol/cm 为指标，即每厘米长透析袋可装的最大容积。使用透析袋装液时应留 1/3 至 1/2 空间，以防透析过程中袋外的水和缓冲液过量进入袋内将袋涨破。透析袋第一次使用时装量应小于 1/4。含盐量高的溶液透析过夜时，体积增加 50% 系正常。

6. 袋内外液体量

在实际使用中，透析袋内外的液体量有一定合适的比例，一般以袋内液：袋外液 = 1 : 20 为佳。

7. 透析时间的选择

除盐所用的透析间隔时间以 2～12h/次换水。

8. 透析袋规格

根据所需多糖或蛋白质的分子量范围，可以选用不同规格的透析袋或透析膜来截留所需物质。目前较为常用的透析袋为美国进口透析袋和单层透析膜，由再生纤维素制成，主要用于实验室透析。用于脱盐、缓冲液置换、痕量抑制剂去除、酶固定化等（如下表）。

美国进口透析袋规格

货号	直径 mm	压平宽度（半周长）mm	截留分子量 Da
MD25 – 3. 5	16	25	3500
MD34 – 3. 5	22	34	3500
MD44 – 3. 5	28	44	3500
MD55 – 3. 5	35	55	3500
MD25 – 7	16	25	7000
MD34 – 7	22	34	7000
MD44 – 7	28	44	7000
MD55 – 7	35	55	7000

货号	直径 mm	压平宽度（半周长）mm	截留分子量 Da
MD7 – 14	4	7	14000
MD10 – 14	6	10	14000
MD25 – 14	16	25	14000
MD34 – 14	22	34	14000
MD44 – 14	28	44	14000
MD55 – 14	35	55	14000
MD77 – 14	49	77	14000

美国进口单层透析膜规格

货号	宽度 mm	截留分子量 Da
MS25 – 2	25	2000
MS25 – 3.5	25	3500
MS50 – 3.5	50	3500
MS25 – 7	25	7000
MS50 – 7	50	7000
MS25 – 14	25	14000
MS50 – 14	50	14000
MS25 – 20	25	20000

二、透析技术的应用

透析法广泛应用于大分子物质制备过程中的除盐、除小分子杂质及样品浓缩。在蛋白质提取液中，可用透析法除去所需蛋白质外的其他蛋白质、多糖、脂类、核酸及肽类等杂质。在多糖的分离纯化中透析法用于除盐、除蛋白、除小分子等杂质。利用酶解法和 Sevag 法脱蛋白，用透析法除去小分子物质，用苯酚—硫酸法测定香菇多糖含量。结果香菇粗品多糖经精制后纯度为79.4%[4]。为了优化透析法除玉米须多糖中小分子杂质的工艺条件，并用苯酚—硫酸法测定多糖含量。在单因素基础上，通过3因素3水平的正交试验研究透析法除去小分子杂质的工艺，3因素分别为更换缓冲液次数、透析时间和透析温度。结果透析液与缓冲液体积比为 1:50 的最佳透析条件为透析时间为 7h，温度为 30℃，更换缓冲液次数为 3 次。多糖纯度由原来的 27.0% 提高到 42.35%，多糖的平均损失率 9.25%[5]。

第五节　升 华 法

升华指固态物质不经液态直接转变成气态的现象，可作为一种应用固—气平衡进行分离的方法。有些物质（如氧）在固态时就有较高的蒸气压，因此受热后不经熔化就可直接变为水蒸气，冷凝时又复成为冰。固体物质的蒸气压与外压相等时的温度，称为该物质的升华点。在升华点时，不但在晶体表面，而且在其内部也发生了升华，作用很剧烈，易将杂质带入升华产物中。为了使升华只发生在固体表面，通常总是在低于升华点的温度下进行，此时固体的蒸气压低于内压。除了常压升华以外，还有真空升华和低温升华。升华法常用于分离具有挥发性的化学成分。

第六节　分 馏 法

对于完全能够互溶的液体系统，可利用各成分沸点的不同而采用分馏法，中药化学成分的研究工作中，挥发油及一些液体生物碱的分离即常用分馏法。例如毒芹总碱中的毒芹碱和羟基毒芹碱，前者沸点为 166～167℃，后者为 226℃，彼此相差较远，即可利用其沸点的不同通过分馏法分离。

一般说来，液体混合物沸点相差在 100℃ 以上，可将溶液重复蒸馏多次即可达到分离的目的，如沸点相差在 25℃ 以下，则需采用分馏柱，沸点相差越小，则需要的分馏装置越精细。常用于分离中得到的液体混合物中各成分，如挥发油、液体生物碱等。

第七节　高速离心分离技术

通过离心机的高速运转，使药液中杂质沉淀一并除去的一种方法。其原理是利用混合液密度差来分离料液，比较适合于分离含难于沉降过滤的细微粒或絮状物的悬浮液。大部分民族药物的提取液为胶体分散体系，从动力学角度，胶体粒子的布朗运动及其带电性导致胶体溶液建立沉降平衡的时间较长，平衡后因胶体浓度梯度很小而暂时保持稳定，不易沉降；从热力学角度，胶体分散体系自身存在巨大的表面能，胶体粒子自发向自由能减小的方向逐渐聚集而具有沉降趋势，但沉降速度很慢[6]。以浸膏得率、多糖含量为考查指标，对高速离心法制备归脾口服液的工艺条件进行优选，并考察离心速度对归脾口服液外观质量的影响，结果以 10000 – 15000 r/min 离心为好，对浸膏得率和多糖含量影响均不大，口服液澄明度明显得到改善[7]。同时以有效成分含量为指标，对高速离心法、多级过滤法、水醇法用于制备中药口服液进行了比较研究。结果表明，用高速离心法制备的归脾汤、小柴胡汤、一贯煎等中药口服液在保留多糖、黄芪甲苷、黄芩苷等有效成分的含量及保证成品的澄明度上明显优于水醇法。

第八节　色谱分离技术

色谱法（chromatography）是民族药有效成分的分离纯化技术之一，应用范围非常广泛，也是目前为止发展最完备的分离纯化技术之一。

一、色谱法的由来

1. 滤纸上的吸附色谱法（Adsorptin Chromatography on Filter Paper）

早在 1855 年德国化学家 Runge 利用纸色谱进行不同盐的分离，并对分离图案进行分析。1861 年 Schönbein 利用滤纸吸附色谱法分离、鉴定了不同染料和盐等。

2. 液—固色谱法（Liquid-Solid Chromatography）

俄国植物学家 Mikhail Tsvet 首先发明了色谱法，1903 年 Mikhail Tsvet 在波兰华沙自然科学年会 Warsaw Society of Natural Scientists 发表了一种新型吸附现象及其在生物医学分析中的应用，1906 年首次提出"色谱法"（Chromotography）和"色谱图"（Chromatogram）的概念。1931 年化学家 Lederer 等在 Tsvet 实验的基础上用氧化铝和碳酸钙分离了 α –，β –，和 γ –胡萝卜素等，液 –

固色谱开始广泛利用。

3. 薄层色谱法（Thin Layer Chromatography，TLC）

1938 年 Ismailov 和 Schraiber 利用滴色谱法（drop chromatography）分析并应用于制药领域（如下图）。

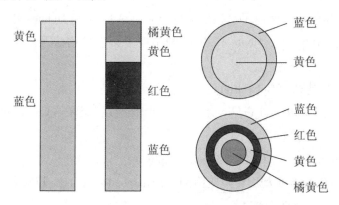

图 3 - 1　利用氧化铝比较颠茄酊剂的荧光颜色

柱色谱（左）；滴色谱（右）

1956 年 Egon Stahl 开发了薄层色谱板的制备方法后，才使薄层色谱得到广泛地应用。

4. 液—液分配色谱法（Liquid-Liquid Partition Chromatography）

英国科学家 Martin 和 Synge 在 1941 年提出了液—液分配理论和液—液分配色谱法，固定相是吸附在硅胶上的水，流动相是某种有机溶剂。利用分配色谱法分析羊毛蛋白质水解后的氨基酸，并利用硅胶上吸附的水作为固定相，以氯仿作为流动相，分析了乙酰化氨基酸。1943 年使用纤维素代替硅胶作为固定相，用正丁醇作为流动相进行了碱与二羧基氨基酸的分离。

5. 气相色谱法（Gas Chromatography，GC）

1941 年，德国 Hesse 把硅胶柱加热到 100℃，并用 CO_2 作为载气，分离了 6 碳的脂肪酸。1949 年，澳大利亚的 Cremer 开发了气相色谱法。1952 年，英国的 James 和 Martin 开发了气—液色谱法（Gas-Liquid Chromatography）。把色谱技术向前推进了一大步，这是气相色谱在此后的十多年间发展十分迅速的原因。

6. 电泳法（Electrophoresis）

1909 年，Michaelis 最先提出电泳法 "Electrophoresis" 专业术语。1937

年，Portuguese 利用纸电泳法分离了蛇毒中的黄色色素。1946 年，Martin 开发了凝胶电泳 "Gel electrophoresis"。

7. 离子交换色谱法 (Ion Exchange Chromatography)

1850 年，英国农业化学学者 Thomson Way 对土壤进行离子交换色谱法分析，广泛开始使用天然离子交换剂。1935 年，Adams 和 Holmes 开发了合成的离子交换剂。1951 年，Moore 和 Stein 利用离子交换色谱法开发了氨基酸自动分析仪。

8. 凝胶过滤法 (Gel Filtration)

1959 年，Porath and Flodin 合成了右旋糖酐凝胶交联 (Cross-linked dextran gel)。

9. 亲和色谱法 (Affinity Chromatography)

1951 年 Campbell 利用免疫吸附剂 (Immunoadsorbents) 开发了与高分子聚合物结合配位体的吸附剂。

之后，快速发展起气相色谱法、薄层色谱法、纸色谱法、高效液相色谱法等。1960 年中后期，气相色谱理论和实践的发展，以及机械、光学、电子等技术上的进步，液相色谱又开始活跃。到 20 世纪 60 年代末期把高压泵和化学键合固定相用于液相色谱就出现了 HPLC。1970 年中期以后，微处理机技术用于液相色谱，进一步提高了仪器的自动化水平和分析精度。1990 年以后，生物工程和生命科学在国际和国内的迅速发展，为高效液相色谱技术提出了更多、更新的分离、纯化、制备的课题，如人类基因组计划，蛋白质组学有 HPLC 作预分离等。

色谱法是分离纯化和定性定量鉴定民族药成分的重要方法之一。色谱技术的应用与发展，对于民族药各类成分的分离鉴定起到了巨大的推动作用。色谱分离的基本原理是利用混合样品的各组分在互不相溶的两相溶剂之间的分配系数之差异（分配色谱）、组分对吸附剂吸附能力不同（吸附色谱）、分子的大小的差异（排阻色谱）或其他亲和作用的差异，来反复地吸附或分配，从而使混合物中的各组分得以分离[8]。

色谱法根据其物理化学原理，分为吸附色谱、分配色谱、离子交换色谱与排阻色谱等方法。

二、色谱法的基本原理

色谱法的基本原理主要包括色谱过程的动力学和热力学。

色谱分离过程动力学是研究物质在色谱过程中运动规律的科学。其研究的主要目的是解释色谱流出曲线的形状，探求影响色谱区域宽度扩张的因素和机制，从而为获得高效能色谱柱系统提供理论上的指导以及选择色谱分离条件奠定理论基础。色谱分离过程基本上可以认为是溶质在固定相与流动相两相之间的分布，并发生一系列连续的平衡—转移。

1. 提取

物质从一种溶剂转移到另一种溶剂的方法叫提取（extraction）。一般情况下，使用相互不溶的溶剂。如与水互不溶的有机溶剂，比水轻的有机溶剂有乙醚、苯、正己烷、正丁醇、乙酸乙酯等；比水重的有机溶剂有氯仿、二氯甲烷、四氯化碳等。但是，这些溶剂不是绝对不溶于水的（如下表）。

溶解度表（%）

溶剂	在水中的溶解度	水的溶解度
正己烷	0.001	0.011
四氯化碳	0.077	0.01
苯	0.18	0.06
氯仿	0.82	0.07
二氯甲烷	1.30	0.20
乙醚	6.04	1.47
正丁醇	7.45	20.5

2. 分配系数

$$S_{(1)} \leftrightarrow S_{(2)}$$

$$P = \frac{A_{S1}}{A_{S2}} \approx \frac{[S]_2}{[S]_1}$$

P：分配系数

V1 mL 的相 1 中溶有 m mol 的溶质 S，用 V2 mL 的相 2 进行提取，达到平衡时，相 1 中留有的溶质分配率为 q。则：

$$P = \frac{[S]_2}{[S]_1} = \frac{(1-q)\ m/V_2}{qm/V_1}$$

由此可得出：

$$q = \frac{V_1}{V_1 + PV_2} \qquad （式 1）$$

对把相 2 溶液取出，再倒入相 2 溶剂进行提取，则在相 1 中留有的溶质分配率 q2：

$$q_2 = q_1{}^2 = \left(\frac{V_1}{V_1 + PV_2} \right)^2$$

用相 2 溶剂连续反复提取，在 n 次反复提取后，留有的溶质分配率 q_n 为：

$$q_n = q_1{}^n = \left(\frac{V_1}{V_1 + PV_2} \right)^n \qquad （式 2）$$

三、吸附色谱法

吸附色谱法（Adsorptin Chromatography）是利用吸附剂对样品物质不同组分的吸附能力不同，后用溶剂或气体洗脱，以使各组分分离的方法。常用的吸附剂有氧化铝、硅胶、聚酰胺等有吸附活性的物质，适用于分离中等分子量的脂溶性物质[1,9,10]。

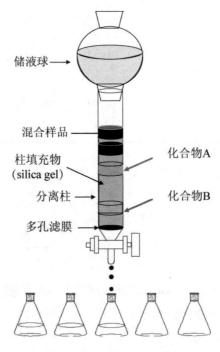

储液球

混合样品

柱填充物
（silica gel）

分离柱

多孔滤膜

化合物A

化合物B

图 3－2　吸附色谱法示意图

四、分配色谱法

分配色谱法（Partition Chromatography）是基于样品物质不同组分在流动相和固定相中的分配系数不同，以使组分分离的色谱方法（如下图）。

流动相

固体载体

图3-3 分配色谱示意图

固定相通常为液相键合或涂布在固体载体上。常用的载体有硅胶、硅藻土、硅镁型吸附剂与纤维素粉等[1,9,10]。常可分为正相分配色谱和反相分配色谱。正相分配色谱，常用于分离极性较大的成分，如生物碱、糖类、苷类、有机酸等；反相分配色谱，常用于分离极性小的脂溶性化合物如油脂、高级脂肪酸、游离甾体等。

五、离子交换色谱法

离子交换色谱法（Ion-Exchange Chromatography，IEC）以离子交换树脂作固定相，在流动相带着试样通过离子交换树脂时，由于不同的离子与固定相具有不同的亲合力而获得分离的色谱法。离子交换色谱法是利用离子交换原理和液相色谱技术的结合来测定溶液中阳离子和阴离子的一种分离分析方法[11,12]。

凡在溶液中能够电离的物质通常都可以用离子交换色谱法进行分离。现在它不仅适用于无机离子混合物的分离，亦可用于有机物的分离，例如氨基酸、核酸、蛋白质等生物大分子，因此应用范围较广。

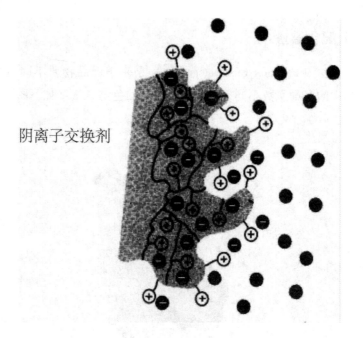

阴离子交换剂

图 3 - 4　离子交换示意图

1. 分离原理

离子交换色谱以离子交换树脂作为固定相，树脂上具有固定离子基团及可交换的离子基团。当流动相带着组分电离生成的离子通过固定相时，组分离子与树脂上可交换的离子基团进行可逆变换。根据组分离子对树脂亲合力不同而得到分离。

2. 固定相

离子交换色谱常用的固定相为离子交换树脂。目前常用的离子交换树脂分为三种形式，一是常见的纯离子交换树脂。第二种是玻璃珠等硬芯子表面涂一层树脂薄层构成的表面层离子交换树脂，第三种为大孔径网络型树脂。它们各有特点，例如第二种树脂有很高的柱效，但它的柱容量不大；第三种树脂适用于非水溶液中物质的分离，因为它们的孔径和内表面积大，不需要用水溶胀，便可满意地使用。

典型的离子交换树脂是由苯乙烯和二乙烯基苯交联共聚而成，其中，二乙烯基苯起了交联和加牢整个构型的作用，其含量决定了树脂交联度大小。交联度一般控制在4% ~16%范围内，高度交联的树脂较硬而且脆，也较渗透，但选择性较好。在基体网状结构上引入各种不同酸碱基团作为可交换的离子基团。

按结合的基团不同，离子交换树脂可分为阳离子交换树脂和阴离子交换树脂。阳离子交换树脂上具有与样品中阳离子交换的基团。阳离子交换树脂又可分为强酸性和弱酸性树脂。强酸性阳离子交换树脂所带的基团为磷酸基，其中和有机聚合物牢固结合形成固定部分，是可流动的能为其他阳离子所交换的离子。阴离子交换树脂具有与样品中阴离子交换的基团。阴离子交换树脂也可分为强碱性和弱碱性树脂。阴离子交换树脂属强碱性，它是由有机聚合物骨架和一季胺碱基团所组成，它带有正电荷。而与相反的是可以移动的部分，它能被其它阴离子所交换。

3. 流动相

离子交换色谱的流动相最常使用水缓冲溶液，有时也使用有机溶剂如甲醇，或乙醇同水缓冲溶液混合使用，以提供特殊的选择性，并改善样品的溶解度。离子交换色谱所用的缓冲液，通常用下列化合物配制：钠、钾、被的柠檬酸盐，磷酸盐，甲酸盐与其相应的酸混合成酸性缓冲液或氢氧化钠混合成碱性缓冲液等。

六、排阻色谱法

又称凝胶色谱或凝胶渗透色谱，是利用被分离物质分子量大小的不同和在填料上渗透程度的不同，以达到组分有效分离。常用的填料有分子筛、葡聚糖凝胶、微孔聚合物、微孔硅胶或玻璃珠等，可根据载体和试样的性质，选用水或有机溶剂为流动相。主要用于天然药物化学成分中大小分子化合物的分离，如蛋白质、酶、多肽、氨基酸、多糖、甾体、苷类及某些黄酮、生物碱等。用凝胶渗透色谱（GPC）测定聚醚多元醇的相对分子质量及其分布，以四氢呋喃作为溶剂和流动相，探讨样品浓度、色谱柱温度以及流动相流速等条件对实验结果的影响。结果表明，样品浓度控制在 110 ~ 310 mg/mL，且保证待测样品浓度与标准样品浓度一致时，实验结果误差较小；实验温度在 30 ~ 50℃ 范围内对结果影响不大；流速低于 1 mL/min 时结果出现较小偏差；重复性测定平均相对分子质量的相对标准偏差仅有 1%[13]。研究辣椒中辛硫磷的液相色谱分析方法，样品经乙腈提取，凝胶色谱净化后，用高效液相色谱—二极管阵列检测器在 280nm 波长下进行测定。实验结果表明：辛硫磷在 0.1 - 10.0mg/kg 范围内回归方程为 $Y = 22.2638209X - 0.8016$，相关系数为 0.99996，方法检出限为 0.02mg/kg，平均回收率为 80.8% – 96.6%，变异系数为 0.80% – 4.45%。
方法的灵敏度、精密度和检测限都符合农药残留分析的要求[14]。

交联葡聚糖 LH – 20（Sephardex LH – 20）和交联葡聚糖 LH – 60（Sephar-dex LH – 60）是凝胶过滤介质经过羟丙基改性后的适合中小分子药物分离纯化的介质，其分离机理是分子筛效应，一个含有各种分子的样品溶液缓慢地流经凝胶色谱柱时，各分子在柱内同时进行着两种不同的运动：垂直向下的移动和无定向的扩散运动。大分子物质由于直径较大，不易进入凝胶颗粒的微孔，而只能分布颗粒之间，所以在洗脱时向下移动的速度较快。小分子物质除了可在凝胶颗粒间隙中扩散外，还可以进入凝胶颗粒的微孔中，即进入凝胶相内，在向下移动的过程中，从一个凝胶内扩散到颗粒间隙后再进入另一凝胶颗粒，如此不断地进入和扩散，小分子物质的下移速度落后于大分子物质，从而使样品中分子大的先流出色谱柱，中等分子的后流出，分子最小的最后流出，这种现象叫分子筛效应（图 3 – 5）。

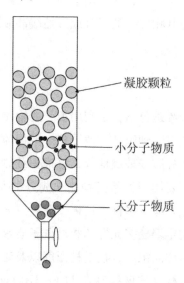

图 3 – 5 凝胶色谱分离示意图

凝胶色谱法可用于多糖的分离。利用高效凝胶色谱（high performance gel permeation chromatography，HPGPC）分析桑叶多糖两个组分 MPL1 和 MPL2 的重均分子质量分别为 11800D 和 7630D，利用 GC 分析 MPL1 和 MPL2 是由 D – 果糖（D – Flu）、L – 阿拉伯糖（L – Ara）、L – 鼠李糖（L – Rha）、D – 木糖（D – Xyl）和 D – 葡萄糖（D – Glu）5 种单糖组成，其物质的量比分别为 58：

9.9：5.8：5.1：21.2 和 45：6.74：17.2：7.3：24.1。而通过高碘酸氧化和 Smith 降解反应的方法得到 MPL1 和 MPL2 的主链是由 1→3 位键合的糖基组成，支链为 1→2 位键合的糖基组成。红外光谱分析桑叶多糖中存在 α 构型的 C—H 吸收峰[15]。

凝胶色谱法可用于皂苷类成分的分离。采用葡聚糖凝胶 LH - 20 层析柱料和适当的分离条件，对人参皂苷 Re 的分离方法进行了研究。结果表明：通过该方法分离人参皂苷 Re 收率为 58.16%，得到的人参皂苷 Re 的纯度为 96.12%，达到了较好地分离人参皂苷 Re 的目的。而且此分离方法的柱料用量少、使用周期长、再生容易、重复性好，是一种省时、省力的分离方法[16]。

七、高效液相色谱法

（一）高效液相色谱的概述

高效液相色谱法（high performance liquid chromatography，HPLC）是在经典液相色谱法的基础上，于 20 世纪 60 年代后期引入了气相色谱理论而迅速发展起来的。早期由于液相色谱技术仍停留在经典操作方式，操作烦琐，分析时间长，因此液相色谱法未受到重视。随着逐渐出现气相色谱法对高沸点有机物分析的局限性，人们又重新认识到液相色谱法可弥补气相色谱法的不足之处。色谱理论的发展，使人们认识到采用微粒固定相可提高柱效的重要途径，随着微粒固定相的不断研制成功，小颗粒具有高柱效，但会引起高阻力，需用高压输送流动相，因此利用高压输液泵和高灵敏度检测器，故又称高压液相色谱。它与经典液相色谱法的区别是填料颗粒小而均匀，又因分析速度快而称为高速液相色谱。

HPLC 是 60 年代兴起的新技术，1906 年俄国植物化学家茨维特（Tswett）首次提出"色谱法"（Chromotography）和"色谱图"（Chromatogram）概念。1930 年以后，相继出现了纸色谱、离子交换色谱和薄层色谱等液相色谱技术。1952 年，英国学者 Martin 和 Synge 基于他们在分配色谱方面的研究工作，提出了关于气—液分配色谱的比较完整的理论和方法，把色谱技术向前推进了一大步，这是气相色谱在此后的十多年间发展十分迅速的原因。1958 年，基于 Moore 和 Stein 的工作，离子交换色谱的仪器化导致了氨基酸分析仪的出现，这是近代液相色谱的一个重要尝试，但分离效率尚不理想。1960 年中后期，气相色谱理论和实践的发展，以及机械、光学、电子等技术上的进步，液相色谱又开始活跃。到 60 年代末期把高压泵和化学键合固定相用于液相色谱就出现了 HPLC。1970 年中期以后，微处理机技术用于液相色谱，进一步提高了仪器的自动化水平和分析精度。1990 年以后，生物工程和生命科学在国际和国内的迅速发展，为高效液相色谱技术提出了更多、更新的分离、纯化、制备的课题，如人类基因组计划，蛋白质组学有 HPLC 作预分离等。目前已广泛应用于中草药有效成分中的生物碱类、黄酮类、甙类、木脂素类、脂肪酸类、酚类等的分离，具有分析速度快、效率高、灵敏度好、选择性强、有效成分与杂质能较好地分离等优点，是中草药有效成分研究的主要方法。利用 HPLC 法成功分离测定喜树果实中的抗癌有效成分喜树碱[17]。为了建立人参固本口服液中人参皂苷 Rg1 和 Re 含量测定的方法，利用 C18 色谱柱，流动相为乙腈 – 水（22∶78，调甲酸 pH 至 2.4）；流速 1.0 ml/min；ELSD 参数：漂移管温度 110℃，空气流速 3.0 L/min。结果人参皂苷 Rg1 在 0.4 ~ 2.4 μg 范围内呈良好的线性关系（r = 0.997 0），平均回收率为 98.9%，RSD = 0.32%；Re 在 0.2 ~ 1.2 μg 的浓度范围内呈良好的线性关系（r = 0.998 6），平均回收率为 97.7%，RSD = 0.25%[18]。用 HPLC 法同时测定五味子微球中木脂素类成分的含量[19]。利用 HPLC 法测定独活葛根汤浸膏中甘草酸的含量[20]。利用反相高效液相色谱法（RP – HPLC）测定 7 种不同种类及品种的谷物麸皮中酚酸类成分的含量[21]。

HPLC 和经典的柱色谱法在分析原理上没有本质的差别，但由于 HPLC 采用了新型高压输液泵、高灵敏度检测器和高效微粒固定相，使经典的液相色谱法焕发出新的活力。随着不断的发展，HPLC 在分析速度、分离效能、检测灵敏度和操作自动化方面都达到了和 GC 相媲美的程度，并保持了经典液相色谱法对样品适用范围广、可供选择的流动相种类多和便于用作制备型色谱等优点。该方法已成为化学、医学、工业、农学、商检和法检等学科领域中重要的分离分析技术。

（二）高效液相色谱法的原理

溶于流动相（mobile phase）中的各组分经过固定相（stationary phase）时，由于与固定相发生作用（吸附、分配、离子吸引、排阻、亲和）的大小、强弱不同，在固定相中滞留时间不同，从而先后从固定相中流出。

（三）高效液相色谱法的特点

1. 分离效能高

与经典的柱色谱相比，由于使用新型高效微粒固定相填料，液相色谱柱的

柱效可达 $2 \times 10^3 \sim 5 \times 10^4$ 块/m 的理论塔板数。

2. 选择性高

由于液相色谱柱具有高柱效，并且流动相可以控制和改善分离过程的选择性。因此，高效液相色谱法不仅可以分析不同类型的有机化合物及其同分异构体，还可以分析性质极为相似的旋光异构体，使在合成药物及生化药物的生产控制分析中发挥重要的作用。

3. 检测灵敏度高

使用紫外吸收检测器可检出 10^{-9}g，荧光检测器最小检出量可达 10^{-12}g，可用于痕量分析。因此，在高效液相色谱法中使用的检测器具有较高的灵敏度。

4. 分析速度快

与经典柱色谱相比，HPLC 使用高压输液泵，使其分析速度大大缩短，当输液压力增加时，流动相流速也加快，完成一个样品的分析时间只需几分钟到几十分钟。

此外，HPLC 还具有使用范围广、样品可回收等特点。

（四）高效液相的基本概念与理论

高效液相色谱法理论用于研究物质在 HPLC 过程中的运动规律，解释色谱流出曲线，研究色谱保留值和影响色带扩张的因素，研究各因素的影响规律。这与分配系数、容量因子、选择性因子、理论塔板数、速率理论、分离度等有关。利用这些基本概念和理论来解释和了解实际应用中出现的影响色谱分离的因素。

1. 分配系数（KD）

分配系数为组分在固定相和流动性两相间达到瞬间平衡时在固定相与流动相中的浓度比，即

$$K_D = \frac{\text{组分在固定相中的浓度}}{\text{组分在流动相中的浓度}} = \frac{C_s}{C_m} = \frac{n_s/V_s}{n_m/V_m}$$

式中，ns、nm 分别为组分在固定相和流动相中的量；Vs、Vm 分别为组分在固定相和流动相中扩散的体积。

$$\ln K_D = \frac{-\Delta G^\circ}{RT}$$

式中，ΔG^0 为平衡体系的标准自由能变化；R 为气体常数；T 为温度。

2. 容量因子（k'）

$$k' = \frac{\text{组分在流动相中的浓度}}{\text{组分在固定相中的浓度}} = \frac{n_s}{n_m}$$

容量因子是色谱法中广泛采用的保留值参数。组分与固定相的作用力越小，越容易通过色谱柱而流出，其容量因子就越小。k′的最佳值为 2～5，k′改变可通过调节流动相的极性来实现，对正相色谱而言，流动相极性越强，k′就越小；反之，在反相色谱中，流动相极性增加，k′增大。

3. 选择性因子（α）

$$\alpha = \frac{k'_2}{k'_1} = \frac{t_{R2}}{t_{R1}}$$

一个色谱系统的分离度是该系统分离两个组分能力的指标。选择性因子 α 同时也成为分离系数，它取决于两个色谱带相隔距离及色带本身的宽度，改变 α 即时改变后一组分相对于前一组分的保留时间。α 的改变可通过选择不同的固定相或流动相来实现。

4. 理论塔板数（n）

理论塔板数是反映组分在固定相和流动相中动力学特性的重要色谱参数，是代表色谱柱分离效能的重要指标。理论塔板数（n）的计算如下：

$$n = 5.545\left(\frac{t_R}{W_{1/2}}\right)^2 = 16\left(\frac{t_R}{W_b}\right)^2$$

式中，t_R 为保留时间；W_b 为峰宽。

常用理论塔板数 n 来衡量一个色谱柱的柱效。理论塔板数越大，组分在两组分间达到的分布平衡的次数就越多，色谱峰宽度就越窄，反之，理论塔板数越小，组分在两组分间达到分布平衡的次数就越小，色谱宽度就越宽。

5. 速率理论

高效液相色谱法常出现色带扩散现象。其主要受涡流扩散或多途径、纵向扩散或分子扩散、传子或质量转移 3 个因素的影响。

（1）涡流扩散（Eddy diffusion）或多途径（multiple path，H_p）

原因和解决方法：流动相碰到较大的固体颗粒，就像流水碰到石头一样产生涡流。如果柱装填得不均匀，有的部分松散或有细沟，则流动相的速度就快；有的部位结块或装直紧密则流就慢，多条流路有快有慢，就使色带变宽（如下图）。由这种展宽引起的柱效变化与色谱柱填料的均匀度和装填技术成正比，填料粒度越小，粒度范围越窄，装填得越均匀致密，涡流扩散的影响也就越小。因此，固相载体的颗粒要小而均匀，装柱要松紧均一，这样涡流扩散小，柱效率高。

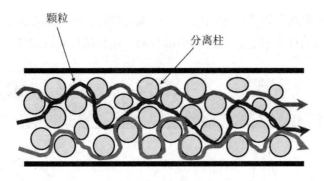

图 3 - 6　涡流扩散示意图

（2）纵向扩散或分子扩散（Molecular diffusion，H_d）

原因和解决方法：分子扩散就是物质分子由浓度高的区域向浓度低的区域运动所引起的峰展宽，也称纵向分子扩散。纵向扩散与组分分子在流动相中的扩散系数成正比，而与流动相流速成反比。因此，要减少分子扩散就要采用小而均匀的固相颗粒装柱。同时在操作时，如果流速太慢，被分离物质停留时间长，则扩散严重。

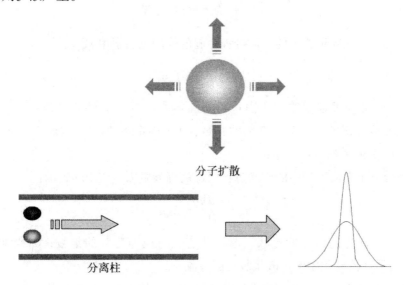

图 3 - 7　分子扩散示意图

（3）传质或质量转移（Mass transfer，Hs、Hm 及 Hsm）

原因和解决方法：被分离物质要在流动相与固定相中平衡，这样才能形成较窄的色带。在液相色谱中，溶质分子要在两个液相之间进行分配，或在固相上被吸附和解吸附均需要一定的时间。当流速快时，转移速度慢，来不及达到平衡动相就向前移，这各物质的非平衡移动，使色带变宽（如下图）。

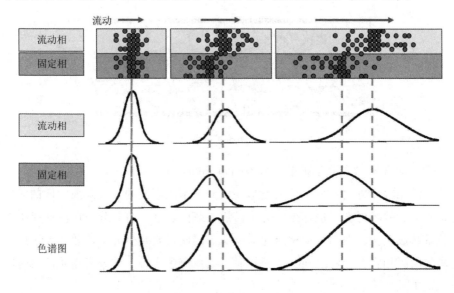

图3-8 质量转移示意图

组分分子在固定相内的传质过程引起的峰展宽因素用 H_s 表示：

$$H_s = \frac{qrd^2\mu}{D_s} = C_s\mu$$

式中，q 为固定相的传质因子，与固定相的现状有关的常数；r 为溶质的流动速度与固定相的类型有关的常数；d 为固定相的厚度；Ds 为溶质在固定相中的扩散系数；μ 为流速。

组分分子在流动相中的传质过程引起的峰展宽因素用 Hm 表示：

$$H_m = \frac{\omega d_p^2\mu}{D_m} = C_M\mu$$

式中，ω 为色谱柱的形状、填料状态、内径等有关的常数；d_p 为粒径；Dm 为溶质在流动相中的扩散系数；μ 为流速。

组分分子在固定相孔隙内滞留的流动相中的传质过程引起的峰展宽因素用 Hsm 表示。

以上3个因素组合起来，则总的峰展宽因素 H 可用范第姆特方程式表示：

$$H = H_p + H_d + H_s + H_m + H_{sm}$$

范第姆特曲线如下：

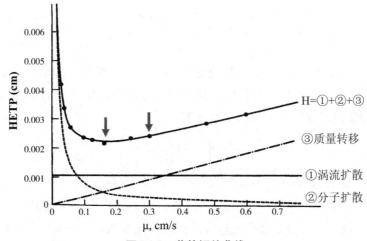

图 3 - 9　范第姆特曲线

因此，要得到理想的分离效果，减少色谱峰展宽，必须减小填料粒径，提高填料装填的均匀度及采用低黏度的流动相以加快传质速率，从而提高柱效。

6. **分离度（R）**

分离度是基于柱效 H 和组分对固定相的分配效率而定的。R 表示 2 个相邻色谱峰真正的分离情况（如下图）。

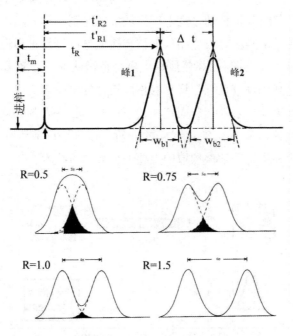

如果某一固定相较适合被分离组分，R 的计算公式为：

$$R = \frac{t_{R2} - t_{R1}}{\dfrac{\omega_{b2} + \omega_{b1}}{2}} = \frac{2\Delta t}{\omega_{b2} + \omega_{b1}}$$

式中，W_{b2} 及 W_{b1} 是色谱峰基线宽度；t_{R2} 及 t_{R1} 是组分 2 和组分 1 的保留时间；Δt 是组分 2 和组分 1 的保留时间只差。分离度与柱效（n）、选择性因子（α）及容量因子（k′）之间的关系如下：

$$R = \frac{n^{1/2}}{4}\left(\frac{\alpha - 1}{\alpha}\right)\left(\frac{k'_2}{1 + k'_2}\right)$$

式中，选择性因子 $\alpha = k'_2/k'_1$，若 $k'_2 = k'_1$，则 $\alpha = 1$，$\alpha - 1 = 0$，$R = 0$，两组分无法分离。所以，分配系数不等是分离的前提，在该前提下，n、α 及 k′越大，R 就越大，分离效果就越好。改变多元溶剂系统的配比，洗脱能力改变，则 t_R 改变，k′改变；而 n 主要由色谱柱性能来决定。

（五）高效液相色谱仪器与设备

高效液相色谱仪的系统由储液器、泵、进样器、色谱柱、检测器、记录仪等几部分组成。储液器中的流动相被高压泵打入系统，样品溶液经进样器进入流动相，被流动相载入色谱柱（固定相）内，由于样品溶液中的各组分在两相中具有不同的分配系数，在两相中作相对运动时，经过反复多次的吸附—解吸的分配过程，各组分在移动速度上产生较大的差别，被分离成单个组分依次从柱内流出，通过检测器时，样品浓度被转换成电信号传送到记录仪，数据以图谱形式打印出来（下图）。高效液相色谱是色谱法的一个重要分支，以液体为流动相，采用高压输液系统，将具有不同极性的单一溶剂或不同比例的混合溶剂、缓冲液等流动相泵入装有固定相的色谱柱，在柱内各成分被分离后，进入检测器进行检测，从而实现对试样的分析。该方法已成为化学、医学、工业、农学、商检和法检等学科领域中重要的分离分析技术[22-24]。

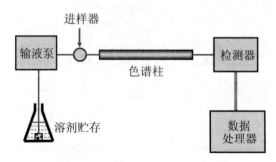

图 3 - 10　高效液相色谱流程图

1. 高压输液系统

高效液相的输液系统是由储液瓶、高压输液泵、梯度洗脱装置等组成。

（1）储液瓶

储液瓶是存放流动相的容器，其结构材料对流动相溶液必须是化学惰性的。常用的材料为玻璃、不锈钢或表面喷涂聚四氟乙烯的不锈钢等。溶液进入高压泵前预先脱气，以免进柱后压力下降使溶解在载液中的空气自动脱出形成气泡而影响检测器的正常工作。常用的脱气方法有：

①低压脱气法。采用电磁搅拌水泵抽真空。由于抽真空会导致溶剂蒸发，对二元或多元流动相的组成会有影响，故此法仅适用于单一组成的流动相溶剂。

②超声波脱气法。将装有流动相溶液的储液瓶置于超声波清洗槽中，以水为介质超声脱气。一般 500mL 溶液约需 20～30min。此法简便，是目前采用最多的脱气方法。

（2）高压输液泵

高压输液泵是高效液相色谱仪中的关键部位之一。它将流动相溶液在高压下连续不断地送入柱系统，使样品在色谱柱中完成分离过程。在高效液相色谱仪中，对高压输液泵的性能有如下要求：

①流量稳定。为使色谱过程具有良好的重现性，泵的输出流量要恒定。其流量精度应为 1% 左右。

②输出压力高。由于色谱柱填料颗粒较细，为使流动相溶液以一定的流速流过色谱柱，泵必须具有一定的输出压力；同时，输出压力应平稳，脉动小，有利于降低检测器的噪声，提高信噪比和柱效。

③流量范围宽。流量可调范围大，一般在 0.01～10mL/min 范围内可选择。

④耐酸、碱缓冲液的腐蚀。

⑤泵体易于清洗。

（3）梯度洗脱装置

梯度洗脱，又称溶剂程序。在色谱分离过程中，流动相溶液组成按一定的速度连续改变，类似气相色谱中的程序升温。由于液相色谱中流动相溶液的极性变化直接影响样品组分的保留值（或 k'），因此梯度洗脱可改善复杂样品的分离度，缩短分析周期，改善峰形和提高样品的最小检测量。一般在液相色谱中，梯度洗脱比程序升温、流速程序、重复分离和连用柱等方法有效得多。梯度洗脱装置可分为低压梯度洗脱装置和高压梯度洗脱装置。前者又称外梯度，它是一种在常压下将流动相溶液按预先规定的比例混合后，再由高压泵输入色谱柱，所以也叫泵前混合（如下图）；后者又称内梯度，它是将溶液经高压泵加压后再混合的洗脱装置。常见的高压梯度洗脱装置由两台高压泵、梯度程序控制器、混合器等部件组成。两台泵分别将极性不同的溶剂输入混合器，经充分混合后进入色谱柱。这是一种泵后高压混合形式（如下图）。

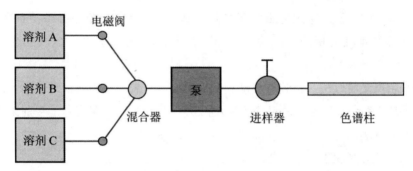

图 3-11　低压梯度洗脱装置

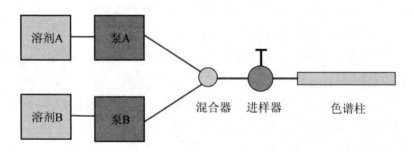

图 3-12　高压梯度洗脱装置

2. 进样系统

进行系统是将分析试样导入色谱柱的装置。对于液相色谱的进样装置，要求重复性好，死体积小，保证中心进样，进样时对色谱柱系统流量波动要小，便于实现自动化等。进样系统包括取样、进样两个功能，而实现这两个功能又分手动和自动两种方式。

（1）注射器进样

这种进样方式是用微量注射器刺过色谱柱上端进样器的隔膜，直接注入到色谱柱相连的进样头内。这种进样方式结构简单、操作方便、价格低廉，可以达到较高的柱效，但缺点是操作压力不能过高，进样量有限（一般小于100μL），进样重复性差。

（2）阀进样

采用阀进样，可以在常压下，将样品溶液导入进样阀，经阀切换操作直接在高压状态下把样品送入色谱柱，不需要停流。进样量由固定体积的定量环或微量注射器控制，所以重复性好。一般有六通进样阀、双路进样阀等类型，其中六通进样阀最为常用，它由阀体、阀芯、储样管、手柄、旋转密封环组成。阀体和阀芯为不锈钢制成，旋转密封环为聚四氟乙烯等材料制成；阀芯和旋转密封环由同一手柄带动旋转。密封环上有 3 个互不相通的沟槽供样品和流动相流动。进样后，储样管内的样品即被流动相带入色谱柱中（如下图）。六通进样阀的优点是进样量可变化范围大，进样量也较大，可适用于制备分离，重复性好，耐压高（可达 $200kgf/cm^2$）和易于自动化，缺点是阀的死体积大，进样后清洗麻烦，且容易引起色谱峰的展宽。

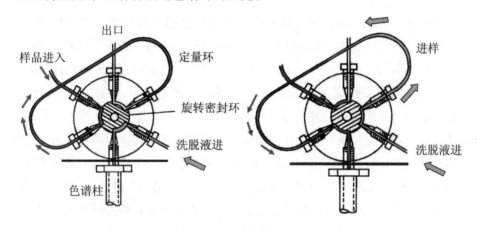

图 3 –13　六通进样阀

（3）自动进样器进样

自动进样器在程序控制下，可进行自动取样、进样、清洗取样系统等一系列工作，操作者只需将样品按顺序装入储样装置，然后按设定好的程序进行试验即可。自动进样器电机使注射器移到程序编好的进样瓶上方，然后丝杆带动滑块向下移，把取样针刺入样品瓶塑料盖，滑块继续下移，样品溶液经管道流入进样阀定量管，完成取样动作，进样阀切换完成进样，电机反转，丝杆带动滑块上移，取样针恢复原位。

3. 色谱柱

色谱柱是高效液相色谱仪分析与分离的核心部件，要求分离度高，柱容量大，分析速度快。要达到较好的分离性能，除了与固定相本身的性能有关，还与色谱柱结构、装填和使用技术等有关。

（1）色谱柱结构

色谱柱的的柱长在理论上与柱效成正比关系，增加色谱柱长度可以提高柱效。由于微粒固定相的采用，加上目前装填设备和技术，通常柱长在 100 ~ 300mm 之间才能获得较好的装填效果。

分析型的色谱柱内径一般为 4.6mm。由于柱技术的发展，内径 2mm 的色谱柱已作为常用柱经。实验制备型色谱柱内径一般为 20 ~ 40mm。色谱柱管材料均采用优质的不锈钢，内壁要求精细抛光加工，不允许有轴向沟痕，以免影响色谱过程的良好进行，引起色谱色带的展宽，降低柱效。

（2）色谱柱的填料

常用硅胶微粒作为担体。填料的特性决定色谱柱的性能，填料颗粒的大小、形状、均匀性、表面积、孔径、孔体积等均会影响色谱柱的效率。填料粒度小、粒度均匀、规则球形，有利于提高柱效。常用的柱填料微粒有两大类型：一类是表面多孔型（薄壳型），中心为一个惰性硬核（如实心玻璃球），在核的表面包一层很薄的多孔物质，如硅胶、氧化铝、聚酰胺、离子交换树脂或化学键合相。这类填料是现代液相色谱中使用的第一代优质填料；另一类是全多孔微粒型填料，分球型和无定型两种，颗粒直径为 $5-10\mu m$，筛选范围一般为 $\pm$（$1-2$）μm，这是目前 HPLC 分析中广泛使用的一种填料。

粒度大小在色谱分离中极为重要，理论塔板数与填料粒度成正比，但柱压与填料粒度的平方成反比，权衡利弊后选用色谱柱。

4. 检测器

检测器是高效液相色谱仪的三大关键部件之一。它是连续将色谱柱中流出的组分含量随时间的变化转化成易于测量的电信号，并记录下来，得到样品组分分离的色谱图，并根据色谱峰的位置、形状和大小进行定性、定量分析及判断分离情况的好坏。

检测器的性能评价主要从噪声和漂移、灵敏度、检测限、线性范围等考虑。

噪声（noise）是指与被测样品无关的检测器输出信号的随机扰动变化，

分为短噪声和长噪声两种形式。短噪声又称"毛刺"，由比色谱峰的有效值频率更高的基线扰动构成，短噪声的存在并不影响色谱峰的分辨，长噪声是由与色谱峰相似频率的基本扰动构成，它会影响色谱峰的分辨。出现长噪声的主要原因是检测器本身组件的不稳定，或是对环境温度变化及流量波动很敏感，流动相含有气泡或被污染等。漂移（drift）是指基线随时间的增加朝单一方向偏离。它是比色谱峰有效值更低频率的输出扰动，不会使色谱峰模糊，但是为了有效工作需要经常调整基线。造成漂移的原因有电源电压不稳、温度及流量的变化、固定相的流失、更换的新溶剂尚未完全平衡等。

灵敏度（sensitivity）是指一定量的物质通过检测器时所发出的信号大小，又称响应值，是衡量检测器质量的重要指标。一定量的物质（W）进入检测器后，会产生一定强度的响应信号（R）。如果以 R 对 W 作图，可得到一曲线，曲线的斜率即为检测器的灵敏度（S）：

$$S = \Delta R \big/ \Delta W$$

式中，ΔR 为信号的增值；ΔW 为样品量的增加。

因此，灵敏度是响应信号对进样量的变化率。同一检测器，不同样品的斜率不一样，斜率越大灵敏度越高，即检测器的灵敏度与样品性质有关，使用这种方法计算灵敏度时，需同时说明是何种样品及何种溶剂。此外，检测器的进样量是有限度的，超过最大允许进样量时，响应值不再与样品量成线性关系。

检测限（detectability）是指在噪声背景下恰能产生可辨别信号时进入检测器的样品量。检测限与噪声有关，沿用气相色谱法的规定，等于两倍噪声，即响应值为两倍噪声时所需的样品量：

$$D = 2N \big/ S$$

式中，D 为检测限；N 为噪声；S 为灵敏度。

检测限是检测器的重要特征指标，在评价检测器的优劣时不可缺少。检测器噪声越小，检测限也越小，说明检测器的检测能力强，性能好。具有一定噪声水平的同一仪器，灵敏度高的物质检测限小。

线性范围（linear range）是指响应信号与试样量之间保持线性的范围，以呈线性响应的样品量上、下限来表示。检测器的响应信号 R 与样品浓度 C 之间的关系如下：

$$R = BC^X$$

式中，B 为比例常数；X 为检测器的响应指数。当 X = 1 时，R = BC，为线性响应；当 X≠1 时，则认为是非线性响应。

由于电子和机械等原因，检测器不可能做到绝对线性。实际上，只要 X = 0.99～1.02，就可认为是线性响应。在线性范围内，用输出信号大小进行定量分析既方便又准确。检测器有一定的线性范围，线性范围越大，可兼顾大量和痕量的测定。

目前，常用的高效液相检测器有紫外检测器、示差折光检测器、蒸发光散射检测器、荧光检测器、质谱检测器等。

（1）紫外光度检测器

紫外光度检测器（ultraviolet detector，UVD）检量的是物质对紫外光的吸收，属于吸收光谱分析类型的仪器。它的作用原理是基于被分析试样组分对特定波长紫外光的选择性吸收，组分浓度与吸光度的关系遵守朗伯—比尔定律。紫外光度检测器为最常用的检测器，应用最广，对大部分有机化合物有响应。

$$I = I_0 e^{-\varepsilon Cl}$$

$$T = {I}/{I_0}$$

$$A = \log\left({I_0}/{I}\right) = \varepsilon Cl$$

式中，I_0 为入射光强度；I 为透射光强度；ε 为摩尔吸收系数；C 为样品的摩尔浓度；l 为样品池的光路长度；T 为透射率；A 为吸收度（或消光值、光密度）。

由上式可见，吸收度与摩尔吸收系数、摩尔浓度和光路长度成直线关系，而检测器的光电元件的输出信号与透射率成正比。为了定量计算的方便，在仪器中采用对数放大器，将透射率换成吸收度，使仪器输出信号与样品浓度呈线性关系。因此，紫外检测器属于浓度型检测器。紫外—可见光检测器的灵敏度很大程度上取决于样品的摩尔吸收系数 ε。摩尔吸收系数是物质分子对特定波长辐射的吸收能力，物质本身的重要特性，不同类型的物质 ε 差别很大。如 C=C、C=O、S=C、C=N、N=O 等声色团（或发色团），他们都含有不饱和键或未共用电子对，能产生 π（$\pi*$ 及 n（$\pi*$ 的跃迁。由于跃迁时吸收的能力较低，在近紫外区和可见光区出现吸收。不饱和键的存在是有机物发色（指在 200－1000nm 波长光谱区内产生吸收峰）的主要条件。此外，某些基团本身不产生吸收峰，但与生色团相连时，常常引起吸收峰位移和吸收强度改变，这些基团称为助色团。主要的助色团有羟基、烃氧基、氨基、芳氨基等。这些基团都能引起氧原子上或氮原子上未共用电子对的共轭作用。由于助色团的存在，使吸收峰的波长向长波长方向移动。

紫外检测器的特点：

①灵敏度高：其最小检测量 $10^{-9}g/mL$，故即使对紫外光吸收很弱的物质，也可以检测；

②线性范围宽；（比尔定律）

③流通池可做的很小（1mm×10mm，容积8μL）；

④对流动相的流速和温度变化不敏感可用于梯度洗脱；

⑤波长可选，易于操作：如，使用装有流通池的可见紫外分光光度计（可变波长检测器）。

缺点：对紫外光完全不吸收的试样不能检测；同时溶剂的选择受到限制。

紫外检测器从结构上可分为单波长式、多波长式、紫外/可见分光式和光电二极管陈列快速扫描式等。其中，光电二极管陈列检测器（photodiode array detector，PDAD 或 DAD）是 20 世纪 80 年代发展起来的一种新型紫外吸收检测器，可获得全部紫外波长的色谱信号，即可以获得"在流"色谱的全部信息，并可跟随色谱峰扫描，观察色谱柱流出组分的动态光谱吸收图（如下图）。

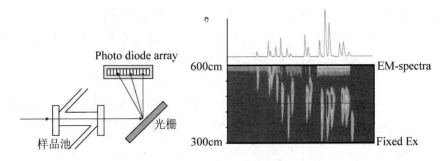

二极管阵列检测元件由 1024 个光电二极管组成，每个光电二极管宽仅50μm，各检测一窄段波长，可同时检测 180－600nm 的全部紫外光和可见光的波长范围的信号，如图所示，在检测器中，光源发出的紫外或可见光通过液相色谱流通池，在此流动相中的各个组分进行特征吸收，然后通过狭缝，进入单色其进行分光，最后由光电二极管阵列检测，得到各个组分的吸收信号。经计算机快速处理，得三维立体谱图。以钨灯与氘灯组合光源。氘灯光源发出连续光，经过消色差透镜系统聚焦在检测池。透过管束经过入射狭缝投射到光栅，

经过光栅的表面色散投射到二极管阵列元件上。光照射二极管，产生入射二极管电流，这样由光信号转换成电信号被仪器检测到。

（2）示差折光检测器

示差折光检测器（refractive index detector，RID）是通过连续测定流通池中溶液折射率的方法来测定试样浓度的检测器。任意一束光由一种介质射入另一种介质时，由于两种介质的折射率不同发生折射现象。由于溶有试样的流动相和纯流动相的折射率有差异，当组分洗脱出来时会引起流动相折射率的变化，这种变化与样品组分的浓度成正比，样品浓度越高，溶质与溶剂的折射率的差别就越大，检测器响应信号越大。示差折光检测器一般可按物理原理分成反射式、折射式、干涉式、克里斯琴效应示差折光检测器等四种不同的设计。

示差折光检测器对所有物质都有响应，因此是一种通用型检测器，具有广泛的使用范围，它对没有紫外吸收的物质如高分子化合物、糖类、脂肪烷烃等都能够检测。尤其在凝聚色谱中，对聚乙烯、聚乙二醇、丁苯橡胶等的分子量分布的测定。但是，示差折光检测器的灵敏度较低，不适合于痕量分析，而且一般不能用于梯度洗脱，因为它对溶剂组成非常敏感。

（3）蒸发光散射检测器

蒸发光散射检测器（Evaporative Light-Scattering Detector，ELSD）是基于溶质的光散射性质的检测器。如图所示，蒸发光散射检测器是由雾化器、加热漂移管（溶剂蒸发室）、激光光源和光检测器（光电转换器）等部件构成。ELSD是通用型检测器，可以检测没有紫外吸收的有机物质，如人参皂苷、黄芪甲苷等。ELSD的通用检测方法消除了常见于传统HPLC检测方法中的难点，不同于紫外和荧光检测器，ELSD的响应不依赖与样品的光学特性，任何挥发性低于流动相的样品均能被检测，不受其官能团的影响。

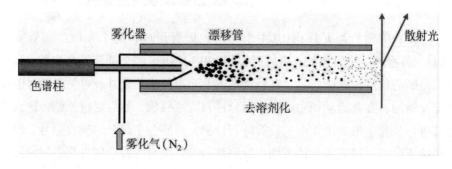

图3-14　蒸发光散射检测器

蒸发光散射检测器的原理：

①雾化：液体流动相在载气压力的作用下在雾化室内转变成细小的液滴，从而使溶剂更易于蒸发。液滴的大小和均匀性是保证检测器的灵敏度和重复性的重要因素。蒸发光散射检测器，通过对气压和温度的精确控制，确保在雾化室内形成一个较窄的液滴尺寸分布，使液滴蒸发所需要的温度大大降低。

②蒸发：载气把液滴从雾化室运送到漂移管进行蒸发。在漂移管中，溶剂被除去，留下微粒或纯溶质的小滴。蒸发光散射检测器采用低温蒸发模式，维持了颗粒的均匀性，对半挥发性物质和热敏性化合物同样具有较好的灵敏度。

③检测：光源采用激光，溶质颗粒从漂移管出来后进入光检测池，并穿过激光光束。被溶质颗粒散射的光通过光电倍增管进行收集。溶质颗粒在进入光检测池时被辅助载气所包封，避免溶质在检测池内的分散和沉淀在壁上，极大增强了检测灵敏度并极大地降低了检测池表面的污染。

蒸发光散射检测器的优点：

①通用性：可检测挥发性低于流动相的任何样品；

②较高灵敏度：检测限可达纳克范围；

③质量检测器：检测器响应值与分析物的浓度成正比；

④不与溶剂反应：检测器响应值不受溶剂影响。

但是，蒸发光散射检测器也有它的不足：

①信号重现性差；

②不能使用缓冲盐，只能使用能挥发的溶剂；

③样品必须比流动相的挥发性小；

④样品不能回收，不利于样品的制备。

（4）荧光检测器

荧光检测器（fluorescence detector，FLD）是高压液相色谱仪常用的一种检测器。用一定强度和波长的紫外线照射色谱馏分，当试样组分具有荧光性能时，即可检出。许多有机化合物，特别是芳香族化合物、生化物质等，在被一定的紫外光照射后，发射出激发光波长更长的荧光。荧光强度与激发光强度、量子效率和样品浓度成正比。有的有机化合物虽然本身不产生荧光，但可以与发荧光物质反应衍生化后检测。其特点是选择性高，只对荧光物质有响应；灵敏度高，可检测到 ng/mL 的含量，适合于多环芳烃及各种荧光物质的痕量分析。也可用于检测不发荧光但经化学反应后可发荧光的物质。如在酚类分析中，多数酚类不发荧光，为此先经处理使其变为荧光物质，而后进行分析。是一种高灵敏度、高选择性检测器。对多环芳烃，维生素 B、黄曲霉素、卟啉类化合物、农药、药物、氨基酸、甾类化合物等有响应。

（5）质谱检测器

质谱检测器（mass spectrometry detector，MSD）是以液相色谱作为分离系统，质谱为检测系统，样品在质谱检测器与流动相分离，被离子化后，经质谱的质量分析器将离子碎片按质量数分开，经检测器得到质谱图。液质联用（LC‒MS）体现了色谱和质谱优势的互补，将色谱对复杂样品的高分离能力，与 MS 具有高选择性、高灵敏度及能够提供相对分子质量与结构信息的优点结合起来，在药物分析、食品分析和环境分析等许多领域得到了广泛的应用。

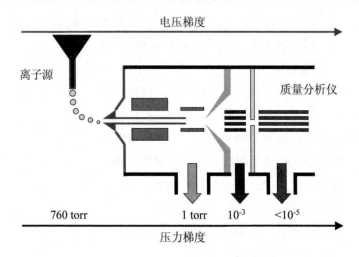

图 3 – 15　大气压电离

自 20 世纪 70 年代初，人们开始致力于液—质联用接口技术的研究。液相色谱中使用的流速较大，而质谱需要一个高真空环境工作，因此接口技术是液质联用的关键技术之一。在开始的 20 年中处于缓慢的发展阶段，研制出了许多种联用接口，但均没有应用于商业化生产。直到大气压电离（atmospheric-pressure ionization，API）接口技术的问世（图 3 – 15），液—质联用才得到迅猛发展，广泛应用于实验室内分析和应用领域。其中，API 包括电喷雾电离（ESI）和大气压化学电离（APCI），它是一种常压电离技术，不需要真空，减少了许多设备，使用方便。

此外，还有其他类型的检测器，如电化学检测器、化学发光检测器、红外检测器、旋光检测器、放射活性检测器等，但他们的应用不广泛。

（六）各类 HPLC 的应用

根据所测样品在固定相和流动相分离过程中的物理化学原理，可把高效液相色谱法分为吸附色谱法、分配色谱法、离子交换色谱法、凝胶色谱法和亲和色谱法等（如下表）。

表 3 – 1　常见 HPLC 类型

类型	主要分离机制	主要分析对象或应用领域
吸附色谱	吸附能	各种有机物的分离、分析、制备
分配色谱	分配作用	各种有机物的分离、分析、制备
离子交换色谱	库仑力	无机离子、有机离子分析
凝胶色谱	分子大小	多糖等高分子分离
亲和色谱	生化特异亲和力	蛋白质、酶、抗体分离、分析
离子排斥色谱	Donnan 膜平衡	有机酸、氨基酸、醇、醛分析
离子对色谱	疏水分配作用	离子性物质分析
疏水作用色谱	疏水分配作用	蛋白质分离、纯化
手性色谱	立体效应	手性异构体分离、纯化

1. 吸附色谱法

吸附色谱法（adsorption chromatography）是以固定相为固体吸附剂（如硅胶、氧化铝等），流动相为液体，根据样品中的各组分在吸附剂的吸附能力的差异来进行分离的一种分离方法，所以吸附色谱法也称液—固吸附色谱法。流动相中的组分与流动相溶剂对固定相表面发生竞争型吸附现象。常用的固定相有硅胶、氧化铝、活性炭、聚乙烯、聚酰胺等固体吸附剂，最常用的固定相是硅胶。流动相一般由弱极性的有机溶剂或非极性有机溶剂与极性溶剂混合使用，弱极性有机溶剂或非极性有机溶剂有正己烷、石油醚、二氯甲烷、乙酸乙酯等，极性溶剂有甲醇、乙腈等。吸附色谱法对具有不同官能团的有机化合物分离具有较高的选择性，广泛用于分离中等分子量的脂溶性样品。

2. 分配色谱法

分配色谱法（partition chromatography）是用载带在固体基体上的固定液作固定相，以不同极性溶剂作流动相，根据样品中的各组分与固定相上的固定液的分配性能差异进行的一种分离方法，所以分配色谱法也称液—液分配色谱法（Liquid-liquid Partition Chromatography）及化学键合相色谱法（Chemically

Bonded Phase Chromatography），固定相和流动相都是液体。流动相与固定相之间应互不相溶（极性不同，避免固定液流失），有一个明显的分界面。当试样进入色谱柱，溶质在两相间进行分配。

根据固定相与流动相的相对极性差异，又可分为正相色谱法和反相色谱法。正相液—液分配色谱法（Normal Phase liquid Chromatography）的固定液的极性大于流动相的极性。反相液—液分配色谱法（Reverse Phase liquid Chromatography）的固定液的极性小于流动相的极性。

尽管流动相与固定相的极性要求完全不同，但固定液在流动相中仍有微量溶解；流动相通过色谱柱时的机械冲击力，会造成固定液流失。上世纪70年代末发展的化学键合固定相，可克服上述缺点。

化学键合固定相以硅胶为基体，利用硅胶表面的游离型或结合型的羟基进行化学键合，一般极性键合相是具有二醇基、醚基、氰基、氨基等极性基团的有机分子，用于正相色谱的固定相；非极性键合相是烷基、苯基等非极性有机分子在（见下图和表）。最常用的ODS（octa decyltrichloro silane）柱或C18柱就是将十八烷基三氯硅烷通过化学反应与硅胶表面的硅羟基结合形成固定相的色谱柱，是目前最典型的反相色谱柱。一般常用的流动相是水—甲醇、水—乙腈等，根据实际样品中组分的特性来调节流动相的溶剂比例，可提高样品的分离度。

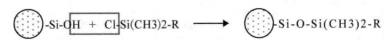

图 3 - 16　化学键合固定相

表 3 - 2　化学键合类型

类型	基团 R
二醇基	
vic-Hydroxyl（Diol）	$-CH(OH)-CH_2-OH$
氰基	
Propionitrile（Cyano，CN）	$-CH_2CH_2CN$
氨基	
Aminopropyl（Amino，NH_2）	$-CH_2CH_2CH_2NH_2$
烷基	
Octadecyl（ODS，C18，RP-18）	$-(CH_2)17-CH_3$
Octyl（C8，RP-8）	$-(CH_2)7-CH_3$
苯基	
Phenyl	$-C_6H_5$

3. 离子交换色谱法

离子交换色谱法（ion-exchange chromatography，IEC）是以离子交换剂作为固定相，以具有一定 pH 值的缓冲溶液作流动相，根据样品中离子组分与离子交换剂上表面带电荷基团进行可逆性离子交换能力的差异来进行的一种分离方法。

凡是在溶剂中能够电离的物质通常都可以用离子交换色谱法来进行分离。在离子交换 HPLC 中，固定相多用离子性键合相，流动相主要是水溶液，pH 值最好在被分离酸、碱的 pK 值附近。

4. 体积排阻色谱法

体积排阻色谱法（size exclusion chromatography）是采用化学惰性的多孔性凝胶（gel）为固定相，如聚苯乙烯、亲水凝胶、无机多孔材料，按固定相对样品中各组分分子大小阻滞作用进行的一种分离方法。它类似于分子筛的作用，但凝胶的孔径比分子筛要大得多，一般为数纳米到数百纳米。溶质在两相之间不是靠其相互作用力的不同来进行分离，而是按分子大小进行分离。分离只与凝胶的孔径分布和溶质的流动力学体积或分子大小有关。样品进入色谱柱后，随流动相在凝胶外部间隙以及孔穴旁流过。样品中一些太大的分子不能进入胶孔而受到排阻，因此就直接通过柱子，首先在色谱图上出现，一些小分子可以进入所有胶孔并渗透到颗粒中，这些组分在柱上的保留值较大，在色谱图上后出现，也称凝胶色谱法[25]。以水溶液作流动相的体积排阻色谱法，称为凝胶过滤色谱法（gel filtration chromatography），主要用于水溶性高分子的分离。以有机溶剂作流动相的体积排阻色谱法，称为凝胶渗透色谱法（gel permeation chromatography），主要用于脂溶性高分子的分离。

5. 亲和色谱法

亲和色谱法（affinity chromatography）是利用蛋白质或生物大分子等样品与固定相上的生物活性配位体之间的特异亲和能力进行的一种分离方法。亲和色谱的固定相是在不溶性固体基质（如凝胶）上共价键结合生物活性配位体，流动相是具有不同 pH 值的缓冲溶液。利用样品中的氨基酸、肽、蛋白质、核酸、核苷酸、酶等生物大分子与基体上键合的配位体之间的特异性亲和作用能力的不同进行分离、制备[26]。

民族药物成分多而结构复杂，有效成分的分离、纯化困难，色谱分离纯化技术无疑是这类物质精细分离纯化的有效手段。

八、超高效液相色谱、高分离度快速液相色谱和超快速液相色谱法

2004 年 Waters 公司率先推出了超高效液相色谱（ultra performance liquid chromatography，UPLC），该系统突破了色谱科学的瓶颈，充分利用了传统 HPLC 望尘莫及的小粒度色谱柱的优势，它采用 1.7 μm 颗粒度的色谱柱填料，使色谱分离的解析度达到新的高度[27]。

与传统的高效液相色谱（HPLC）相比，UPLC 具有以下优势：

1. 超高分离度（ultra resolution）

根据液相色谱分离的解析度方程，解析度正比于柱效能的平方根而根据范迪姆特（Van Deemter）色谱理论，柱效反比于系统固定相粒度大小。UPLC 系统运用的固定相粒度能达到 1.7μm，根据上述方程，该系统达到的效能将比 5μm 粒度系统高 70%，而比 3.5μm 高 40%。

2. 超高速度（ultra speed）

在保证得到同样质量数据的前提下，UPLC 能提供单位时间内更多的信息量。在不影响解析度的的情况下，小粒度能提供更高的分析速度，同样也能使柱长减少，根据 Van Deemter 色谱理论，最优流速反比于粒度大小。例如，运用 1.7μm 的颗粒，相对于 5μm 颗粒，在不影响柱效的情况下，柱长将可以立方级的减少，而且可以在 3 倍的流速下运行，相同的解析度情况下，分离速度提高了 9 倍。

3. 超高灵敏度（ultra sensitivity）

过去对于提高灵敏度的研究大都集中于检测器上，不论是光学检测器还是质量检测器。但是，其实运用 UPLC 也能提高分析的灵敏度。

UPLC 能提高柱效 N，从而使峰宽 w 变的更窄，而峰高却增加了，同时，由于 UPLC 运用了更短的柱子（柱长 L 更小），进一步增加了峰高。因此，在提高柱效的同时，运用 1.7μm 的 UPLC 系统比 5μm 和 3.5μm 的系统灵敏度分别提高了 70% 和 40%，而在柱效相同情况下，能分别提供 3 倍和 2 倍的灵敏度。在仪器工艺方面，Waters ACQUITY UPLC 采用了新型的色谱填料及装填技术，配备了优秀的超高压液相色谱泵、自动进样器、高速检测器，并优化了系统的综合设计，使仪器分析能力大大增强，应用广泛[28,29]。

九、新型吸附剂电泳法

新型吸附剂电泳（electrophoresis）是指由聚丙酰胺、十二烷基硫酸钠两性电解质、大孔树脂等为固定相或载体，选用新的溶剂体系分离的一类新兴色谱技术，如毛细管电泳（CE）、毛细管区带电泳（CZE）、凝胶电泳（GE）、等电聚集电泳（IEE）、等速电泳（ITP）以及束胶电动毛细管色谱（MECC）、快速蛋白液相技术等。这些技术也逐步在民族药有效成分的分离、分析及鉴定中应用，尤其是高效毛细管电泳法[30]。

高效毛细管电泳法（high performance capillary electroresis，HPCE）是 20 世纪 80 年代末发展起来的一种高效、快速的分离技术。电泳是电解质中带电粒子在电场力作用下，以不同的速度向电荷相反方向迁移的现象。利用这种现象对化学和生物化学组分进行分离的技术称为电泳技术。传统的电泳技术由于受到焦耳热的限制，只能在低电场强度下进行电泳操作，分离时间长，效率低。

HPCE 是经典电泳技术与现代微柱分离相结合的技术，是将离子或带电粒子以毛细管为分离室，以高压直流电场为驱动力，根据样品中各组分之间淌度和分配行为上的差异进行分离的液相分离分析技术。HPCE 采用的是 0.05mm 内径的毛细管和高达数千伏的电压。HPCE 使用高电场，分离速度加快，而且具有很高的精密度。

十、高效逆流色谱法

（一）概述

高速逆流色谱（High-Speed Countercurrent Chromatography，HSCCC）是一种连续高效的液—液分配色谱分离技术，不需要固体支撑体，物质的分离依据其在两相中分配系数的不同而实现，因而避免了因不可逆吸附引起的样品损失、失活、变性等，适合于天然生物活性成分的分离。而且由于被分离物质与液态固定相之间能够充分接触，使得样品的制备量大大提高，是一种理想的制备分离手段[31,32]。

（二）HSCCC 的发展过程

HSCCC 的基本工作原理，来源于 20 世纪 50 年代由 Craig 发明的，并开始广泛应用的逆流分溶法（countercurrent distribution，CDD）。该技术是由一系列分液漏斗连接而成，将两相不相混溶的溶剂在分液漏斗中一次重复的混合，使溶质以逆流分配的方式分离在不同的漏斗中。

70 年代，结合了逆流分配和液相色谱的优点，对非连续逆流分配装置的改进，即逆流色谱（countercurrent chromatography，CCC）。首先出现的一种 CCC 是液滴逆流色谱（droplet countercurrent chromatography，DCCC）。该装置利用重力作用将固定相保留在一系列管型柱中，使流动相以液滴的形式通过固定相，这种分离方式在七八十年代广泛应用于天然产物的分离，分离效果好，但耗时长，且在连接处容易渗流。因此，之后很快出现了两种改进了的逆流色谱设备：离心分配色谱和螺旋管式逆流色谱。利用离心力实现固定相的保留，可大大提高两相混合效率，且可使用高的流动相速度，极大的提高了效率。

根据离心力作用于固定相的方式的不同，将逆流色谱分为两类：流体静力学平衡体系（hydrostatic equilibrium system，HSES）和流体动力学平衡体系（hydrodynamic equilibrium system，HDES），在 HDES 基础上 Yoichiro Ito 在 70 年代发明设计了多层螺旋管式离心分离仪（multilayer coil planet centrifuge，MLCPC），以行星式运动产生变化的离心力，使得分离效率明显提高，且克服了高速旋转中可能出现的漏液问题。之后，Ito 对行星式运动模式及螺旋管的几何位置进行了优化，研制成现在所称的"高速逆流色谱"（high-speed CCC，HSCCC），实现了两相溶剂真正意义上的逆向流动，即双向逆流色谱（dual CCC）。

（三）HSCCC 的分离原理

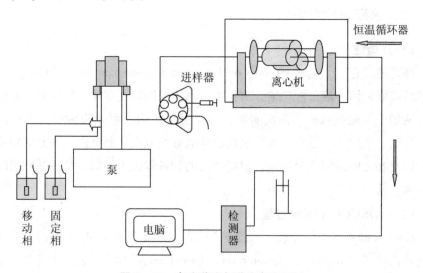

图 3-17 高速逆流色谱分离流程图

HSCCC 的一般过程，是选择预先平衡好的两相溶剂中的一相为固定相，并将其充满螺旋管柱，然后使螺旋管柱在一定的转速下高速旋转，同时以一定的流速将流动相泵入柱内。在体系达到流体动力学平衡后（即开始有流动相流出时），将待分离的样品注入体系，其中组分将依据其在两相中分配系数的不同实现分离。分离效果与所选择的溶剂系统、固定相和流动相的选择、洗脱方式、流动相的流速、仪器的旋转的方向和转速、样品浓度和进样方式以及柱温等都有密切关系。

1. 阿基米德螺旋力

两相不相混溶的液体，在重力场的作用下，可以通过旋转的螺旋管使一相通过另一相液体。在螺旋管中两相溶剂，在重力的作用下，轻相会悬浮在螺旋管的上端，重相则留在下端。向管中注入相当的两相溶剂，当螺旋管转动时，两相溶剂就会竞争的向首端移动，从而形成一种流体动力平衡，任何一相的超出量将会推向尾端而流出。将任意一相作为固定相充满螺旋管，随着管的自转将另一相从首端引入，很快建立流体动力平衡，流动相从尾端流出，而一定量的固定相会保留在螺旋管内。所以，当加入样品时，样品就会经过两相分配的过程随流动相洗脱并分离出来。

2. 离心力作用下的分离

在上述原理的基础上，以离心力场代替重力场，使螺旋管在自转的同时，围绕一个离心轴转动，使作用在管上的阿基米德螺旋力增强。但是这种情况下，管内的反压加大，容易造成溶剂在旋转密封接头处泄漏。Ito 针对这一问题，设计了各种不用密封接头的流通式离心分离系统。

3. 同步行星式运动

两相溶剂在不同形式的同步行星式螺旋管内表现出不同的流体动力学分布。I 型同步行星式运动产生各向同性的离心力场，随着支持件绕中心轴的公转，在垂直于支持件轴线的平面内转动。因此支持件上任一点都承受着相同的离心力的作用，此作用与点所在的位置无关。在这种离心力分布中，离公转轴最近的点与重力场中螺旋管的上结点相似，轻相向首端迁移；而离公转轴最远的点则与重力场中的螺旋管下结点相似，重相向首端迁移。两个结点承受相同的离心场力，因此两相溶剂建立起一种基本的流体动力平衡。

J 型同步行星式运动产生各向异性的离心力场，与重力场中中速转动的螺旋管产生的力场相似。螺旋管的每一圈都有一对结点，在这两个结点处，阿基米德螺旋力的方向相对于螺旋管是相反的。同时，两个结点的离心力大小不同，作用在远结点的力大于近结点的力。这种离心力场的不对称性是两相溶剂单向流体动力分布的基础。

4. 单向流体动力平衡

单向流体动力平衡（HDES）是高速逆流色谱的基础。在基本的 HDES 中，螺旋管的慢速转动使两相溶剂从首端到尾端均匀分布，任一相的超量会积累在螺旋管的尾端，因此用一相做流动相从首端向尾端洗脱时，另一相在螺旋管内的保留值会随流动相的加大而减小。当螺旋管转速加快，达到临界范围时，其中一相完全占据首端，另一相则在尾端，两相中间形成一个界面，所以如果将处在尾端的种类的溶剂从首端加入，它就会穿过首端相移向尾端，即实现逆流色谱。

（四）高速逆流色谱的类型

1. 分析型高速逆流色谱

与制备型 HSCCC 相比，分析型 HSCCC 有以下不同点：采用窄径的管柱，使得溶剂与管壁之间的作用力增强，需要高的离心力使得固定相充分保留，所以分析型 HSCCC 的转速较高，而自转半径与公转半径的比值则降低。

分析型 HSCCC 的特点是柱体积小，分离速度快，溶剂消耗少。目前，主要应用于溶剂系统的快速选择优化、样品的小量制备和分配系数的测定等方面。由于分析型 HSCCC 对某些天然活性成分的分离可达到很高的分离度，且重现性好，可以应用于中药指纹图谱的研究。如以高速逆流色谱对 3 个产地的丹参进行分离纯化，利用紫外可见光分光光度计对和高效液相色谱仪进行分析，结果表明 3 个产地的丹参洗脱峰具有良好的对应性，并以液质联用标定了指纹图谱中的三个有效成分。

2. 双向逆流色谱

与传统的高速逆流色谱一相溶剂充当固定相，另一相充当流动相不同，双向逆流色谱（dual countercurrent chromatography，DuCCC）是两相溶剂相互逆向流动从柱的一端对流向另一端，没有固定相存在。在 DuCCC 中，样品从柱的中部注入，强极性和非极性组分很容易从两端被分离出来。并且，与通常的 HSCCC 不同，DuCCC 为 5 根流通管，一根为进样管，另 4 根分别引向两个端口，每个端口有一个流出液体收集口和一个流动相泵入口，流通管可直接与螺旋管柱相连而不需旋转密封接头。

DuCCC 延承了 HSCCC 的特点，比如可广泛选择的溶剂系统，无固体参与，从而避免了样品的不可逆吸附和分解造成的损失。同时，DuCCC 还显示出了其独特的优势：在分离过程中，始终保证溶剂的新鲜干净；能够同时分离极性组分与非极性组分；分离效率高、上样量大等等。

3. 正交轴逆流色谱

建立在 L - X 型同步行星式运动基础上的逆流色谱仪，称为正交轴逆流色谱（cross-axis coil planet centrifuge，X-axis CPC）。X 型正交轴逆流色谱仪的基本结构是：圆柱螺旋管支持件在绕仪器的中心轴公转的同时，绕其自身轴线做相同角度的自传。在运转中支持件保持着向度与仪器中心轴的不变的方位关系。因此，支持件的水平轴线同仪器的垂直轴线之间，始终保持一定的距离和正交关系。根据螺旋管柱与正交轴 CPC 的中心旋转轴之家的相对几何位置的不同，正交轴 CPC 又可分为 L 型、XLL 型、XLLL 型等等。

影响正交轴逆流色谱的因素有很多，大体可分为两类：机械参数和操作参数，而影响分离效果较主要的是操作参数，比如流动相的选择、流速、旋转方向和速度、洗脱方式等等。Goupy 等提出的实验设计方法（EDM）被证明是一种准确有效的优化固定相保留的指导方法。与普通高速逆流色谱比较，正交轴逆流色谱虽然条件优化较复杂，但是有很高固定相的保留和分离效率。尤其是在采用亲水性溶剂体系和双水相体系分离极性混合物和水溶性生物大分子方面具有明显的优势。

4. pH - 区带精制逆流色谱

pH - 区带精制色谱逆流色谱是依据物质的解离常数和疏水性的不同而实现分离，适合于有机酸、有机碱的分离。这种技术需要在有机相中加入有机酸或碱，水相中加入无机反离子。有机酸在有机相和固定相中的分配系数作为量度，样品的分配系数与其差距决定样品的出峰时间。

（五）HSCCC 实验体系的选择

1. 溶剂体系选择

对逆流色谱分离效果产生影响的因素，主要包括溶剂体系和仪器操作因素。般来说，HSCCC 的仪器操作参数比较好选择，而溶剂体系的选择非常重要，也比较难选择，所以这往往占用整个 HSCCC 分离过程的 90% 以上的时间。利用 HSCCC 进行样品分离的必要条件是样品在溶剂体系互不相溶的两相中具有合适的分配比。天然化合物可分成弱极性、中等极性、强极性三种。相应地也可把溶剂体系分成弱极性、中等极性和强极性溶剂体系。

弱极性溶剂体系的基本两相由正己烷和水组成，可根据需要在上下相中加入不同体积比的甲醇、乙醇、乙酸乙酯等来调节溶剂系统的极性，达到较好的分离目的，适合于弱极性的生物碱、黄酮、萜类以及木脂素等化合物的分离。典型的溶剂体系有正己烷—乙酸乙醋—乙醇—水和正己烷—乙酸乙酯—甲醇—水。

中等极性溶剂体系的基本两相由氯仿和水组成，可在上下相中加入不同体积比的甲醇、乙醇、乙酸乙酯等来调节溶剂系统的极性，适合于黄酮类、葸醌类、香豆素、以及一些极性较大的木脂素和砧类的分离。典型的溶剂体系是氯仿—甲醇—水。

强极性溶剂体系的基本两相由正丁醇和水组成，可在上下相中加入甲醇、乙醇或乙酸乙酯等来调节溶剂系统的极性，也可在氯仿水体系中调节 pH 值以增大极性；也有在异丁基甲醚水体系的上下相中加入适量的酸和碱，如：三乙胺和盐酸，适合于极性很强的生物碱类化合物的分离。典型的溶剂体系如氯仿—甲醇 – 0.2mol/L HCl、异丁基甲醚—水有机相加三乙胺，水相加盐酸。

选取合适的溶剂体系的步骤如下：①估计要分离物质的极性，从上述溶剂体系当中粗选一个。②按所选溶剂体系的上下相进行预实验，加入甲醇、乙醇或乙酸乙酯等来调整溶液体系的极性，使得样品在上下相中的分配比适中③用高效液相色谱（HPLC）或气相色谱（GC）测定 K 值。④用分析型 HSCCC 进行预分离，再用制备型高速逆流色谱进行分离。

2. 仪器参数的选择

在基本选定溶剂体系的情况下，在仪器运行参数粗选的基础上，结合经验对转速、流动相流量、进样量、样品稀释等运行参数进行优化。

（六）高速逆流色谱技术在天然药物研究中的应用

1. 生物碱类

生物碱是人类最早研究的动植物有效成分，在植物中分布非常广泛。生物碱主要分布于 100 多科的植物中，以双子叶植物最多，并较为集中分布于防己科、罂粟科、夹竹桃科、毛茛科、豆科、马钱科等植物中。

以石油醚—乙酸乙酯—乙醇—水（1:2:1:2）对北豆根提取物的乙酸乙酯部分进行分离，转速 850r/min，流速 2.0ml/min，最终得到四个单体化合物，分别为蝙蝠葛苏林碱、蝙蝠葛碱、蝙蝠葛诺林碱和蝙蝠葛新苛林碱[33]。采用氯仿—甲醇 – 0.2mol/L HCl（10:3:3）溶剂系统，从黄花乌头块根中分离得到关附巳素、关附庚素、关附己素等 8 中单体化合物，并分离得到了一种新化合物命名为关附未素[34]。

2. 黄酮类

黄酮是一类重要的植物化学成分，包括黄酮、异黄酮、二氢黄酮等等，以及各种衍生物。该类化合物在植物中的分布也十分广泛，大部分以糖苷的形式存在。黄酮主要存在于被子植物当中，以唇形科、玄参科、菊科等等存在较多，二氢黄酮在蔷薇科、芸香科、豆科、菊科、姜科等存在较多，异黄酮主要存在于豆科、蝶形花可、鸢尾科等植物中，查耳酮多存在于菊科、豆科苦苣苔科植物中。黄酮类化合物具有多种生物活性，如银杏黄酮治疗冠心病、心肌梗死、脑缺血等疾，葛根素具有扩血管作用，芦丁及其衍生物具有抗炎作用，大豆素有雌性激素样作用。HSCCC 在黄酮类成分分离中的应用很多。对于黄酮苷元分离使用较多的是氯仿—甲醇—水体系，分离极性较大苷类时，有学者使用乙酸乙酯—正丁醇—水系统分离效果较好。

将白花败酱草的乙醇提取浓缩物经大孔吸附树脂柱，以水和不同浓度乙醇梯度洗脱，取 40% 乙醇部分，进行高速逆流色谱分离。对溶剂系统、温度、转速和流速等分离条件进行筛选，最终确定溶剂系统选择乙酸乙酯—乙醇—水（4∶1∶5）、分离温度为 25℃、转速 800r/min、流速 20ml/min。在此条件下，固定相保留率为 55%，分离时间小于 8h。最终分离得到两个流分，成分纯化后进行熔点、UV、1H－NMR、13C－NMR、MS 分析，结果确定分别为异牡荆苷和异荭草苷[35]。

3. 多酚类

多酚是在植物性食物中发现的、具有潜在促进健康作用的化合物，它存在于一些常见的植物性食物。多酚类分为水解型和缩合型，两种多酚的单元骨架完全不同，由此造成其化学性质和应用范围差别显著。天然多酚类物质的来源很广，在茶叶、葡萄籽、苹果、可可、桉树叶等等植物当中都有存在。多酚具有抗氧化的作用，对骨质疏松、心脑血管疾病、老年痴呆症等都有效果。

将虎杖提取物的乙酸乙酯层以氯仿—甲醇—水（4∶3∶2）和乙酸乙酯—乙醇—水系统进行洗脱，分离得到白藜芦醇和白藜芦醇苷[36]。

4. 醌类

醌类化合物是分子中具有不饱和环二酮结构的一类化合物。醌类化合物具有氧化还原的特性，故在生物的氧化还原生化反应过程中具有传递电子的作用，表现出抗氧化、抗菌、抗肿瘤的多种生物活性。

以正己烷—乙酸乙酯—乙醇—水（5∶3∶6∶6）的上相为固定相，从正己烷—乙酸乙酯—乙醇—水（5∶3∶6∶6）到正己烷—乙酸乙酯—乙醇—水（5∶3∶5∶7）的两相溶剂系统为流动相进行梯度洗脱，对决明子的乙酸乙酯萃取物中同时分离得到 5 种单体化合物。利用理化常数、质谱（MS）、核磁共振（1HNMR、13CNMR）等波谱技术鉴定出 5 种化合物分别为橙钝叶决明素、甲基钝叶决明素、钝叶决明素、大黄素甲醚和大黄素[37]。

5. 萜类

萜类化合物是一类骨架庞杂，种类繁多，结构多样的天然药物活性成分。从化学结构上看，它是异戊二烯的聚合体及衍生物。根据分子结构中异戊二烯的数目，将萜类分为单萜、倍半萜、二萜等。中药青蒿、穿心莲、龙脑等都含有萜类成分。青蒿的青蒿素有抗疟功能，穿心莲中的穿心莲内酯有抗炎活性等等。

以氯仿—甲醇—水（4∶3∶2）对银杏叶粗提物进行分离，固定相保留值达到78%，分离得到白果内酯。Du 等以正己烷—乙酸乙酯—甲醇—水（1∶4∶2.5∶2.5）从穿心莲中分离得到穿心莲内酯及新穿心莲内酯[38]。

6. 香豆素类

香豆素及其衍生物分布于高等植物中，尤其以芸香科和伞形科为代表，在豆科、木樨科、茄科和菊科植物中较多，其结构为邻羟基桂皮酸的内酯，具有芳香气味，具有苯骈吡喃酮基本骨架。香豆素及其苷具有多方面的生物活性，如秦皮中的七叶内酯和七叶苷用于治疗细菌性痢疾，后者还有血管保护作用；蛇床子中的蛇床子素能治疗脚癣、湿疹等病；茵陈中的香豆素成分可用于急慢性肝炎的治疗；双香豆素具有抗凝作用。

对防风的有效成分升麻素苷和 5－O－甲基维斯阿米醇苷的分离纯化条件进行了研究。测定了目标化合物在乙酸乙酯—甲醇—水、乙酸乙酯—乙醇—水、乙酸乙酯—正丁醇—水等溶剂系统中的分配系数，结果表明：采用乙酸乙酯—甲醇—水（5∶2∶5）、乙酸乙酯—乙醇—水（4∶1∶4）、乙酸乙酯—正丁醇—水（2∶1∶3）时，分配系数较小，色谱峰重叠；采用乙酸乙酯—正丁醇—水（2∶5∶9）和乙酸乙酯—正丁醇—水（2∶6∶9）时，5－O－甲基维斯阿米醇苷可以得到很好的分离，但是升麻素苷却无法分离；采用乙酸乙酯—正丁醇—水（2∶7∶9）和乙酸乙酯—正丁醇—水（2∶8∶9）时，可以实现目标化合物的分离。但采用乙酸乙酯—正丁醇—水（2∶8∶9）时，分离 5－O－甲基维斯阿米醇苷所需时间较长，峰展宽严重。因此，最终确定以乙酸乙酯—正丁醇—水（2:7:9）系统进行 HSCCC 分离纯化，分离纯度达到98.1%和99.2%[39]。

7. 皂苷类

皂苷在自然界的分布也很广泛，其中以薯蓣科、百合科、五加科、毛茛科、伞形科、豆科等分布最多。将蒸发光散射检测仪与 HSCCC 联用，应用氯仿—甲醇—正丁醇—水（5:6:1:4）及乙酸乙酯—正丁醇—水（1:1:2），从三七提取物中分离出 5 个达玛烷型皂苷。

8. 木质素类

木质素是一类在植物木质部和树脂中分布较多的成分，有苯丙素双分子聚合而成。五味子、厚朴、灯盏细辛、连翘等等药材中都含有具有生物活性的木质素成分。小檗科鬼臼蜀植物鬼臼、八角莲等根中含有一类木质素具有抑制癌细胞增殖的作用；五味子中的木质素成分可改善药物对肝脏的影响；厚朴中的厚朴酚有镇静和肌肉松弛作用。木质素的分离以水相类流动相，有机相为固定相的应用方法较多，一般以乙酸乙酯—水体系为基础，以正己烷、乙醇、甲醇、乙腈等调整溶剂系统。

对五味子的提取分离条件进行了优化，将五味子超声提取浓缩浸膏以硅胶柱层析分离得到木质素粗提物，选择正己烷—甲醇—水（7:6:1）作为溶剂系统，转速 800r/min，流速 2.0ml/min，固定相保留率为48.5%。以高效液相色谱和质谱对分离得到的组分进行分析，结果表明所采用的分离方法能够一次分离得到纯度较高的 4 中成分，分别为五味子酚、五味子甲素、五味子乙素和五味子酯甲[40]。

高速逆流色谱作为一种新型的分离技术，与传统液—固色谱相比具有许多优点。首先。它不用固态支撑体，不存在样品组分的吸附、变性、失活、拖尾等现象，节省了材料和溶媒消耗；其次，它操作简便，重现性好，分离量较大，分离效率高，分离时间短，一般几个小时即可完成一次分离；此外，有广泛的液—液分配体系可供选择，体系更换方便、快捷，它的进样量大，这对于样品的纯化制备显示出很大的优势。

十一、现代薄层色谱法

（一）薄层色谱法

薄层色谱法（thin layer chromatography，TLC）是以涂布于支持板上的支持物作为固定相，以一定的溶剂为流动相，对混合样品进行分离、鉴定和定量的一种层析色谱分离技术。这是一种快速分离脂肪酸、类固醇、氨基酸、核苷酸、生物碱及其他多种物质的特别有效的分离方法，从50年代发展起来至今，仍被广泛采用。

薄层色谱法是一种吸附薄层色谱分离法，它利用各成分对同一吸附剂吸附能力不同，使在移动相（溶剂）流过固定相（吸附剂）的过程中，连续的产生吸附、解吸附、再吸附、再解吸附，从而达到各成分的互相分离的目的。

1. 薄层色谱条件

（1）固定相选择

硅胶、氧化铝、纤维素、聚酰胺、葡聚糖、硅藻土等柱色谱中提到的吸附剂都可以用作为薄层色谱的固定相，分离性能及使用选择同柱色谱的选择原则相同。一般要求用于薄层色谱的吸附剂的粒度比柱色谱用的吸附剂更小。因此，流通中的商品吸附剂可分为色谱级（用于柱色谱）和薄层色谱级（用于薄层色谱）。

（2）展开剂选择

薄层色谱展开剂的选择主要根据样品中各组分的极性、溶剂对于样品中各组分溶解度等因素来考虑。根据薄层板固定相的性质也可分成正相薄层板（如硅胶板）和反相薄层板（如硅胶涂层薄层板 Silica gel 60 RP – 18 F254）。在正相薄层板中，展开剂的极性越大，对化合物的洗脱力也越大，在反相薄层板中则相反。选择展开剂时，除参照溶剂极性来选择外，更多地采用试验的方法，在一块薄层板上进行试验。如在正相薄层色谱中，若所选展开剂使混合物中所有的组分点都移到了溶剂前沿，此溶剂的极性过强；若所选展开剂几乎不能使混合物中的组分点移动，留在了原点上，此溶剂的极性过弱。当一种溶剂不能很好地展开各组分时，一般选用混合溶剂作为展开剂，先用一种极性较小的溶剂为基础溶剂展开混合物，若展开不好，用极性较大的溶剂与前一溶剂混合，调整极性，再次试验，直到选出合适的展开剂组合。合适的混合展开剂常需多次仔细选择才能确定。

（3）相对移动值

从点样原点开始到展开后的溶剂前沿，是溶剂的移动距离，记为 l_0，混合物中各组分的移动距离分别记为 l_1，l_2，l_3…。在不同的展开剂条件下，各化合物的移动距离不会相同，而在同一条件下，各化合物的相对移动距离是不变的，是跟化合物本身的性质有关，称之为相对移动值，或比移值，用 R_f 表示。

对化合物 i 的相对移动值的计算如下：

$$R_f = \frac{l_i}{l_o}$$

式中，R_f 为化合物 i 的相对移动值；l_i 为化合物 i 在薄层板上移动的距离；l_o 为展开剂在薄层板上的移动距离。在相同的固定相和展开剂条件下，化合物的比移值是一定的值。

（4）显色

分离的化合物若有颜色，在薄层板上就很容易识别出来样点。但多数情况下化合物没有颜色，要识别样点，必须使样点显色。通用的显色方法有碘蒸气显色和紫外线显色。

①碘蒸气显色：将展开的薄层板挥发干展开剂后，放在盛有碘晶体的封闭容器中，升华产生的碘蒸气能与有机物分子形成有色的缔合物，完成显色。

②紫外线显色：用掺有荧光剂的固定相材料（如硅胶 F，氧化铝 F 等）制板，展开后在用紫外线照射展开的干燥薄层板，板上的有机物会吸收紫外线，在板上出现相应的色点，可以被观察到。

③硫酸碳化显色：分离化合物结构中无紫外吸收官能团或在碘蒸汽中显色不明显时，可以用硫酸碳化显色法。用 5% ~ 10% 的硫酸乙醇溶液喷洒在已展开的薄层板，然后在加热板上加热，随着有机溶剂乙醇的挥发，剩下的硫酸与化合物发生碳化反应，即可观察到分离的化合物斑点。硫酸碳化显色可以对所有的化合物都可被碳化显色。是最常用的显色剂。

有时对于特殊有机物使用专用的显色剂显色。此时常用盛有显色剂溶液的喷雾器喷板显色。

2. 薄层色谱操作

（1）制薄层板（以硅胶板为例）

将吸附剂 1 份与水 2.5 ~ 3.0 份在研钵中混匀，最好延一个方向研，以防产生气泡，然后从板的一侧缓缓倒入，轻轻摇动铺板，待吸附剂铺平后，室温下放在水平实验台晾干，在反射光或透视光下，表面应均匀、平整，无麻点、无气泡、无破损及污染。使用前放入烘箱内，在 105 ~ 115℃ 左右烘干 40 ~ 50 分钟，冷却后使用。这种方法可制作成分析型薄层板（厚度为 0.1 ~ 0.3mm）及制备型薄层板（厚度为 0.3 ~ 1mm）。为使薄层吸附剂牢固地附在支持体上以便操作，需在固定相吸附剂中加入适量的黏合剂，如煅石膏、羧甲基纤维素钠和淀粉等。为了某些特殊化合物的分离及检出，还可以在固定相中加入如荧光指示剂、硝酸银溶液、酸、碱或缓冲液等。

目前，已有进口及国产的薄层板，如 Merck 产的正相、反相薄层板以及青岛海洋化工厂生产的硅胶薄层板。

（2）点样

在薄层板底边 1.0cm 左右处，用铅笔轻轻画一条基线。将试样用最少量展开剂溶解，用毛细管蘸取试样溶液，在薄层板的基线上点样。薄层色谱板载样量有限，勿使点样量过多。

（3）展开

将点好样品的薄层板吹干后放入盛有展开剂的有盖展开瓶中。展开剂要接触到吸附剂下沿，但切勿接触到样点。盖上盖子，展开。待展开剂上行到一定高度（由试验确定适当的展开高度），取出薄层板，再画出展开剂的前沿线，吹干展开剂。

（4）显色与检视

选择合适的显色方法显色。如先在可见光下观察具有颜色的成分，并作标记，再通过紫外灯照射下标记具有紫外吸收的成分，最后用硫酸显色剂等进行显色，量出展开剂和各组分的移动距离，计算各组分的相对移动值 Rf。

3. 薄层色谱应用

（1）判断两个化合物是否相同（同一展开条件下是否有相同的移动值）；

（2）确定化合物中含有的组分数；

（3）为柱色谱选择合适的洗脱剂，监视柱色谱分离状况和效果；

（4）检测有机合成反应的反应过程。

（二）现代薄层色谱法

现代薄层色谱是在薄层色谱（TLC）的基础上发展而来的新型分离技术，具有更高的分离度、重现性和灵敏度[41]。在中草药有效成分的分离研究中有着十分重要的地位，该类技术主要包括高效薄层色谱（HPTLC）、反相薄层色谱（RPTLC）等。应用 Merch 高教硅胶板鉴别国产麻黄中麻黄碱类化合物，成功地分离出 3 对立体异构的生物碱，而用常规薄层则不能很好分离[42]；对不同产地、不同采收时间的蔓荆子中牡剂素和对羟基苯甲酸进行分离，采用 RP－18. F254 高效反相板，以含 0.1% TBABr 的四氢呋喃一水（46:52）展开，效果较好[43]。

十二、超临界流体色谱法

超临界流体色谱（supercritical fluid chromatography，SFC）是采用在临界

温度及临界压力以上的流体做流动相的色谱方法。

超临界流体色谱以超临界流体做流动相是依靠流动相的溶剂化能力来进行分离、分析的色谱过程，是 20 世纪 80 年代发展和完善起来的一种新技术。超临界流体色谱兼有气相色谱和液相色谱的特点。它既可分析气相色谱不适应的高沸点、低挥发性样品，又比高效液相色谱有更快的分析速度和条件。操作温度主要决定于所选用的流体，常用的有二氧化碳及氧化亚氮。超临界流体容易控制和调节，在进入检测器前可以转化为气体、液体或保持其超临界流体状态，因此可与现有任何液相或气相的检测器相连接，能与多种类型检测器相匹配，扩大了它的应用范围和分类能力，在定性、定量方面有较大的选择范围[44,45]。还可以用多种梯度技术来优化色谱条件。并且比高效液相色谱法易达到更高的柱效率。仪器主要由三部分构成，即高压泵、分析单元和控制系统。高压泵系统一般采用注射泵，以获得无脉冲、小流量的超临界流体的输送。分析单元主要由进样阀、分流器、色谱柱、阻力器、检测器构成。控制系统的作用是：控制泵区，以实现超临界流体的压力及密度线性或非线性程序变化；控制炉箱温度，以实现程序升温或程序降温；数据处理及显示等。

十三、亲和色谱法

亲和色谱（affinity chromatography，AC），是一种利用固定相的结合特性来分离分子的色谱方法。亲和色谱在凝胶过滤色谱柱上连接与待分离的物质有一定结合能力的分子，并且它们的结合是可逆的，在改变流动相条件时二者还能相互分离。亲和色普可以用来从混合物中纯化或浓缩某一分子，也可以用来去处或减少混合物中某一分子的含量。亲和色谱的用途很广泛，可以用来从细胞提取物中分离纯化核酸、蛋白，还可以从血浆中分离抗体。分离重组蛋白就经常使用亲和色谱。通过基因修饰为蛋白加上一些人为的特性，这些特性使蛋白选择性地与配体结合，从而达到分离的目的[26,46,47]。亲和色谱的另一大用途是从血浆中分离抗体。

1. 原理

将一对能可逆结合和解离生物分子的一方作为配基（也称为配体），与具有大孔径、亲水性的固相载体相偶联、制成专一的亲和吸附剂，再用此亲和吸附剂填充色谱柱，当含有被分离物质的混合物随着流动相流经色谱柱时，亲和吸附剂上的配基就有选择地吸附能与其结合的物质，而其他的蛋白质及杂质不被吸附，从色谱柱中流出，使用适当的缓冲液使被分离物质与配基解吸附，即可获得纯化的目的产物。

因此，可以利用与样品中的特征性成分具有亲和力作用、酶与基质的酶反应、抗体—抗原作用，或药品与受体的相互作用，通过亲和色谱法进行分离、纯化。

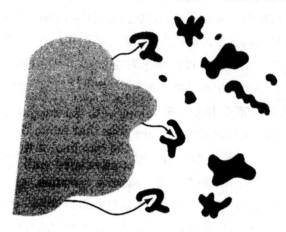

图 3 - 18　亲和作用

2. 一般流程

亲和色谱分离的通常是混合在溶液中的物质，比如细胞内容物、培养基或血浆等。待分离的分子在通过色谱柱时被固定相或介质上的基团捕获，而溶液中其他的物质可以顺利通过色谱柱。然后把固态的基质取出后洗脱，目标分子即刻被洗脱下来。如果分离的目的是去除溶液中某种分子，那么只要分子能与介质结合即可，可以不必进行洗脱。

3. 影响亲和色谱的因素

（1）上样体积

若目标产物与配基的结合作用较强，上样体积对亲和色谱效果影响较小。若二者间结合力较弱，样品浓度要高一些，上样量不要超过色谱柱载量的5%～10%。

（2）柱长

亲和柱的长度需要根据亲和介质的性质确定。如果亲和介质的载量高，与目标产物的作用力强，可以选择较短的珠子；相反，则应该增加柱子的长度，保证目标产物与亲和介质有充分的作用时间。

（3）流速

亲和吸附时目标产物与配基之间达到结合反应平衡需要一个缓慢的过程。

因此，样品上柱的流速应尽量的慢，保证目标产物与配基之间有充分的时间结合，尤其是二者间结合力弱和样品浓度过高时。

（4）温度

温度效应在亲和色谱中比较重要，亲和介质的吸附能力受温度影响，可以利用不同的温度进行吸附和洗脱。一般情况下亲和介质的吸附能力随温度的升高而下降，因此在上样时可选择较低的温度，使待分离物质与配基有较大的亲和力，充分地结合；而在洗脱时刻采用较高的温度，使待分离物质与配基的亲和力下降，便于待分离物质从配基上脱落。例如，一般选择在 4℃进行吸附，25℃下进行洗脱。

十四、生物色谱法

生物色谱法（Biochromatography）是 20 世纪 80 年代中后期问世，由生命科学与色谱分离技术交叉形成的一种极具发展潜力的新兴色谱技术。它利用药物产生效应（或毒性）一般是通过药物与靶点即生物大分子包括受体、通道、酶等结合的原理，应用于药物活性成分的筛选、药物作用机理的研究。它使效应成分的分离与筛选结合在一起，进而探讨药物的作用机理，是化学成分—效应—作用机理联动的一种药物研究方法，尤其适合于天然药物效应物质基础的研究，其独特的优点为其展示了光明的发展前景[48]。

生物色谱法特殊的生物色谱载体能特异性、选择性地与中药活性成分结合，用这种新型的固定相分离中药活性成分，可以使色谱选择性地保留活性成分，从而排除杂质成分的干扰。

（一）分子生物色谱法（Molecular Biochromatography）

分子生物色谱是指以生物大分子为固定相基础的 HPLC 技术，并且溶质在该固定相上的保留行为及立体选择性能够反映生物大分子非固定时与溶质相互作用的特性。酶、受体、抗体、传输蛋白、DNA、肝微粒体和其它具有重要生理功能的生物大分子均可作为分子生物色谱的配基。分子生物色谱与 DAD、NMR 和 MS 联用，可直接获取活性分子的结构信息。分子生物色谱法在中药研究中具有良好的发展前景，发展生物分子的固定化技术，为从中药中筛选生物活性物质提供高选择性、高通量筛选方法。该方法重复性好，色谱系统测量精度高，可将中药的提取液直接进样，快速简单。通过典型的系列化合物可快速得到可比较的数据[49]。

当归提取液在以人血清白蛋白为配基的分子生物色谱柱的筛选情况，所发现的当归最为重要的两种有效成分与文献报道的一致[50]。以血浆中两种主要的载体蛋白：人血清白蛋白（HSA）和 A2 酸性糖蛋白（AGP）为固定相，对常用中药当归、川芎、茵陈、黄芪、赤芍、银杏叶、丹参等进行分析，发现已知有效成分均在分子生物色谱中有明确的保留，因此用 HSA、AGP 作为快速筛选中药活性成分的探针是切实可行的[51]。

（二）生物分配色谱法（Biopartitioning chromatography，BPC）

生物分配色谱是指在色谱系统中引入类生物膜结构，同时类生物膜结构作为分离过程中的主要活性组成来决定药物保留。药物保留反映了药物与生物膜的作用强度，可用来计算膜分配系数。类生物膜结构成分的引入，既可以在固定相中，也可以在流动相中，还可以同时存在于固定相和流动相两相中。

通常使用的色谱系统有液相色谱和毛细管电泳。若按引入色谱系统中类生物膜的结构来分类，包括生物分配脂质体色谱、磷脂膜色谱、生物分配胶束色谱和生物分配微乳色谱。

与传统的膜拟合系统（有机溶剂/水系统，反相液相色谱等方法）相比，BPC 的主要优势是更好地拟合生物膜的结构特征，可以快速筛选药物中与细胞膜有相互作用的成分。但是，BPC 仅模拟药物经细胞的被动扩散。当药物存在主动转运、代谢、细胞旁路转运、肝肠首过效应时，BPC 需要与其它基于细胞的模型来进行互补，以更好地阐述药物体内复杂的动态过程。

毛希琴等采用涂敷磷脂的硅胶为仿生物膜色谱固定相，与传统的凝胶载体相比，固定相的机械强度及磷脂固载能力均有较大提高，且稳定性较好。

（三）细胞膜色谱法（cell membrane chromatography，CMC）

细胞膜色谱法以人或动物的活性细胞膜为固定相，这样细胞膜的整体性、膜受体的立体结构、周围环境和酶活性得以保持，可用于研究药物与细胞膜、膜受体、酶的相互作用。

采用受体模型和酶模型的分子生物色谱技术，在分析成分复杂的中药的有效成分时也存在一些问题，因为中药中各组分间可能存在着药效互补及毒性互消等复杂的相互作用，药效亦为组合药效，这不是单一受体模型可以完成的。从模拟人体细胞膜对药物的吸收的角度进行药物活性成分的分析则更加全面。

一种化合物的细胞膜的通透性对于它的活性起关键作用，因为绝大多数的药物必须进入细胞才能表现它的活性，而且内用药物还必须能透过目标细胞的细胞膜才能起作用。而且药物的活性、毒性、在体内的分布及其它生理过程都取决于药物在膜上的分配状况。因而考察它的细胞膜的通透性可以作为一种鉴定它是否具有药物活性的可靠而快捷的检测方法。

用血管 CMC 模型筛选红花中对主动脉血管有舒张作用的有效成分，发现血管 CMC 模型基本可以反映化合物与细胞膜及膜蛋白（包括受体）的相互作用；化合物在 CMC 体系中的保留特性和药理作用有显著的相关性；HH2S 是红花中对紧张血管有舒张作用的有效部位，而 HH2S2 是其主要的有效成分[52]。

（四）细胞生物色谱法（Cell Biochromatography）

细胞生物色谱法以人或动植物的活细胞为固定相，可用于研究药物与活细胞的相互作用。其优点有：（1）不需要将酶、受体或细胞膜从生物细胞中分离提取出来并加以纯化，简化过程，活力损失小，可反复使用，应用成本低；（2）保持了细胞的完整性，接近人体内实际情况；（3）酶、受体、细胞膜处于天然细胞的环境中，稳定性高。但必须保持胞体的完整，防止自溶，否则会影响产物的纯度。目前制备固定化细胞的方法有吸附法、包埋法、共价结合法、交联法、多孔物质包络法、超过滤法，多种固定化方法的联用等，其中以包埋法的应用较普遍。目前，该方法主要应用于食品发酵及废水处理等领域，用于中药活性成分筛选的报道少见，可见该领域还有大量的工作可进行研究。

综上，生物色谱法的出现为解决中药筛选过程中的难题提供了新的思路和手段，但在其推广和应用方面仍存在一些困难。比如生物材料固定相的保存时间不长，使得生物色谱固定相的制备困难，生物色谱柱的使用寿命一般都较短，难以商品化。在柱压、柱温、流动相的性质及流速等方面，要同时兼顾色谱分离的条件和生物色谱固定相为保持生物活性而必需的条件，困难较大。生物色谱柱所特异性保留的中药活性成分的量一般都较少，难以制备收集到足够的量，供分子结构鉴定使用。但相信随着技术的不断进步发展，生物色谱一定能在中药活性成分高通量筛选平台的构建以及中药现代化方面发挥较大作用。

十五、多维组合色谱法

多维组合色谱是在通用型色谱基础上发展起来的，是指通过双柱或多柱的串联切换技术，使柱子的选择性和操作方式为可变，并组合不同性能检测器，使不同柱子分离后的组分分别进入不同检测器进行检测，也可将同一柱子分离后的组分分别送入不同检测器进行选择性检测等多种形式，以提高对复杂样品的分离和检测能力。多维组合色谱法具有对样品进行预处理、分离、富集等功能，因此，该方法获得迅速的发展。

根据组合方式，多维组合色谱分 GC – GC、HPLC – GC、GC – PGC（裂解气相色谱）、HPLC – SFC、LC – LC、NBPC – RPLC（正相色谱 – 反相色谱联用）、LC – TLC（薄层色谱）、LC – CE（毛细管电泳）、SFC – SFC、LC – GC、SFC – GC、SEC – IEC（分子排阻色谱 – 离子交换树脂色谱联用）、SEC – RPLC、Achiral – Chiral（非手性柱色谱 – 手性柱色谱）、多维毛细管电泳、二维薄层色谱（2D – TLC）等多种联用方法[53 – 56]。

第九节　大孔吸附树脂法

大孔吸附树脂是 20 世纪 60 年代开发出的一类新型高分子分离材料，在化学结构上属于三维网状骨架，有些不带或带有不同极性的功能基。其分离纯化原理是大孔树脂包含有许多具有微观小球的网状孔穴结构，颗粒的总表面积很大，具有一定的极性基团，使大孔树脂具有较大的吸附能力；网状孔穴的孔径有一定的范围，使得它们对化合物根据其分子量不同而具有一定的选择性。通过吸附性和分子筛原理，有机化合物根据吸附力及分子量的不同，再经一定的溶剂洗脱而达到分离的目的。

20 世纪 60 年代美国 Rohm & Haas 公司率先开始生产了以苯乙烯和二乙烯苯为母体的大孔树脂，这种树脂与普通的凝胶树脂不同，它在非水溶液中或干燥状态下都能保持多控结构，而且反应速度快，强度好。在上述研究的基础上，进而发展了制备各种高比表面积吸附树脂的合成路线，这些吸附树脂与大孔离子交换树脂没有什么区别，只是不带离子交换基团。树脂的内部有许多适当大小的孔穴，故能有效地吸附各种有机物质，解吸也很容易。因此被认为是一种介于离子交换树脂和活性炭之间的优良吸附剂。20 世纪 60 年代末，日本三菱化成公司也开发生产了 Diaion HP 系列吸附树脂。我国则自 1974 年开始了大孔吸附树脂的研究工作，取得了令人瞩目的成就。20 世纪 80 年代，大孔树脂开始逐步进入了中药的制剂领域，并得到了迅速的发展，南开大学化工厂研制出了 X – 5、AB – 8 等一系列性能优良的树脂。进入 20 世纪 90 年代以来，随着中药现代化进程的迅速推进，大孔树脂吸附分离技术作为中药现代化关，键技术之一——中药有效成分分离技术，越来越受到业界人士的重视，南开大学科研小组专门针对各类中药成分的结构特点，设计合成了一系列结构特异的吸附树脂如皂苷类吸附树脂 SA 系列、黄酮类吸附树脂 FL 系列等。相信随着对中草药物质基础研究的深入，将有更多的具有针对性的特异树脂应运而生，吸附分离技术将会在中药现代化发展进程中扮演越来越重要的角色。

其操作的基本程序大多是：传统药物提取液→通过大孔树脂吸附有效成分→乙醇溶液梯度洗脱→回收溶剂→得到药液浸膏→干燥→半成品。该技术目前已比较广泛地应用于中药新药的开发和中成药的生产中，特别适用于从水溶液中分离低极性或非极性化合物，多用于分离和纯化苷类、生物碱、黄酮类成分及大规模生产[57-59]。

与离子交换法和溶媒法相比，大孔吸附树脂法对传统药物提取液进行精制具有吸附性强、解吸附容易、机械强度好、可反复使用、流体阻力小等优点，其分离性能与树脂本身性质、溶剂因素和被分离的化合物性质等有关。但大孔树脂在有机溶剂残留物的安全问题上存在着很多的争论，国家食品药品监督管理局通过对大孔树脂可能带来的有机溶剂残留物规定了检测内容，以达到控制其残留量的目的。

绞股蓝为葫芦科（Cucurbitaceae）绞股蓝属（Gynostemma）绞股蓝 Gynostemma pentaphyllum（Thunb.）Makino 的全草，具有清热解毒，止咳祛痰功能。绞股蓝中最主要的药效成分是皂苷类成分，由于绞股蓝含有与人参相似的达玛烷类皂苷，又被冠予"南方人参"、"第二人参"的美誉。目前国内有绞股蓝茶、绞股蓝浓缩汁、绞股蓝龙须茶、富硒养生茶等多个系列产品。绞股蓝，在温度 130℃、压力 0.24MPa 条件下加热 3h，用 8 倍量的 80% 乙醇加热回流提取 3 次，每次提取 3h，得到绞股蓝热处理产物的乙醇提取物。绞股蓝热处理产物的乙醇提取物中加入适当的水混悬，上样于大孔树脂 HP-20，分别用 20%、50%、95% 及 100% 乙醇溶液洗脱，并用 C18 分析柱进行 HPLC 分析。结果表明，20% 乙醇洗脱液主要在 10min 以前出现高峰，主要是由大分子和极性大的成分组成；50% 乙醇洗脱液主要在 20min 以前出峰，在 10-20min 之间出现 20% 乙醇洗脱液所没有的成分，即极性较小的成分洗脱出来；而 95% 乙醇洗脱液主要是在 30-55min 出现前面 20% 和 50% 乙醇洗脱液所没有的极性小的成分（图 3-19）。由此，大孔树脂可以很好地对药材中的成分按极性大小进行分离。

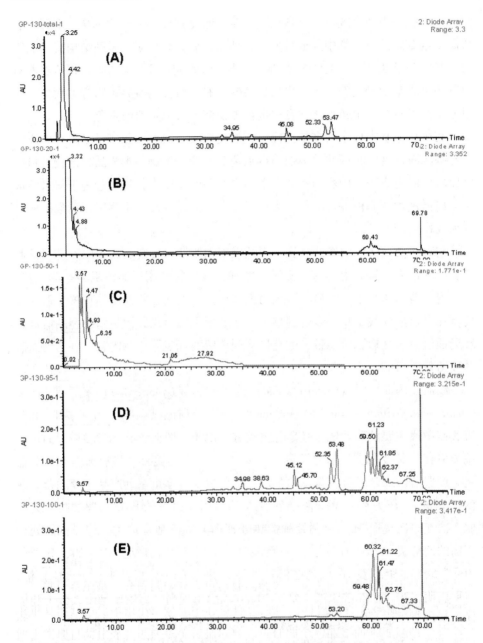

图 3 – 19   130℃高温处理的绞股蓝乙醇总提物在不同极
性甲醇洗脱液在 203nm 处的高效液相色谱

（A）130℃高温处理的绞股蓝乙醇总提物；（B）20％甲醇洗脱液；（C）50％甲醇洗脱液；（D）95％甲醇洗脱液；（E）100％甲醇洗脱液。

第十节　膜分离技术

膜分离技术（membrane separation technique）是利用中药成分间分子量的差异，以选择性透过膜为分离介质，当膜两侧存在某种推动力（如浓度差、电位差、压力差等）时，原料侧组分选择性地透过膜，以达到分离、提纯的目的。它与传统过滤的不同在于，膜可以在分子范围内进行分离，并且这过程是一种物理过程，不需发生相的变化和添加辅助剂。膜分离技术具有在分离时不受热、能耗低、无二次污染、分离效率高等特点，既可用于中药提取液的澄清，又可用于中药成分的精制、分离及提纯。膜的孔径一般为微米级，依据其孔径的不同（或称为截留分子量），可将膜分为微滤膜、超滤膜、纳滤膜和反渗透膜等[60]。

膜分离是在20世纪初出现，20世纪60年代后迅速崛起的一门分离新技术。

膜是具有选择性分离功能的材料。利用膜的选择性分离实现料液的不同组分的分离、纯化、浓缩的过程称作膜分离。它与传统过滤的不同在于，膜可以在分子范围内进行分离，并且这过程是一种物理过程，不需发生相的变化和添加助剂。膜的孔径一般为微米级，依据其孔径的不同（或称为截留分子量），可将膜分为微滤膜、超滤膜、纳滤膜和反渗透膜，根据材料的不同，可分为无机膜和有机膜，无机膜主要还只有微滤级别的膜，主要是陶瓷膜和金属膜。有机膜是由高分子材料做成的，如醋酸纤维素、芳香族聚酰胺、聚醚砜、聚氟聚合物等等。

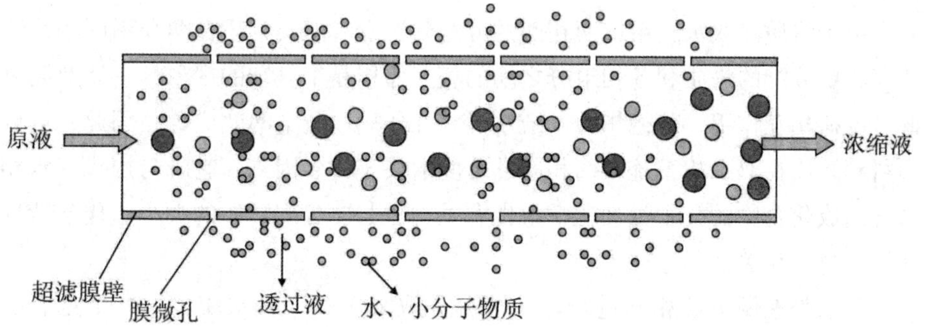

原液　　　　　　　　　　　　　　　　　　　　　　　　浓缩液

超滤膜壁　膜微孔　透过液　水、小分子物质

图 3 - 20　膜分离技术原理示意图

第十一节 双水相技术

双水相萃取（Aqueous two-phase extraction，ATPE）是两种水溶性不同的聚合物或者一种聚合物和无机盐的混合溶液，在一定的浓度下，体系就会自然分成互不相容的两相。被分离物质进入双水相体系后由于表面性质、电荷间作用和各种作用力（如憎水键、氢键和离子键）等因素的影响，在两相间的分配系数 K 不同，导致其在上下相的浓度不同，达到分离目的[61-66]。

双水相萃取与水—有机相萃取的原理相似，都是依据物质在两相间的选择性分配。当萃取体系的性质不同时，物质进入双水相体系后，由于表面性质、电荷作用和各种力（如憎水键、氢键和离子键等）的存在和环境因素的影响，使其在上、下相中的浓度不同。物质在双水相体系中分配系数 K 可用下式表示：

$$K = C_a \big/ C_b$$

式中，K 为分配系数，C_a、C_b 分别代表被分离物质在上相、下相中的浓度。

分配系数 K 等于物质在两相的浓度比，由于各种物质的 K 值不同，可利用双水相萃取体系对物质进行分离。其分配情况服从分配定律，即，"在一定温度一定压强下，如果一个物质溶解在两个同时存在的互不相溶的液体里，达到平衡后，该物质在两相中浓度比等于常数"，分离效果由分配系数来表征。

由于溶质在双水相系统两相间的分配时至少有四类物质在两个不同相系统共存，要分配的物质和各相组分之间的相互作用是个复杂的现象，它涉及到氢键、电荷相互作用、范德华力、疏水性相互作用以及空间效应等，因此，可以预料到溶质在双水相系统中两相间的分配取决于许多因素，它既与构成双水相系统组成化合物的分子量和化学特性有关，也与要分配物质的大小、化学特性和生物特性相关。

萃取是在两个液相间进行。大部分萃取采用一个是水相。另一个是有机相。但有机相易使蛋白质等生物活性物质变性。最近，发现有一些高分子水溶液（如分子量从几千到几万的聚乙二醇硫酸盐水溶液）可以分为两个水相，蛋白质在两个水相中的溶解度有很大的差别。故可以利用双水相萃取过程分离蛋白质等溶于水的生物产品。例如用聚乙二醇（PEG Mr 为 6000）/磷酸钾系统从大肠杆菌匀浆中提取 β-半乳糖苷酶。这是一个很有前途的新的分离方法，特别适用于生物工程得出的产品的分离。

第十二节　生物活性—高效液相色谱方法

中药、民族药、民间药是中国传统医药的组成部分，为中国乃至全世界人民的健康做出了不可磨灭的贡献。然而，由于传统药物及复方中的化学成分复杂，药效物质基础不明确，因此对于其作用机制、体内生物转化及代谢过程的研究也就成了无的放矢。药效物质基础不明确已成为严重制约传统药物发展的瓶颈，不仅导致传统药物及复方缺乏可靠的药理学、毒理学研究数据，而且不能建立与国际接轨的质量标准，最终造成我国传统药物的出口率低、市场竞争薄弱。因此，药效物质基础研究是传统药物现代化研究的关键问题。

技术与方法是制约传统药物研究的重要原因之一。目前从传统药物中开发新型药物的传统模式为生理活性或作用机制指导下的分离，在获得天然化合物的基础上，对得到的化合物进行生物活性评价。这种传统的药物研究方法早期盲目性大，耗时、费资。因此很有必要研究新的分离方法，快速从传统药物中有目的地选择分离有效成分。一些实用的高效新型的提取分离技术在国内外已开始应用于医药、化工、食品等领域中，并不断地得到发展和普及。目前，在我国医药工业以及传统药物有效成分的提取分离方面，引进应用高新技术也已成为新的发展趋势和关注重点。如超临界流体萃取技术、超声波提取技术、超滤技术、新型吸附剂与色谱分离技术等新的提取媒体和新的提取分离工艺，已经应用到传统药物研究领域中，并且逐步得到推广和发展，高新技术在传统药物有效成分的提取分离中有着广泛的应用前景。

针对传统药物成分多而复杂，早期分离方法盲目性大，耗时、费资等问题，以 5 种传统药物提取物为研究对象，进行传统药物有效成分的传统分析方法与高效液相色谱—生物活性检测方法的比较，为传统药物有效成分研究提供新的技术方法。

一、高效液相色谱—生物活性检测方法

1. 传统药物有效部位的提取

用一定浓度的甲醇或乙醇等有机溶剂提取传统药物的生药材，减压浓缩。总提物用一定量的水混悬，依次用等量的二氯甲烷、正丁醇等不同极性溶剂萃取，得二氯甲烷萃取物、正丁醇萃取物、水溶部分等不同极性部位。用体外生物活性检测方法，对传统药物的不同极性部位进行生物活性检测，确定传统药物有效部位。

2. 高效液相色谱—生物活性检测

传统药物有效部位用甲醇等溶剂配成一定浓度的样品溶液，$0.45\mu m$ 滤膜过滤，取一定量进样于高效液相色谱仪。用适当的流速与乙腈—水或甲醇—水系统梯度洗脱。流出液通过分流器，一部分通过紫外或质谱检测器获得 HPLC/UV 或 HPLC/MS 图谱；另一部分则手动或连接样品收集器，以一定的速度接样于 96 孔板，每孔中的溶剂用减压箱抽干，并通过生物活性检测方法获得该传统药物有效部位的活性图谱。通过 HPLC/UV 或 HPLC/MS 图谱与活性图谱的比对，直观、快速寻找到有效成分峰，并利用半制备色谱进行传统药物有效成分的分离（图 3 –21）。

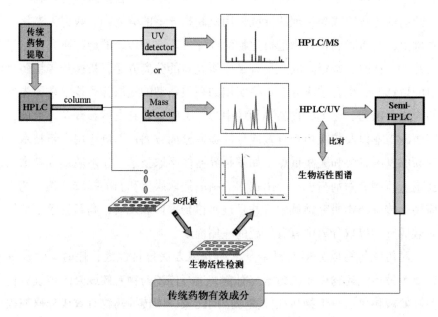

图 3 –21　传统药物中有效成分的高效液相色谱—生物活性检测比对方法

二、传统药物有效成分的高效液相色谱—生物活性检测与传统分析方法的比较

以传统药物中的苦参、汉达盖—赫勒抗氧化有效成分、山葡萄抑制胆碱酯酶和 β - 淀粉样聚合有效成分，以及苦参、白芷、光叉叶委陵菜抑制酪氨酸酶有效成分为例，利用高效液相色谱—生物活性检测方法，分析传统药物有效成分。

1. 该方法应用于传统药物中抗氧化有效成分的快速分离

中药苦参为豆科（Leguminosae）苦参属的植物 Sophora flavescens，具有解热、镇痛、驱虫、健胃作用。蒙药汉达盖—赫勒为菊科（Compasitae）橐吾属多年生草本植物 Ligularia fischeri，具有温肺下气、镇咳祛痰、理气活血、止痛、利尿、止血之功能，其叶用于治疗黄疸、猩红热、风湿性关节炎和肝脏疾病。

利用高效液相色谱—生物活性检测比对方法，通过 DPPH 清除能力实验，快速查找苦参中的抗氧化有效成分槐属二氢黄酮 G 和苦参酮以及汉达盖—赫勒中的抗氧化成分金丝桃苷与 2″ - 乙酰金丝桃苷，取得了一定的进展[64,65]。

2. 该方法应用于抑制胆碱酯酶和 β - 淀粉样聚合有效成分的快速分离

山葡萄为葡萄科（Vitaceae）葡萄属葡萄 Vitis amurensis，是我国东北地区经济价值较高的野生果，朝医学中其葡萄根为太阳人药，功能和胃，主治太阳人里症，止呕哕。利用高效液相色谱—抗氧化活性检测方法，快速分离出山葡萄中抑制胆碱酯酶和 β - 淀粉样聚合有效成分 vitisin A 和 heyneanol A[66]。

3. 该方法应用于传统药物抑制酪氨酸酶有效成分的快速分离

中药白芷为伞形科（Apiaceae）当归属植物白芷 Angelica dahurica，具有抗菌活性、乙酰胆碱脂酶抑制和类雌性激素等生物活性。光叉叶委陵菜为蔷薇科（Rosaceae）萎陵菜属植物 Potentilla bifurca，分布于东北、华北、西北、华中地区，对其研究较少。利用高效液相色谱—酪氨酸酶抑制活性检测方法，快速分离出白芷中的而 8 - 羟基 - 5 - 甲氧基补骨脂素、光叉叶委陵菜中的槲皮素 4′ - O - β - D - 葡萄糖苷、苦参中的槐属二氢黄酮 G 和苦参酮等有效成分[67-69]。

总之，提取分离民族药物中的有效成分是进行合理组方、药效研究、结构鉴定的必要前提。经典的溶剂萃取等方法获得产品收率小、纯度低、成本高、

工艺复杂且通常会残留有机溶剂。高效、微量的现代分离技术的出现，把民族药物有效成分的分离测定引入更为广阔的领域，而上述分离技术大多停留在实验室阶段、离工业化尚有很大距离、为此，有必要加强民族药物有效成分提取分离的基础研究，加快现代分离技术由实验室向工业化的进程，开发高效、廉价、简便、优质的分离技术，为民族药物有效成分的分离创造良好的条件。对有效成分提取分离领域中的研究，意在开发出高效、廉价的优质提取分离技术，为民族药物有效成分的分离提取作出新的贡献。

参 考 文 献

［1］李敏杰，邓启刚，安东正义．中药有效成分分离纯化工艺概述［J］．齐齐哈尔大学学报，2006.22（2）：7－10.

［2］刘华钢，黄慧学，梁秋云．中药成分分离技术应用进展［J］．中国中医药信息杂志，2007.14（11）：89－91.

［3］杨义芳，孔德云．中药提取分离新技术［M］．北京：化学工业出版社，2010.

［4］张红旭，郭辉，孟慧．香菇多糖的精制［J］．西北药学杂志，2005.20（1）：12－13.

［5］周鸿立，李春华，张英俊．透析法精制玉米须多糖工艺的研究［J］．上海中医药杂志，2010.44（10）：81－83.

［6］张洪飞．中药前处理、提取浓缩及分离设备与工艺［J］．机电信息，2010.8：1－11.

［7］奉建芳，罗杰英．高速离心法制备归脾口服液工作条件选择［J］．中成药，1997.19（1）：122.

［8］朱小娟，安小宁．中药有效成分的提取分离技术研究进展［J］．广州化工，2008.36（4）：12－14.

［9］Piao XL, Baek SH, Park MK, et al. Tyrosinase-inhibitory furanocoumarin from Angelica dahurica［J］. Biological and Pharmaceutical Bulletin, 2004.27（7）：1144－1146.

［10］Piao XL, Park IH, Bark SH, et al. Antioxidative activity of furanocoumarins isolated from Angelicae dahuricae［J］. Journal of Ethnopharmacology,

2004. 93（2 – 3）：243 – 246.

［11］张嘉捷，王雪，陈梅兰等. 离子交换色谱中混合保留机理的研究［J］.
化学学报，2008. 66（8）：964 – 968.

［12］Bruch T，Graalfs H，Jacob L，et al. Influence of surface modification on pro-
tein retention in ion-exchange chromatography. Evaluation using different reten-
tion models ［J］. Journal of Chromatography A，2009. 1216（6）：
919 – 926.

［13］程广斌，卢波. 凝胶色谱实验条件对聚醚多元醇相对分子质量测定的影
响［J］. 聚氨酯工业，2009. 24（3）：43 – 46.

［14］周宏霞，韩喜东，于军强等. 凝胶色谱净化 – 高效液相色谱法测定辣椒
中的辛硫磷残留量［J］. 食品工业科技，2010. 31（7）：355 – 357.

［15］罗晶洁，曹学丽. 桑叶多糖的组成及结构表征［J］. 食品科学，
2010. 31（17）：136 – 140.

［16］张慧丽，孙印石，郑毅男. 葡聚糖凝胶 LH – 20 柱层析法分离人参皂苷
Re 的研究［J］. 吉林农业大学学报，2005. 27（3）：293 – 295.

［17］阎秀峰，王洋，于涛等. 喜树叶中喜树碱含量的高效液相色谱分析
［J］. 分析测试学报，2002. 21（2）：15 – 17.

［18］王守箐. 高效液相色谱 – 蒸发光散射检测法测定人参固本口服液中人参
皂苷的含量［J］. 食品与药品，2005. 7（10A）：50 – 52.

［19］马健康，张秀荣，张宏梅等. HPLC 法同时测定五味子微球中三种木脂素
类成分的含量［J］. 药物分析杂志，2010. 30（11）：2221 – 2223.

［20］王军，陈金泉，尹利辉等. HPLC 法同时测定独活葛根汤浸膏中甘草酸和
蛇床子素的含量［J］. 药物分析杂志，2010. 30（11）：2052 – 2054.

［21］郝杰，张长虹，曹学丽. 七种谷物麸皮中的酚酸类成分分析［J］. 食品
科学，2010. 31（10）：263 – 267.

［22］李发美. 分析化学［M］. 北京：人民卫生出版社，2003.

［23］王强. 中药分析学［M］. 福建：福建科技出版社，1996.

［24］刘艳芳，刘艳明，董军等. 中药物质基础的高效液相色谱分离分析方法
研究［J］. 中国科学（B 辑：化学），2009. 39（8）：678 – 686.

［25］Sherma J. New instruments for gel permeation chromatography，supercritical
fluid chromatography，ion chromatography，amino acid analysis，capillary e-

lectrophoresis, and TLC ［J］. Journal of AOAC International, 2010, 93
(3): 91A - 99A.

［26］ Dimartino S, Boi C, Sarti GC. A validated model for the simulation of protein
purification through affinity membrane chromatography ［J］. Journal of Chro-
matography A, 2011, 1218 (13): 1677 - 1690.

［27］ Waters 公司 ACQUITYUPLCTM 新产品闪亮登场 ［J］. 生命科学仪器,
2004, 2 (4): 61.

［28］ Liu M, Li Y, Bhoub G. Extraction and ultra-performance liquid nchromatog-
raphy of hydrophilic and lipophilic bioactive components in a Chinese herb Ra-
dix Salviae Miltirrhizae ［J］. Journal of Chromatography A, 2007. 1157:
51 - 55.

［29］ Gikas E, Bazoti FN, Fanourgiakis P, et al. Development and validation of a
UPLC-UV method for the determination of daptomycin in rabbit plasma ［J］.
Biomedical Chromatography, 2010, 24 (5): 522 - 527.

［30］ Hasbun R, Valledor L, Rodriguez JL, et al. HPCE quantification of 5 -
methyl - 2′ - deoxycytidine in genomic DNA: methodological optimization for
chestnut and other woody species ［J］. Plant Physiology and Biochemistry,
2008, 46 (8 - 9): 815 - 822.

［31］ Cicek SS, Schwaiger S, Ellmerer EP, et al. Development of a fast and con-
venient method for the isolation of triterpene saponins from Actaea racemosa by
high-speed countercurrent chromatography coupled with evaporative light scat-
tering detection ［J］. Planta Medica, 2010, 76 (5): 467 - 473.

［32］ 曹学丽. 高速逆流色谱分离技术及应用 ［M］. 北京: 化学工业出版
社, 2005.

［33］ 骆厚鼎, 彭爱华, 叶昊宇等. 制备型高速逆流色谱分离纯化北豆根中的
生物碱类化合物 ［J］. 四川化工, 2009, 12 (5): 34 - 37.

［34］ 蒋凯, 杨春华, 刘静涵等. 黄花乌头中 Hetisine 型生物碱的高速逆流色
谱分离与结构鉴定 ［J］. 药学学报, 2006, .2: 128 - 131.

［35］ 彭金咏, 范国荣, 吴玉田等. 白话败酱草中异牡荆苷和异荭草苷的高速
逆流色谱分离和制备 ［J］. 分析化学研究报告, 2005, 33 (10):
1389 - 1392.

［36］陈蕾，杨福泉. 虎杖中白藜芦醇和白藜芦醇甙的高速逆流色谱分离提纯及其分析［J］. 2000, 19（4）: 60 - 63.

［37］张云峰，魏东，郭祀远等. 决明子活性成分的高速逆流色谱分离［J］. 华南理工大学学报（自然科学版），2009（10）: 129 - 134.

［38］余佳红，柳正良，蔡定国. 高速逆流色谱分离制备白果内酯［J］. 2000, 9（6）: 392 - 394.

［39］韩忠明，王云贺，韩梅等. 高速逆流色谱分离纯化防风中升麻素苷和5 - O 甲基维斯阿米醇苷［J］. 分析化学研究报告，2009, 37（11）: 1679 - 1682.

［40］王磊，魏芸，袁其鹏. 高速逆流法分离纯化五味子中的五味子酚［J］. 北京化工大学学报，2009, 36（2）: 77 - 80.

［41］Roullier C，Chollet-Krugler M，Pferschy-Wenzig EM，et al. Characterization and identification of mycosporines-like compounds in cyanolichens. Isolation of mycosporine hydroxyglutamicol from Nephroma laevigatum Ach［J］. Phytochemistry，2011, 72（11 - 12）: 1348 - 1357.

［42］张建生，田珍，楼之岑. 高教薄层色谱法鉴别国产席黄中的麻黄生物碱类化台物［J］. 药物分析杂志，1992, 12（1）: 88.

［43］张子忠，袁丸荣，卫云等. 蔓剂子反相薄层色谱分析的研究［J］. 药物分析杂志，1995, 15（2）: 13.

［44］Lesellier E. Supercritical fluid chromatography for bioanalysis: practical and theoretical considerations［J］. Bioanalysis，2011, 3（2）: 125 - 131.

［45］Patel MA，Riley F，Wang J，et al. Packed column supercritical fluid chromatography of isomeric polypeptide pairs［J］. Journal of Chromatography A，2011, 1218（18）: 2593 - 2597.

［46］黄燕，田清清，李谭瑶等. 亲和色谱法筛选中药中血管紧张素转化酶抑制剂［J］. 中国科学（B辑：化学），2009, 39（8）: 760 - 766.

［47］Chang ZZ，Zhang LZ，Douglas AG，Analysis of Tetrahydrofolate Metabolites and Folic Acid in Spinach and Arabidopsis thaliana by Affinity Chromatography and Reversed - phase High Performance Liquid Chromatography［J］. Chinese Journal of Biochemistry and Molecular Biology，2010, 26（9）: 862 - 870.

［48］丁岗，董自波，李智立等. 生物色谱法及其在药物研究中的应用［J］.

中国药科大学学报，2003，33（4）：354－357.

[49] 郭明，由业诚，孔亮等．分子生物色谱及其在药物筛选中的应用［J］. 大连大学学报，2003，24（2）：38－41.

[50] 汪海林，邹汉法，孔亮等．分子生物色谱用于中药活性成分筛选及质量控制方法的研究［J］. 色谱，1999，17（2）：123－127.

[51] 邹海洋，汪海林．生物色谱技术分离、鉴定和筛选中药活性成分［J］. 世界科学技术，2000，2（2）：9－14.

[52] 陈蓁，王锐平，贺浪冲等．细胞膜色谱法筛选红花中的有效成分［J］. 陕西中医，2004，25（7）：643－644.

[53] Kammerer B, Kahlich R, Ufer M, et al. Achiral-chiral LC/LC-MS/MS coupling for determination of chiral discrimination effects in phenprocoumon metabolism ［J］. Analytical Biochemistry, 2005, 339 (2): 297－309.

[54] Moretton C, Cretier G, Nigay H, et al. Quantification of 4-methylimidazole in class III and IV caramel colors: validation of a new method based on heart-cutting two-dimensional liquid chromatography (LC-LC) ［J］. Journal of Agricultural and Food Chemistry, 2011, 59 (8): 3544－3550.

[55] Medvedovici A, Albu F, Georgita C, et al. Achiral-chiral LC/LC-FLD coupling for determination of carvedilol in plasma samples for bioequivalence purposes ［J］. Journal of Chromatography B Analyt Technol Biomed Life Sci, 2007, 850 (1－2): 327－335.

[56] Klawitter J, Zhang YL, Klawitter J, et al. Development and validation of a sensitive assay for the quantification of imatinib using LC/LC-MS/MS in human whole blood and cell culture ［J］. Biomedical Chromatography, 2009, 23 (12): 1251－1258.

[57] 麻秀萍，蒋朝晖，杨玉琴等．大孔吸附树脂对银杏叶黄酮的吸附研究 ［J］. 中国中药杂志，1997，22（9）：539－542.

[58] 陈蕉，黎云祥，陈光登等．大孔吸附树脂分离纯化峨嵋岩白菜叶总黄酮 ［J］. 食品科学，2010，31（6）：74－79.

[59] 殷丹，陈科力．大孔吸附树脂纯化江南卷柏总黄酮的工艺研究［J］. 药物分析杂志，2010，30（11）：2040－2043.

[60] Arvaniti A, Karamanos NK, Dimitracopoulos G, et al. Isolation and charac-

terization of a novel 20 – kDa sulfated polysaccharide from the extracellular slime layer of Staphylococcus epidermidis ［J］. Archives of Biochemistry and Biophysics, 1994, 308 (2): 432 – 438.

［61］ Rosa PA, Azevedo AM, Sommerfeld S, et al. Application of aqueous two-phase systems to antibody purification: a multi-stage approach ［J］. Journal of Biotechnology, 2009, 139 (4): 306 – 313.

［62］ 李梦青，耿艳辉，刘桂敏等. 双水相萃取技术在白藜芦醇提纯工艺中的应用 ［J］. 天然产物研究与开发, 2006, 18 (4): 647 – 649.

［63］ Nandini KE, Rastogi NK. Integrated downstream processing of lactoperoxidase from milk whey involving aqueous two-phase extraction and ultrasound-assisted ultrafiltration ［J］. Applied Biochemistry and Biotechnology, 2011, 163 (1): 173 – 185.

［64］ Piao XL, Piao XS, Kim SW, et al. Identification and Characterization of Antioxidants from Sophora flavescens ［J］. Biological and Pharmaceutical Bulletin, 2006, 29 (9): 1911 – 1915.

［65］ Piao XL, Mi XY, Tian YZ, et al. Rapid Identification and Characterization of Antioxidants from Ligularia fischeri ［J］. Archives of Pahrmacal Research, 2009, 32 (12): 1689 – 1694.

［66］ Jang MH, Piao XL, Kwon SW, et al. Inhibition of Cholinesterase and Amyloid-β Aggregation by Resveratrol Oligomers from Vitis amurensis ［J］. Phytotherapy Research, 2008, 22 (4): 544 – 549.

［67］ 朴香兰. 白芷酪氨酸酶抑制成分研究 ［J］. 中国中药杂志, 2009, 34 (9): 1117 – 1120.

［68］ 朴香兰，田燕泽，秘效媛等. 光叉叶委陵菜的酪氨酸酶抑制作用 ［J］. 中国中药杂志, 2009, 34 (15): 1952 – 1954.

［69］ 朴香兰，朴香淑. 利用生物活性-液质联用跟踪方法快速分析苦参的酪氨酸酶抑制成分 ［J］. 药物分析杂志, 2009, 29 (9): 1407 – 1410.

第四章 民族药物不同类型
成分的提取分离

药材中有效成分或生理活性化合物的提取、分离是民族药物研究中的不可缺少的环节。

第一节 糖类成分的提取分离

糖类（saccharide），亦称碳水化合物（carbohydrates），是植物光合作用的初生产物，同时也是绝大多数天然产物生物合成的初始原料。它们除了作为植物的贮藏养料和骨架成分外，有些在抗肿瘤、抗肝炎、抗心血管疾病、抗衰老等方面还具有独特的生物活性，在某些天然药物中糖类亦是它们的有效成分[1-5]。糖类在天然药物中分布十分广泛，常常占植物干重的80%～90%。一些具有营养、强壮作用的药物，如人参、灵芝、黄芪、枸杞子、香菇、刺五加等都含有大量的糖类，亦是它们之中的有效成分。由于糖类在生物合成以及在细胞间的识别、受精、胚胎形成、神经细胞发育、激素激活、细胞增殖、病毒和细菌的感染、肿瘤细胞转移等许多基本生命过程中的重要作用，对糖类的研究一直十分活跃。苷类（glycosides）亦称苷或配糖体，是由糖或糖的衍生物，如氨基酸、糖醛酸等与另一非糖物质（称为苷元或配基，aglycone 或 genin）通过糖的半缩醛或半缩酮羟基与苷元脱水形成的一类化合物。几乎所有的天然产物如黄酮类、蒽醌类、苯丙素类、萜类、生物碱类等均可与糖或糖的衍生物形成苷，故苷的性质千变万化，结构各异。苷的共性是糖和苷键，由糖与糖及糖的衍生物组成的化合物虽然不称为苷，但糖与糖及糖的衍生物形成的化学键均称为苷键。

一、提取

单糖为多羟基衍生物，易溶于水，难溶于低极性有机溶剂。低聚糖与单糖的物理性质类似。苷类化合物随着分子中糖基的增多极性增大，极性低的苷元如萜醇、甾醇等单糖苷往往可溶于低极性有机溶剂，随着糖基的增多，苷元所占比例相应变小，亲水性随之增加。

通常提取单糖、低聚糖及苷类化合物常用水或稀醇、醇作为提取溶剂，回收溶剂后依次用不同极性有机溶剂进行萃取，在石油醚提取物中往往是极性小的化合物，在氯仿、乙醚提取物中为苷元，在乙酸乙酯提取物中可获得单糖苷，在正丁醇提取物中则可获得低聚糖苷。由于植物体内有水解酶共存，为了获得原生苷，必须采用适当的方法杀酶或抑制酶的活性。如采集新鲜材料，迅速加热干燥、冷冻保存、用沸水或醇提取、先用碳酸钙拌和后再用沸水提取等。

多糖随着聚合度的增加，性质和单糖相差越来越大，一般为非晶形，无甜味，难溶于冷水，或溶于热水成胶体溶液。黏液质、树胶、木聚糖、菊糖、肝糖原等可溶于热水而不溶于乙醇。酸性多糖、半纤维素可溶于稀碱，碱性多糖（如含有氨基的多糖）可溶于稀酸，而纤维素类则在各种溶剂中均不溶。

提取多糖常用的溶剂是冷水、热水、热或冷的 0.1~1mol/L NaOH 或 KOH、热或冷的 1% HAc 或苯酚等。通常是先用甲醇或 1:1 的乙醇、乙醚混合液脱脂，然后用水加热提取 2~3 次，每次 4~6 小时，最后再用 0.5mol/L NaOH 水溶液提取 2 次，将多糖分为水溶和碱溶两部分。提取液经浓缩后以等量或数倍量的甲醇或乙醇、丙酮等沉淀，所获的粗多糖经反复溶解与醇沉。从不同材料中提取多糖，究竟以何种溶剂提取为宜，需根据具体情况，先以小量样品摸索，观察提取效率，并应注意用不同溶剂提取有何特点，即可先用水、稀酸或稀碱、稀盐提取，也可分别先用水、稀酸、稀碱提取，方法不同所得产物往往不同。为防止糖的降解，用稀酸提取时时间宜短，温度最好不超过5℃；用碱提取时，最好通入氮气或加入硼氢化钾，提取结束后要迅速中和或透析除去碱。

采用醇沉或其他溶剂沉淀所获得的多糖，常混有较多的蛋白质，脱去蛋白质的方法有多种：如选择能使蛋白质沉淀而不使多糖沉淀的酚、三氯甲烷、鞣质等试剂来处理，但用酸眭试剂宜短，温度宜低，以免多糖降解。①Sevag法：将氯仿按多糖水溶液 1/5 体积加入，然后加入氯仿体积 1/5 的丁醇，剧烈振摇 20min，离心，分去水层与溶液层交界处的变性蛋白。此法较温和，但需重复 5 次左右才能除去大部分蛋白。②酶解法：在样品溶液中加入蛋白质水解酶如胃蛋白酶、胰蛋白酶、木瓜蛋白酶、链霉蛋白酶等，使样品中的蛋白质降解。通常上述两个方法综合使用除蛋白质效果较好。③三氟三氯乙烷法：将 1 份三氟三氯乙烷加入到 1 份多糖溶液中搅拌 10 分钟，离心得水层，水层再用上述溶剂处理 2 次可得无蛋白多糖。④三氯醋酸法：在多糖水溶液中滴加 3% 三氯醋酸，直到不再继续混浊为止，5 ~ 10℃ 放置过夜，离心除去胶状沉淀即可。某些多糖，因含有酸、碱性基团，易与蛋白质相互作用，虽不是糖蛋白，也较难去除。对碱稳定的糖蛋白，在硼氢化钾存在下，用稀碱温和处理可以把这种结合蛋白分开。

二、分离

（一）季铵盐沉淀法

季铵盐及其氢氧化物是一类乳化剂，可与酸性糖形成不溶性沉淀，常用于酸性多糖的分离。通常季铵盐及其氢氧化物并不与中性多糖产生沉淀，但当溶液的 pH 增高或加入硼砂缓冲液使糖的酸度增高时，也会与中性多糖形成沉淀。常用的季铵盐有十六烷基三甲胺的溴化物（CTAB）及其氢氧化物（cetyl trimethyl ammonium hydroxide，CTA – OH）和十六烷基吡啶（cetylpylridium hydroxide，CP – 0H）。CTAB 或 CP – OH 的浓度一般为 1% ~ 10%（W/V），在搅拌下滴加于 0.1% ~ 1%（W/V）的多糖溶液中，酸性多糖可从中性多糖中沉淀出来，所以控制季铵盐的浓度也能分离各种不同的酸性多糖。值得注意的是酸性多糖混合物溶液的 pH 要小于 9，而且不能有硼砂存在，否则中性多糖将会被沉淀出来。

CTAB　　　　　　　　CTA-OH　　　　　　　　CP-OH

（二）分级沉淀或分级溶解法

根据各种多糖在不同浓度的低级醇或丙酮中具有不同溶解度的性质，逐次按比例由小到大加入甲醇或乙醇或丙酮，收集不同浓度下析出的沉淀，经反复溶解与沉淀后，直到测得的物理常数恒定（最常用的是比旋光度测定或电泳检查）。这种方法适合于分离各种溶解度相差较大的多糖。为了多糖的稳定，常在 pH 7 进行，唯酸性多糖在 pH 7 时 –COOH 是以 –COO⁻ 离子形式存在的，需在 pH 2~4 进行分离，为了防止苷键水解，操作宜迅速。此外也可将多糖制成各种衍生物如甲醚化物、乙酰化物等，然后将多糖衍生物溶于醇中，最后加入乙醚等极性更小的溶剂进行分级沉淀分离。

（三）离子交换色谱法

根据糖类在纸色谱上具有很好分离效果这一事实，将纤维素改性，使离子交换和纤维素色谱结合起来制成一系列离子交换纤维素，用于多糖的分离效果良好。其中阳离子交换纤维素特别适用于分离酸性、中性多糖和黏多糖。交换剂对多糖的吸附力与多糖的结构有关，通常多糖分子中酸性基团增加则吸附力随之增加；对于线状分子，分子量大的较分子量小的易吸附；直链的较分支的易吸附。在 pH 6 时酸性多糖可吸附于交换剂上，中性多糖则不能被吸附。当用硼砂将交换剂预处理后，则中性多糖也可以被吸附。分离酸性多糖所用的洗脱剂通常是 pH 相同离子强度不同的缓冲液，分离中性多糖的洗脱剂则多是不同浓度的硼砂溶液。

（四）纤维素柱色谱法

纤维素柱色谱对多糖的分离既有吸附色谱的性质，又具有分配色谱的性质，所用的洗脱剂是水和不同浓度乙醇的水溶液，流出柱的先后顺序通常是水溶性大的先出柱，水溶性差的最后出柱，与分级沉淀法正好相反。

（五）凝胶柱色谱法

凝胶柱色谱可将多糖按分子大小和形状不同分离开来，常用的有葡聚糖凝胶（Sephadex G）、琼脂糖凝胶、聚丙烯酰胺凝胶等，常用的洗脱剂是各种浓度的盐溶液及缓冲液，但它们的离子强度最好不低于 0.02。出柱的顺序是大分子的先出柱，小分子的后出柱。由于糖分子与凝胶间的相互作用，洗脱液的体积与蛋白质的分离有很大差别。在多糖分离时，通常是用孔隙小的凝胶如 Sephadex G – 25、G – 50 等先脱去多糖中的无机盐及小分子化合物，然后再用孔隙大的凝胶 Sephadex G – 200 等进行分离。凝胶柱色谱法不适合于黏多糖的分离。

（六）制备型区域电泳法

分子大小、形状及所负电荷不同的多糖其在电场的作用下迁移速率是不同的，故可用电泳的方法将不同的多糖分开，电泳常用的载体是玻璃粉。具体操作是用水将玻璃粉拌成胶状，装柱，用电泳缓冲液（如 0.05mol/L 硼砂水溶液，pH 9.3）平衡 3 天，将多糖加于柱上端，接通电源，上端为正极（多糖的电泳方向是向负极的），下端为负极，其单位厘米的电压为 1.2~2V，电流 30~35mA，电泳时问为 5~12 小时。电泳完毕后将玻璃粉载体推出柱外，分割后分别洗脱、检测。该方法分离效果较好，但只适合于实验室小规模使用，且电泳柱中必须有冷却夹层。

三、糖类成分的提取分离实例

绞股蓝（*Gynostemma pentaphyllum*）为葫芦科绞股蓝，属多年生草质藤本植物，又称"七叶胆"、"五叶参"、"甘茶蔓"、"公罗锅底"、"小苦药"、"遍地生根"等，其早在明清《救荒本草》、《农政全书》、《植物名实图考》中就有记载。自 70 年代以来，人们就对绞股蓝的化学成分、药理、临床及保健品开发等方面进行了系统研究，有不少人对此已作了综述性报道。绞骨蓝中含有皂苷等类成分外，还含有丰富的糖类成分。绞股蓝用 80% 乙醇提取，减压浓缩后，绞股蓝总提物装入大孔树脂柱中，用去离子水洗脱，即可得到绞股蓝糖类成分（图4-1）。

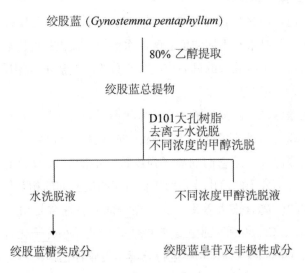

图 4-1　绞股蓝中糖类成分的提取分离流程图

去离子水洗脱液与原药材提取物进行 HPLC 分析，利用反相 C18 分析柱，可以看到绞骨蓝总提物以大孔树脂做为吸附剂，用去离子水洗脱可以得到糖类成分。

　　分离得到的绞股蓝糖类成分用高效液相色谱法检测，分离效果非常好（图4-2）。

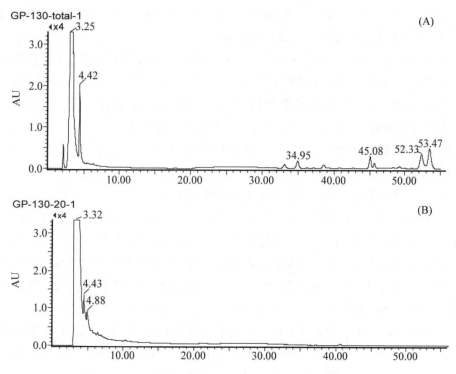

图4-2　绞股蓝总提物用去离子水洗脱液的高效液相色谱

（A）绞骨蓝总提物；（B）去离子水洗脱液

第二节　苯丙素类成分的提取分离

　　天然成分中有一类苯环与三个直链碳连在一起为单元（C6-C3）构成的化合物，统称为苯丙素类（phenylpropanoids）。这类成分有的单独存在，也有的以两个、三个、四个至多个单元聚合存在，包括苯丙烯及其氧化程度不同的衍生物、香豆素和木脂素等。通常将苯丙素分为苯丙酸类（简单苯丙素类）、香豆素和木脂素三类成分[7-13]。

　　苯丙酸类化合物是植物中广泛分布的酚酸类成分，它们的基本结构是由酚羟基取代的芳香环与丙烯酸构成。分子中取代基多为羟基、糖基，也有的取代基为植物中的脂类、萜类氨基酸等成分；有许多苯丙酸类化合物是以两个或多个分子聚合而成存在的。常见的苯丙酸类成分有桂皮酸（cinnamic acid）、对羟基桂皮酸（p-hydroxycinnamic acid）、咖啡酸（caffeic acid）、阿魏酸（ferulic acid）和异阿魏酸等结构单元及其衍生物。

香豆素（coumarin）类化合物是邻羟基桂皮酸内酯类成分的总称。目前，已经从自然界中分离出约1200余种这类化合物，它们都具有苯骈 a - 吡喃酮母核的基本骨架。除35个香豆素类化合物外，其他香豆素类都具有在7位连接含氧官能团的特点。因此，7 - 羟基香豆素（伞形花内酯，umbelliferone）被认为是香豆素类化合物的母体。香豆素类化合物在自然界中广泛存在。具有结构简单、易化学合成的特点。其抗病毒、抗肿瘤、抗骨质疏松和抗凝血等生物活性较强，因此成为近年来新药研究开发的热点之一。

木脂素（lignan）被定义为具有苯丙烷骨架的两个结构通过其中 β，β 或 8，8'碳相连而形成的一类天然产物。二十世纪三四十年代哈沃斯（Harworth）首先将木脂素作为单独一类天然产物进行描述。早期以植物树脂或木质部中存在较广泛或含量较大，所以以称木脂素。这类化合物早在19世纪就已经分离得到。例如，橄榄脂素（olivil）在橄榄树脂中含量高达50%。右旋松脂醇（pinoresinol）是1816年分离得到的。木脂素结构类型多样，生物活性广泛而且显著，具有抗肿瘤作用、肝保护和抗氧化作用、抗 HIV病毒作用、中枢神经系统（CNS）的作用、血小板活化因子（PAF）拮抗活性、平滑肌解痉作用、毒鱼作用、杀虫作用等生物活性。

一、苯丙素类成分的提取分离

植物中的苯丙酸类及其衍生物大多具有一定的水溶性，而常常与其他一些酚酸、鞣质、黄酮苷等混在一起，分离有一定困难，一般要经大孔树脂、聚酰胺、硅胶、葡聚糖凝胶以及反相色谱多次分离才能纯化。利用苯丙素结构中酚羟基性质，有多种试剂可用在薄层色谱方法中通过颜色反应进行鉴别。常用的有①1% ~ 2% $FeCl_3$ 甲醇溶液；②Pauly 试剂：重氮化的磺酸胺；③Gepfner 试剂：1% 亚硝酸钠溶液与相同体积10% 的醋酸混合，喷雾后，在空气中干燥，再用0.5mol/L 的氢氧化钠溶液处理。④Millon 试剂。

二、香豆素类成分的提取分离

香豆素（coumarin）类化合物是邻羟基桂皮酸内酯类成分的总称。目前，已经从自然界中分离出约1200余种这类化合物，它们都具有苯骈a–吡喃酮母核的基本骨架。除35个香豆素类化合物外，其他香豆素类都具有在7位连接含氧官能团的特点。因此，7–羟基香豆素（伞形花内酯，umbelliferone）被认为是香豆素类化合物的母体。

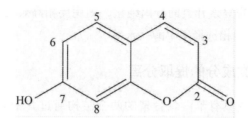

香豆素广泛分布于高等植物的根、茎、叶、花、果实、皮和种子等各部位。特别是在伞形科、芸香科、瑞香科、木樨科、黄藤科、虎耳草科、五加科、菊科、豆科、茄科和兰科等科中大量存在。目前只发现少数存在于微生物和动物中的香豆素，如来自假密环菌中的亮菌甲素（armillarisin A）等。部分香豆素在生物体内是以邻羟基桂皮酸苷的形式存在，酶解后其苷元—邻羟基桂皮酸内酯化，形成香豆素。如香草木樨苷（melitotoside）在生物体内酶解后，再内酯化，最后形成了伞形花内酯。

通常根据香豆素类化合物的溶解性、挥发性和升华性及其内酯结构的性质来设计其提取分离方案。有溶剂提取法、水蒸气蒸馏法和碱溶酸沉法等。水蒸气蒸馏法适应面窄，温度高，受热时间长，可能会引起化合物结构的破坏，现在很少用。碱溶酸沉法的条件难以控制，如果条件剧烈，会造成酸化后不能环合的不可逆现象，要慎重使用。在此，重点介绍最常用的溶剂提取法。

香豆素类化合物一般采用甲醇、乙醇或者水作为提取溶剂从植物中进行提取，合并提取液后回收溶剂得到提取物；再用石油醚、乙醚、乙酸乙酯和正丁醇等极性由低到高的有机溶剂依次萃取，将提取物分为极性不同的五个萃取部分。每个部分所含的化合物极性类似，需要进一步色谱分离，才能得到单体化合物。常用的分离方法包括经典柱色谱、制备薄层色谱和高效液相色谱等。

经典柱色谱一般采用硅胶或者酸性及中性氧化铝作为固定相，常用石油醚—乙酸乙酯、石油醚—丙酮、氯仿—丙酮和氯仿—甲醇等为流动相。同时，可以结合葡聚糖凝胶 sephadex LH–20 的柱色谱，用氯仿—甲醇或者甲醇—水等混合溶剂为洗脱剂对香豆素类化合物进行分离和纯化。

制备薄层色谱是分离纯化香豆素类化合物的方法之一。其固定相和流动相的选择可以参考柱色谱，化合物色带的确定根据其自身荧光现象。

目前，利用高效液相色谱来分离香豆素类化合物已经非常普遍，如果是分离极性小的香豆素类，一般用正相高效液相色谱，固定相是硅胶，流动相用石油醚—乙酸乙酯、石油醚—丙酮、氯仿—丙酮和氯仿—甲醇等有机溶剂系统；而对于极性较大的香豆素苷类的分离纯化，则用反相高效液相色谱，固定相是RPl8 或者 RP8，流动相选择用甲醇—水等。

三、木脂素类成分的提取分离

木脂素被定义为具有苯丙烷骨架的两个结构通过其中 β，β 或 8，8′碳相连而形成的一类天然产物。20 世纪 30 – 40 年代哈沃斯（Harworth）首先将木脂素作为单独一类天然产物进行描述。早期以植物树脂或木质部中存在较广泛或含量较大，所以称木脂素。这类化合物早在 19 世纪就已经分离得到。例如，橄榄脂素（olivil）在橄榄树脂中含量高达 50%。右旋松脂醇（pinoresinol）是 1816 年分离得到的。

最早得到平面结构的一个木脂素化合物是愈创木脂酸（guaiaretic acid）。它的类似物去甲二氢愈创木脂酸（NGDA, nordihydroguaiaretic acid），从 1940 年起在商业上就广泛应用作食品抗氧化剂，用于防止油脂变质（rancidity）。天然 NGDA 以高达约 10% 的含量存在于北美洲用来防腐的灌木 Larrea divaricate 的叶中。20 世纪 30 – 40 年代有大量的愈创木脂酸衍生物被合成出来。

结构多样的木脂素类化合物具有多种多样的生物活性，其中最引人注目的是抗肿瘤化合物鬼臼毒素（podophyllotoxin）。除此之外，抗病毒逆转录酶作用和抗血小板凝聚作用（anti—PAF），抗真菌、免疫抑制活性也都有报道。

木脂素（1ignans）是一类由苯丙素氧化聚合而成的天然产物，通常所指是其二聚物，少数是三聚物和四聚物。二聚物碳架多数是由侧链碳原子 C – 8 – C – 8′连接而成的木脂素（1ignan）最初是指两分子苯丙素以侧链中碳原子连接而成的化合物；其他的称为新木脂素（neolignan）、苯丙素低聚体、杂木脂素（hybrid lignan）、降木脂素（nodignan）。多种多样的连接方式形成了结构式样形形色色的木脂素分子。组成木脂素的单体主要有四种：①肉桂醇（cinnamyl alcohol）；②桂皮酸（cinnamie acid）；③丙烯基酚（propenylphenol）；④烯丙基酚（allylphenol）。

与天然产物类似，大多数天然木脂素化合物采用俗名，根据其来源植物的属名或种名命名。例如从鬼臼属（*Podophyllum*）植物中分离到的木脂素鬼臼毒素，从厚朴（*Magnolia officinalis*）中得到的厚朴酚（magnolol）。这类木脂素的碳原子编号通常将左边的苯丙素单元编号为 1—9，右边的编号为 1′～9′。但对于芳基萘和四氢呋喃类木脂素，有时选择化合物中所包含的萘或四氢呋喃等有机化合物母核进行命名，对于这类化合物，其有机化合物系统名称中的碳原子编号可能会与俗名中有所不同。

游离木脂素是亲脂性成分，多数呈游离型，少数与糖结合形成苷。因此木脂素易溶于氯仿、乙醚和乙酸乙酯等极性不大的有机溶剂。但是低极性有机溶剂难于透入植物细胞，宜先用乙醇、丙酮等亲水性溶剂提取，得浸膏再以氯仿、乙醚等分次抽提。近年二氧化碳超临界提取技术也用于木脂素的提取。吸附色谱是分离木脂素的主要手段，常用吸附分离材料为硅胶，以石油醚—乙酸乙酯，石油醚—丙酮，氯仿—丙酮，氯仿—甲醇等溶剂系统进行洗脱。对于在甲醇中溶解性较好的木脂素成分也可以用葡聚糖凝胶 LH-20 分离和纯化。对于木脂素类结构相近的难以分离的类似物，反相填料 RP-18 等也可以用于木脂素的分离。木脂素类化合物极性较小，往往与植物叶绿素和脂质成分混合难以分离纯化，而一些新型高分子分离材料如 MCl 的合理使用，可能有效地解决这一分离难点。

四、苯丙素类成分的提取分离实例

1. 韩国柚子中伞形花内酯的提取分离

韩国柚子（*Citurus junos*）是为芸香科（Rutaceae）植物香橙 *Citrus junos* Sieb. 的果实，是 *C. inchangensis* 和 *C. reticulate* var. *austera* 的杂交果实。分布在中国、韩国和日本等国。香橙在民间一直用于芳香类苦味健胃、祛痰、止咳等。在韩国南海岸大量栽培，主要做香橙蜜及香橙汁。香橙含有柠檬苦素类化合物、香豆素类化合物，以及黄酮类化合物。这些化合物具有各种药理活性，如：抗癌、抗肿瘤、抗高血压、降低胆固醇，以及抗血栓作用[14-16]。鲜韩国柚子用甲醇提取，加压浓缩后，其甲醇提取物用水混悬，二氯甲烷萃取，对其二氯甲烷萃取物进行硅胶柱色谱，用氯仿—甲醇（50:1 至 1:1）梯度洗脱，获得 7 个组分，并对组分 4 进行硅胶柱色谱，用氯仿—甲醇（100:1）洗脱，分离得到伞形花内酯（umbelliferone，图 4-3）。

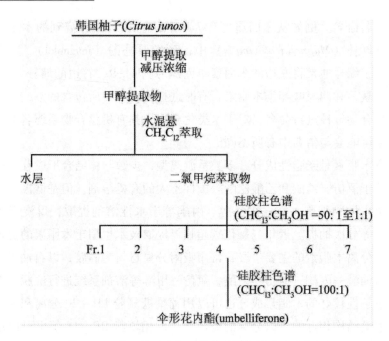

图 4 - 3　韩国柚子中伞形花内酯的提取分离流程图

伞形花内酯结构式如下：

2. 连翘脂素（phillygenin）的提取分离

连翘为木犀科连翘属植物连翘 *Forsythia suspensa*（Thunb.）Vahl 的干燥果实，始载于《神农本草经》，性平气微香味微苦，具有清热解毒，疏散风热，消痈散结、强心利尿和降血压等功效[17-22]。

连翘果实，用 8，6，6 倍量的 80% 乙醇加热回流提取 3 次，每次 3h，合并 3 次提取液，减压浓缩，乙醇提取物用适量的水混悬，依次用二氯甲烷（3 次）、正丁醇（3 次）萃取。取连翘二氯甲烷萃取物进行硅胶柱色谱，乙酸乙酯—甲醇（100：1 ～ 2：1）梯度洗脱，薄层色谱配合检识，得到 6 个组分（Fr. 1-6）。Fr. 4 再经硅胶柱色谱，三氯甲烷—甲醇（20：1）洗脱，重结晶，得到化合物连翘脂素（phillygenin）、连翘苷（phillyrin）、forsythialan A（图 4-4）。

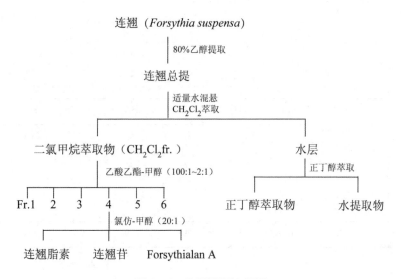

连翘（*Forsythia suspensa*）

　｜　80%乙醇提取

连翘总提

　｜　适量水混悬
　｜　CH₂Cl₂萃取

二氯甲烷萃取物（CH₂Cl₂fr.）　　　　　　　　　　　水层

　｜　乙酸乙酯-甲醇（100:1~2:1）　　　　　　　｜　正丁醇萃取

Fr.1　2　3　4　5　6　　　　正丁醇萃取物　　　水提取物

　｜　氯仿-甲醇（20:1）

连翘脂素　　连翘苷　　Forsythialan A

图 4 - 4　连翘提取流程图

phillygenin　　　　　　**phillyrin**　　　　　　**forsythialan A**

对连翘二氯甲烷萃取物及其分离得到的木脂素类化合物连翘脂素、连翘苷和 forsythialan A 用 HPLC 分析。SHIMADZU LC－20A 高效液相色谱仪（配有 LC－20A 泵、SIL－20A 自动进样器、SPD－M20 检测器、CTO－10AS 柱温箱和 CBM－20A 系统控制器）为日本岛津公司，分析柱为 Shimadzu VP－ODS（150×4.6mm，5um），流动相使用 A（water）和 B（acetonitrile），以梯度 acetonitrile（0min，20%；40min，60%）洗脱，检测波长为 UV 279nm，其结果如图 4 - 5。

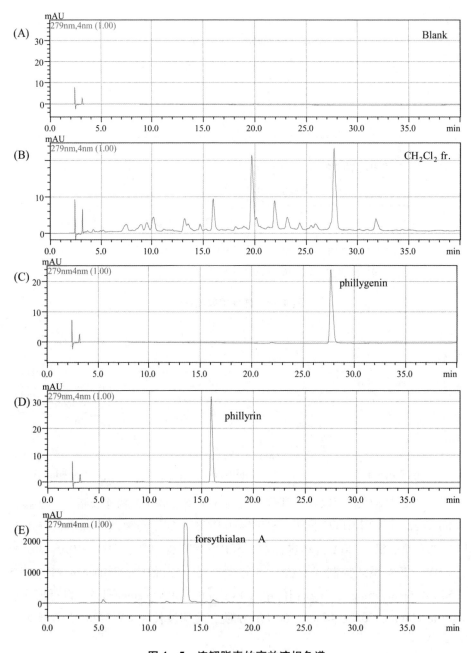

图4－5　连翘脂素的高效液相色谱

（A）：甲醇空白溶液；（B）：连翘二氯甲烷萃取物；（C）：分离的连翘脂素；（D）：连翘苷；

（C）：forsythialan A。

3. 白芷中 8 - 羟基 - 5 - 甲氧基补骨脂素的提取分离

白芷为伞形科植物白芷 *Angelica dahurica*（Fisch. ex Hoffm.） Benth. et Hook. f.） 或 杭 白 芷（*Angelica dahurica*（Fisch. ex Hoffm.） Benth. et Hook. f. var. *formosana*（Boiss.） Shan et Yuan 的干燥根[23]，具有解热、镇痛、抗炎、祛风、通窍、行气活血的功效。现代药理学研究表明，白芷具有抗菌活性[24,25]、细胞毒[26]、乙酰胆碱脂酶抑制作用[11]和雌性激素[27]等生物活性。

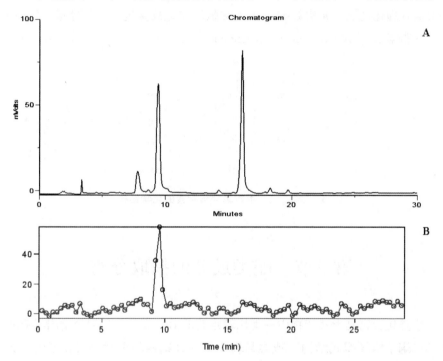

图 4 - 6 热处理白芷二氯甲烷萃取物组分 5 的高效液相色谱—酪氨酸酶抑制活性图谱

白芷在 120℃加热蒸 3 h 后，用 8，6，6 倍量的 80% 甲醇加热回流提取 3 次，每次 3 h，合并 3 次提取液，减压浓缩。甲醇提取物用水混悬，依次用二氯甲烷（3 次）和正丁醇（3 次）萃取，得热处理二氯甲烷萃取物、正丁醇萃取物以及水溶部分。对热处理前后的白芷甲醇提取物进行酪氨酸酶抑制活性筛选，发现热处理后的白芷提取物具有更强的活性，其二氯甲烷萃取物活性最强。用硅胶柱色谱方法，氯仿—甲醇溶剂梯度洗脱（50∶1 至 1∶1）对二氯甲烷部分进行分离，得到 7 个组分。酪氨酸酶抑制活性追踪，发现组分 5 活性最强。组分 5 用甲醇溶剂配成 10mg/mL，进样 20μL 于分析柱 ODS column

（4.6mm×250mm，5μm）。用乙腈与水梯度洗脱（30%乙腈，0min；80%乙腈，30min）。流速为1mL/min，检测波长为280nm。以300μL/孔的速度，用96孔板收集高效液相色谱仪流出的洗脱液，每孔中的溶剂用减压箱抽干，剩余的馏分用酶标仪来检测酪氨酸酶抑制活性。利用高效液相色谱—酪氨酸酶抑制活性方法，对组分5进行分析结果，9.3min出现的峰显示较高的活性（图4-6）。此成分用半制备柱在CH_3CN-H_2O（35∶65）条件进行分离、纯化，并根据其理化性质、光谱数据与相关文献对比，故鉴定为8-羟基-5-甲氧基补骨脂素（8-hydroxy-5-methoxypsoralen）[25]。

8-羟基-5-甲氧基补骨脂素的化学结构

第三节　醌类成分的提取分离

醌类化合物是天然产物中一类比较重要的活性成分，是指分子内具有不饱和环二酮结构（醌式结构）或容易转变成这样结构的天然有机化合物。天然醌类化合物主要分为苯醌、萘醌、菲醌和蒽醌四种类型[28-32]。

苯醌类（benzoquinones）化合物从结构上分为邻苯醌和对苯醌两大类。邻苯醌结构不稳定，故天然存在的苯醌化合物大多数为对苯醌的衍生物。常见的取代基有-OH、-OCH$_3$、-CH$_3$或其他烃基侧链。

萘醌类（naphthoquinones）化合物从结构上考虑可以有α（1，4）、β（1，2）及amphi-（2，6）三种类型。但至今实际上从自然界得到的绝大多数为α萘醌类。

天然菲醌（phenanthraquinone）衍生物包括邻醌及对醌两种类型，含菲醌类的植物分布在唇形科、兰科、豆科、番荔枝科、使君子科、蓼科、杉科等高等植物中，在地衣中也有分离得到。例如从著名中药丹参（*Salvia miltiorrhiza*）根中提取得到的多种菲醌衍生物，均属于邻菲醌类和对菲醌类化合物。

醌醌类（anthraquinones）成分包括蒽醌衍生物及其不同程度的还原产物，如氧化蒽酚、蒽酚、蒽酮及蒽酮的二聚体等。蒽醌类化合物大致分布在30余科的高等植物中，含量较多的有蓼科、鼠李科、茜草科、豆科、百合科、玄参科等，在地衣类和真菌中也有发现。

醌类化合物结构不同，其物理性质和化学性质相差较大，而且以游离苷元以及与糖结合成苷两种形式存在于植物体中，特别是在极性及溶解度方面差别很大，没有通用的提取分离方法，但以下规律可供参考。

一、游离醌类的提取方法

1. 有机溶剂提取法一般游离醌类的极性较小，故苷元可用极性较小的有机溶剂提取。将药材用氯仿、苯等有机溶剂进行提取，提取液再进行浓缩，有时在浓缩过程中即可析出结晶。

2. 碱提取—酸沉淀法用于提取带游离酚羟基的醌类化合物。酚羟基与碱成盐而溶于碱水溶液中，酸化后酚羟基被游离而沉淀析出。

3. 水蒸气蒸馏法适用于分子量小的苯醌及萘醌类化合物。

4. 其他方法近年来超临界流体萃取法和超声波提取法在醌类成分提取中也有应用，既提高了提出率，又避免醌类成分的分解。

二、游离羟基蒽醌的分离

由于蒽醌是醌类化合物中最主要的结构类型，故利用羟基蒽醌中酚羟基位置和数目的不同，对分子的酸性强弱影响不同而进行分离是羟基蒽醌类化合物的一个重要分离方法。pH梯度萃取法的分离原理前已叙及，以下流程图可作为这类化合物较通用的分离方法。

当然，色谱方法是系统分离羟基蒽醌类化合物的最有效手段，当药材中含有一系列结构相近的蒽醌衍生物时，必须经过色谱方法才能得到彻底分离。而且也不可能通过一次色谱分离就获得完全成功，往往需要反复多次色谱才能收到较好效果。

游离羟基蒽醌衍生物色谱常用的吸附剂主要是硅胶，一般不用氧化铝，尤其不用碱性氧化铝，以避免与酸性的蒽醌类成分发生化学吸附而难以洗脱。另外，游离羟基蒽醌衍生物含有酚羟基，故聚酰胺有时也作为色谱吸附剂使用。

三、蒽醌苷类与蒽醌衍生物苷元的分离

蒽醌苷类与蒽醌衍生物苷元的极性差别较大，故在有机溶剂中的溶解度不同。如苷类在氯仿中不溶，而苷元则溶于氯仿，可据此进行分离。但应当注意一般羟基蒽醌类衍生物及其相应的苷类在植物体内多通过酚羟基或羧基结合成镁、钾、钠、钙盐形式存在，为充分提取出蒽醌类衍生物，必须预先加酸酸化使之全部游离后再进行提取。同理在用氯仿等极性较小的有机溶剂从水溶液中萃取蒽醌衍生物苷元时也必须使之处于游离状态，才能达到分离苷和苷元的目的。

四、蒽醌苷类的分离

蒽醌苷类因其分子中含有糖，故极性较大，水溶性较强，分离和纯化都比较困难，一般都主要应用色谱方法。但在色谱之前，往往采用溶剂法或铅盐法处理粗提物，除去大部分杂质，制得较纯的总苷后再进行色谱分离。

盐法：通常是在除去游离蒽醌衍生物的水溶液中加入醋酸铅溶液，使之与蒽醌苷类结合生成沉淀。滤过后沉淀用水洗净，再将沉淀悬浮于水中，按常法通入硫化氢气体使沉淀分解，释放出蒽醌苷类并溶于水中，滤去硫化铅沉淀，水溶液浓缩，即可进行色谱分离。

溶剂法：用正丁醇等极性较大的溶剂，将蒽醌苷类从水溶液中提取出来，再用色谱法作进一步分离。

色谱法：分离蒽醌苷类化合物最有效的方法。主要应用硅胶柱色谱，反相硅胶柱色谱和葡聚糖凝胶柱色谱分离植物中存在的蒽醌苷类衍生物。有效结合使用以上所述的色谱方法，一般都能获得满意的分离效果。随着高效液相色谱和制备型中、低压液相色谱的应用，使蒽醌苷类化合物得到更有效分离。近年来高速逆流色谱，毛细管电泳也已广泛地应用于蒽醌苷类的分离。

应用葡聚糖凝胶柱色谱分离蒽醌苷类成分主要依据分子大小的不同，大黄蒽醌苷类的分离即是一例：将大黄的70%甲醇提取液加到凝胶柱上，并用70%甲醇洗脱，分段收集，依次先后得到二蒽酮苷（番泻苷B、A、D、C）、蒽醌二葡萄糖苷（大黄酸、芦荟大黄素，大黄酚的二葡萄糖苷）、蒽醌单糖苷

（芦荟大黄素、大黄素、大黄素甲醚及大黄酚的葡萄糖苷）、游离苷元（大黄酸、大黄酚、大黄素甲醚、芦荟大黄素及大黄素）。显然，上述化合物是以分子量由大到小的顺序流出色谱柱的。

在使用高速逆流色谱对芦荟有效成分的制备性分离研究中，利用氯仿∶甲醇∶水＝4∶3.8∶2的溶剂分离系统，对芦荟的95%乙醇提取物进行制备性分离，共收集到8个单一组分，3个二组分和1个三组分的分离峰，后经简单的硅胶色谱进一步分离，得多种蒽醌苷类和蒽醌苷元类单体化合物。

第四节　黄酮类成分的提取分离

黄酮类化合物广泛存在于自然界，是一类重要的天然有机化合物。其不同的颜色为天然色素家族添加了更多的色彩。这类含有氧杂环的化合物多存在于高等植物及蕨类植物中。苔藓类中含有的黄酮类化合物为数不多，而藻类、微生物（如细菌）及其他海洋生物中没有发现黄酮类化合物的存在。黄酮类化合物的存在形式既有与糖结合成苷的，也有游离体。

黄酮类化合物广泛分布于植物界中，而且生理活性多种多样，引起了国内外的广泛重视，研究进展很快。仅截止到1974年，国内外已发表的黄酮类化合物共1674个（主要是天然黄酮类，也有少部分为合成品，其中苷元902个，苷722个），并以黄酮醇类最为常见，约占总数的三分之一，其次为黄酮类，占总数的四分之一以上，其余则较少见。至于双黄酮类多局限分布于裸子植物，尤其松柏纲、银杏纲和凤尾纲等植物中。据统计，截止到2003年，黄酮类化合物总数已超过9000个。

黄酮类化合物具有降低血管脆性及异常的通透性的作用、降低血脂及胆固醇的作用、抗肝脏毒作用、抗炎作用、雌性激素样作用、抗菌及抗病毒作用、泻下作用、解痉作用等生物活性。由于黄酮类化合物在植物界中分布很广，甚至在人们日常生活中用到的粮食、蔬菜以及水果中也有相当大的含量。因此有的学者认为，黄酮类化合物与生物碱类不同，不大可能期望它们具有显著的生理活性。但近期分子生物学的研究结果显示某些黄酮类化合物有着显著的生理活性[17,33-38]。

一、提取

黄酮类化合物的提取与分离可分别叙述如下：

黄酮类化合物在花、叶、果等组织中，一般多以苷的形式存在，而在木部坚硬组织中，则多为游离苷元形式存在。

黄酮苷类以及极性稍大的苷元（如羟基黄酮、双黄酮、橙酮、查耳酮等），一般可用丙酮、醋酸乙酯、乙醇、水或某些极性较大的混合溶剂进行提取。其中用得最多的是甲醇—水（1:1）或甲醇。一些多糖苷类则可以用沸水提取。在提取花青素类化合物时，可加入少量酸（如 0.1% 盐酸）。但提取一般黄酮苷类成分时，则应当慎用，以免发生水解反应。为了避免在提取过程中黄酮苷类发生水解，也常按一般提取苷的方法事先破坏酶的活性。大多数黄酮苷元宜用极性较小的溶剂，如用氯仿、乙醚、醋酸乙酯等提取，而对多甲氧基黄酮的游离苷元，甚至可用苯进行提取。

对得到的粗提取物可进行精制处理，常用的方法有：

（一）溶剂萃取法

利用黄酮类化合物与混入的杂质极性不同，选用不同溶剂进行萃取可达到精制纯化的目的。例如植物叶子的醇浸液，可用石油醚处理，以便除去叶绿素、胡萝卜素等脂溶性色素。而某些提取物的水溶液经浓缩后则可加入多倍量浓醇，以沉淀除去蛋白质、多糖类等水溶性杂质。

有时溶剂萃取过程也可以用逆流分配法连续进行。常用的溶剂系统有水—醋酸乙酯、正丁醇—石油醚等。

溶剂萃取过程在除去杂质的同时，往往还可以收到分离苷和苷元或极性苷元与非极性苷元的效果。

（二）碱提取酸沉淀法

黄酮苷类虽有一定极性，可溶于水，但却难溶于酸性水，易溶于碱性水，故可用碱性水提取，再将碱水提取液调成酸性，黄酮苷类即可沉淀析出。此法简便易行，如芦丁、橙皮苷、黄芩苷提取都应用了这个方法。现以从槐米中提取芦丁为例说明该法的操作过程。槐米（槐树 Sophora japonica L. 的花蕾）加约 6 倍量水，煮沸，在搅拌下缓缓加入石灰乳至 pH 8 ~ 9，在此 pH 条件下微沸 20 ~ 30 分钟，趁热抽滤，残渣再加 4 倍量的水煎一次，趁热抽滤。合并滤液，在 60 ~ 70℃的条件下，用浓盐酸将合并滤液调至 pH 为 5，搅匀后静置 24

小时，抽滤。用水将沉淀物洗至中性，60℃干燥得芦丁粗品，用沸水重结晶，70～80℃干燥后得芦丁纯品。

在用碱酸法进行提取纯化时，应当注意所用碱液浓度不宜过高，以免在强碱性下，尤其加热时破坏黄酮母核。在加酸酸化时，酸性也不宜过强，以免生成锌盐，致使析出的黄酮类化合物又重新溶解，降低产品收率。当药材中含有大量果胶、黏液等水溶性杂质时，如花、果类药材，宜用石灰乳或石灰水代替其他碱性水溶液进行提取，以使上述含羧基的杂质生成钙盐沉淀，不被溶出。这将有利于黄酮类化合物的纯化处理。

（三）炭粉吸附法

主要适于苷类的精制工作。通常，在植物的甲醇粗提取物中，分次加入活性炭，搅拌，静置，直至定性检查上清液无黄酮反应时为止。滤过，收集吸苷炭末，依次用沸水、沸甲醇、7% 酚/水、15% 酚/醇溶液进行洗脱。对各部分洗脱液进行定性检查（或用 PC 鉴定）。通过对 Baptisia lecontei 中黄酮类化合物的研究证明，大部分黄酮苷类可用 7% 酚/水洗下。洗脱液经减压蒸发浓缩至小体积，再用乙醚振摇除去残留的酚，余下水层减压浓缩即得较纯的黄酮苷类成分。

二、分离

现将较常用的分离方法介绍如下：

（一）柱色谱法

分离黄酮类化合物常用的吸附剂或载体有硅胶、聚酰胺及纤维素粉等。此外，也有用氧化铝、氧化镁及硅藻土等。

1. 硅胶柱色谱此法应用范围最广，主要适于分离异黄酮、二氢黄酮、二氢黄酮醇及高度甲基化（或乙酰化）的黄酮及黄酮醇类。少数情况下，在加水去活化后也可用于分离极性较大的化合物，如多羟基黄酮醇及其苷类等。供试硅胶中混存的微量金属离子，应预先用浓盐酸处理除去，以免干扰分离效果。

2. 聚酰胺柱色谱对分离黄酮类化合物来说，聚酰胺是较为理想的吸附剂。其吸附强度主要取决于黄酮类化合物分子中羟基的数目与位置及溶剂与黄酮类化合物或与聚酰胺之间形成氢键缔合能力的大小。聚酰胺柱色谱可用于分离各种类型的黄酮类化合物，包括苷及苷元、查耳酮与二氢黄酮等。以 Baptisia le-

contei 为例，黄酮类化合物从聚酰胺柱上洗脱时大体有下述规律：

（1）苷元相同，洗脱先后顺序一般是叁糖苷、双糖苷、单糖苷、苷元。

（2）母核上增加羟基，洗脱速度即相应减慢。当分子中羟基数目相同时，羟基位置对吸附也有影响，聚酰胺对处于羰基间位或对位的羟基吸附力大于邻位羟基，故洗脱顺序为具有邻位羟基黄酮、具有对位（或间位）羟基黄酮。

（3）不同类型黄酮化合物，先后流出顺序一般是异黄酮、二氢黄酮醇、黄酮、黄酮醇。

（4）分子中芳香环、共轭双键多者易被吸附，故查耳酮往往比相应的二氢黄酮难于洗脱。

上述规律也适用于黄酮类化合物在聚酰胺薄层色谱上的行为。

3. 葡聚糖凝胶（Sephadex gel）柱色谱对于黄酮类化合物的分离，主要用两种型号的凝胶：Sephadex G 型及 Sephadex LH－20 型。

葡聚糖凝胶分离黄酮类化合物的机制：

分离游离黄酮时，主要靠吸附作用。凝胶对黄酮类化合物的吸附程度取决于游离酚羟基的数目；但分离黄酮苷时，则分子筛的性质起主导作用。在洗脱时，黄酮苷类大体上是按分子量由大到小的顺序流出柱体。

葡聚糖凝胶柱色谱中常用的洗脱剂：

（1）碱性水溶液（如 0.1mol/L NH$_4$OH），含盐水溶液（0.5mol/L-NaCl 等）。

（2）醇及含水醇，如甲醇、甲醇—水（不同比例）、t－丁醇－甲醇（3：1）、乙醇等。

（3）其他溶剂，如含水丙酮、甲醇—氯仿等。

（二）梯度 pH 萃取法

梯度 pH 萃取法适合于酸性强弱不同的黄酮苷元的分离。根据黄酮类苷元酚羟基数目及位置不同其酸性强弱也不同的性质，可以将混合物溶于有机溶剂（如乙醚）后，依次用 5% NaHCO$_3$、5% Na$_2$CO$_3$、0.2% NaOH 及 4% NaOH 溶液萃取，来达到分离的目的。一般规律大致如下：

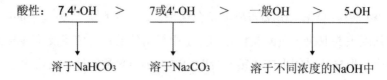

在实际工作中，常将上述色谱法与各种经典方法相互配合应用，以达到较好的分离效果。

二、黄酮类成分的提取分离实例

（一）彝药桃树寄生中儿茶素－7－O－没食酯酸（catechin－7－O－gallate）的提取分离

彝药桃树寄生为桑寄生科（Loranthaceae）钝果寄生属（*Taxillus*）的柳叶钝果寄生（*Taxillus delavayi*），主产于云南、四川、贵州、广西、广东、湖南、江西、福建、台湾，为蔷薇科植物桃树上寄生的寄生全株。性温，味涩，具有温经活血、调经暖宫之功效。彝医用于治疗不孕症、妇科附件炎等，尤以有食桃孕子传说的彝族图腾支系用之为甚。主要以单味或配伍煎服[39]。桃树寄生用10，8，8倍量的80% MeOH加热回流提取3次，每次3h，合并3次提取液，减压浓缩，甲醇提取物用水混悬，依次用二氯甲烷（3次）、正丁醇（3次）萃取。桃树寄生的正丁醇萃取物，用氯仿—甲醇（100∶1～1∶1）梯度洗脱，得到9个组分。对桃树寄生正丁醇萃取物的第8个组分具有较强的抗氧化作用，因此选择组分8，利用高效液相色谱－DPPH自由基清除活性方法分析，结果快速确定抗氧化活性峰（保留时间在12.9分左右，见下图），并用半制备色谱，用甲醇－水（20∶80）等度洗脱，分离得到黄酮类化合物儿茶素－7－O－没食酯酸（catechin－7－O－gallate），其结构式与高效液相色谱－DPPH自由基清除活性图谱如图4－7。

ChemicalFormula:$C_{22}H_{18}O_{10}$

catechin-7-O-gallate

儿茶素－7－O－没食酯酸的结构式

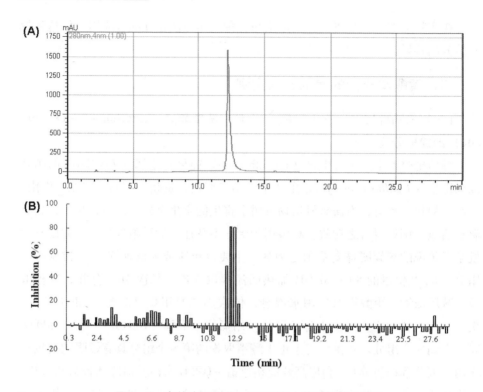

图4-7 高效液相色谱-DPPH自由基清除活性图谱

（二）光叉叶委陵菜槲皮素-4′-O-β-D-葡萄糖苷的提取分离

光叉叶委陵菜为蔷薇科委陵菜属多年生草本植物，生于草原、山坡、沙地、河堤等处，极耐干旱。分布于东北、华北、西北、华中，对其研究很少。

取光叉叶委陵菜，用甲醇加热回流3次，每次3h。溶剂减压浓缩回收，制得甲醇提取浸膏。其甲醇提取物用溶剂二氯甲烷和正丁醇依次萃取，分别得到光叉叶委陵菜的二氯甲烷、正丁醇、水萃取物。光叉叶委陵菜的溶剂萃取物对酪氨酸酶抑制作用比较结果，正丁醇萃取物具有较强的活性。于是，取上面萃取的光叉叶委陵菜正丁醇萃取物，用制备型 TLC 方法，氯仿—甲醇—水（70∶30∶4）溶剂系统展开，得到7个组分，其中，组分1具有较强的酪氨酸酶抑制作用。光叉叶委陵菜正丁醇萃取物的组分1用甲醇溶剂配成1 mg/mL，进样25μL于分析柱。用乙腈（5%乙酸）与5%乙酸水溶液梯度洗脱（0 min，20% CH_3CN；8 min，40% CH_3CN；9min，100% CH_3CN；9～30 min，100% CH_3CN）。流速为1 mL/min。洗脱液用收集器以300μL/well收集于96孔板。每孔中的溶剂用减压箱抽干，剩余的馏分用来检测酪氨酸酶抑制活性。活性跟踪高效液相色谱显示在 12.6 min 出现的峰可观察到较强的活性。这个化合物用半制备柱在 $CH_3CN - H_2O$（40∶60）条件进行分离。根据此化合物的理化性质、光谱数据与文献基本一致，故鉴定为槲皮素 $- 4' - O - \beta - D -$ 葡萄糖苷[40]（图 4 - 8）。

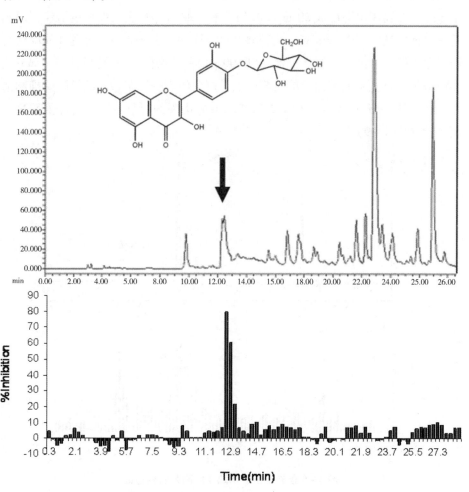

图 4 - 8　光叉叶委陵菜的高效液相色谱—酪氨酸酶抑制活性图谱

（三）苦参中槐属二氢黄酮 G 和苦参酮的提取分离

苦参为豆科（Leguminosae）槐属（*Sophora*）植物苦参（*Sophora flavescens* Ait.）的干燥根，具有解热、镇痛、驱虫、健胃作用[41-43]。

称取苦参根，用 8，6，6 倍量的 80% 甲醇加热回流提取 3 次，每次 3 h，合并 3 次提取液，减压浓缩。苦参甲醇提取物用水混悬，依次用二氯甲烷（3

次）、正丁醇（3 次）萃取，得二氯甲烷萃取物，正丁醇萃取物和水溶部分。用酪氨酸作为底物，以蘑菇酪氨酸酶作为反应酶，对苦参的各溶剂萃取物进行酪氨酸酶抑制活性比较。结果显示，正丁醇萃取物具有较强的活性。利用高效液相色谱—酪氨酸酶抑制活性方法，确定苦参中的酪氨酸酶抑制成分，即苦参正丁醇萃取物用甲醇配成 20 mg/mL 的溶液，取 20 μL 注入液相色谱仪。用乙腈—水梯度洗脱（0～30 min，乙腈由 30% 线性变到 80%），流速 1 mL/min。用三通连接，一部分连接接样器，以 300 μL/well 接样于 96 孔板，另一部分连接质谱仪。每孔中的溶剂用减压箱抽干，剩余的馏分用来检测酪氨酸酶抑制活性。在高效液相色谱图中的 18.2 和 22.8 min 出现的峰显示较强的酪氨酸酶抑制活性（图 4 −9）。

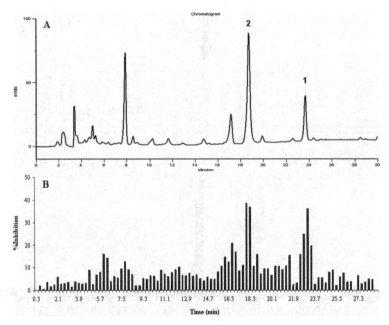

图 4 −9 苦参正丁醇萃取物的高效液相色谱

（A）—酪氨酸酶抑制活性（B）图

1. 槐属二氢黄酮 G（sophoraflavanone G）；**2.** 苦参酮（kurarinone）

以上 2 个化合物用半制备柱在流动相乙腈—水（40∶60）和流速 3 mL/min 条件下进行分离得到化合物槐属二氢黄酮 G（sophoraflavanone G）和苦参酮（kurarinone）。

槐属二氢黄酮G (sophoraflavanoneG)　　　　　　　苦参酮(kurarinone)

苦参中的槐属二氢黄酮G与苦参酮的结构式

第五节　萜类和挥发油成分的提取分离

萜类化合物虽都由活性异戊二烯基衍变而来，但种类繁多、骨架庞杂、结构包容极广[44-50]。其中低分子萜类多为挥发油，单萜中的环烯醚萜多为苷类；倍半萜除构成挥发油的组分外，以内酯多见；乌头烷型二萜却以二萜生物碱的形式存在；还有具芳香性的䓬酚酮和薁类。因此，萜类结构的千变万化，提取分离的方法也就因其结构类型的不同而呈现多样化。

鉴于单萜和倍半萜多为挥发油的组成成分，它们的提取分离方法将在挥发油中重点论述，本节仅介绍环烯醚萜苷、倍半萜内酯及二萜的提取与分离方法。

一、萜类的提取

（一）溶剂提取法

在萜类化合物中，环烯醚萜以苷的形式较多见，而其他萜类则少见。环烯醚萜苷多以单糖苷的形式存在，苷元的分子较小，且多具有羟基，所以亲水较强，一般易溶于水、甲醇、乙醇和正丁醇等溶剂，而难溶于一些亲脂性强的有机溶剂，故多用甲醇或乙醇为溶剂进行提取。

非苷形式的萜类化合物具有较强的亲脂性，溶于甲醇、乙醇中，易溶于氯仿、乙酸乙酯、苯、乙醚等亲脂性有机溶剂中。这类化合物一般用有机溶剂提取，或先用甲醇或乙醇提取后，再用石油醚、氯仿或乙酸乙酯等亲脂性有机溶剂萃取；也可用不同极性的有机溶剂按极性递增的方法依次萃取，得不同极性的萜类提取物，再进行分离。

值得注意的是萜类化合物，尤其是倍半萜内酯类化合物容易发生结构的重排，二萜类易聚合而树脂化，引起结构的变化，所以宜选用新鲜药材或迅速晾干的药材，并尽可能避免酸、碱的处理。含苷类成分时，则要避免接触酸，以防在提取过程中发生水解，而且应按提取苷类成分的常法事先破坏酶的活性。

（二）碱提取酸沉淀法

利用内酯化合物在热碱液中开环成盐而溶于水中，酸化后又闭环，析出原内酯化合物的特性来提取倍半萜类内酯化合物。但是当用酸、碱处理时，可能引起构型的改变，应加以注意。

（三）吸附法

1. 活性炭吸附法苷类的水提取液用活性炭吸附，经水洗除去水溶性杂质后，再选用适当的有机溶剂如稀醇、醇依次洗脱，回收溶剂，可能得到纯品，如桃叶珊瑚苷的分离。

2. 大孔树脂吸附法将含苷的水溶液通过大孔树脂吸附，同样用水、稀醇、醇依次洗脱，然后再分别处理，也可得纯的苷类化合物，如甜叶菊苷的提取与分离。

二、萜类的分离

（一）结晶法分离

有些萜类的萃取液回收到小体积时，往往多有结晶析出，过滤，结晶再以适量的溶媒重结晶，可得纯的萜类化合物。

（二）柱色谱分离

1. 硅胶或氧化铝吸附色谱法分离萜类化合物多用吸附柱色谱法，常用的吸附剂有硅胶、氧化铝等，其中应用最多的是硅胶，几乎所有的萜类化合物都可以选用硅胶作柱色谱的吸附剂，待分离物与吸附剂之比约为 $1:30\sim60$。

由于氧化铝在色谱分离过程中可能引起萜类化合物的结构变化，故选用氧化铝作吸附剂时要慎重，一般多选用中性氧化铝，待分离物与吸附剂之比约为 $1:30\sim50$。

此外，亦可采用硅胶硝酸银色谱法进行分离，因萜类化合物结构中多具有双键，且不同萜类的双键数目和位置不同，与硝酸银形成 π 络合物难易程度和稳定性也有差别，可借此达到分离。有时可借萜类化合物性质上的差异，联合使用硝酸银—硅胶或硝酸银—中性氧化铝柱色谱分离，以提高分离效果。

萜类化合物的柱色谱分离一般选用非极性有机溶剂，如正己烷、石油醚、环己烷、乙醚、苯或乙酸乙酯作洗脱剂。但使用单一溶剂往往达不到分离的效果，故在实践中多选用混合溶剂，而且应根据被分离物质的极性大小来考虑。常用的溶剂系统有：石油醚—乙酸乙酯、苯—乙酸乙酯、苯—氯仿、氯仿—丙酮等，多羟基的萜类化合物可选用氯仿—甲醇或氯仿—甲醇—水等作洗脱剂。

除柱色谱法外，制备硅胶薄层色谱也可用于萜类化合物的分离。

2. 反相柱色谱通常以反相键合相硅胶 RP-18、RP-8 或 RP-2 为填充剂，常用甲醇—水或乙腈—水等溶剂为洗脱剂。反相色谱柱需用相对应的反相薄层色谱进行检识，如预制的 RP-18、RP-8 等反相高效薄层板。

3. 凝胶色谱法凝胶色谱法是利用分子筛的原理来分离分子量不同的化合物，在用不同浓度的甲醇、乙醇或水等溶剂洗脱时，各成分按分子量递减顺序依次被洗脱下来，即分子量大的苷类成分先被洗脱下来，分子量小的苷和苷元后被洗脱下来。应用较多的是能在有机相使用的 Sephadex LH-20。

用色谱法分离萜类化合物通常采用多种色谱法相组合的方法，即一般先通过硅胶柱色谱进行分离后，再结合低压或中压柱色谱、反相柱色谱、薄层制备色谱、高效液相色谱或凝胶色谱等方法进行进一步的分离。

（三）利用结构中特殊官能团进行分离

可利用萜类化合物含氧官能团进行分离，如倍半萜内酯可在碱性条件下开环，加酸后又环合，借此可与非内酯类化合物分离；萜类生物碱也可用酸碱法分离。不饱和双键、羰基等可用加成的方法制备衍生物加以分离。

三、挥发油的提取

挥发油（volatile oils）又称精油（essential oils），是一类具有芳香气味的油状液体的总称。在常温下能挥发，可随水蒸气蒸馏。挥发油是具有广泛生物活性的一类常见的重要成分，是古代医疗实践中较早注意到的药物，《本草纲目》中记载着世界上最早提炼、精制樟油、樟脑的详细方法。

（一）水蒸气蒸馏法

挥发油与水不相混合，当受热后，二者蒸气压的总和与大气压相等时，溶液即开始沸腾，继续加热则挥发油可随水蒸气蒸馏出来。因此，天然药物中挥发油成分可采用水蒸气蒸馏法来提取。提取时，可将原料粗粉在蒸馏器中加水浸泡后，直接加热蒸馏，或者将原料置有孔隔层板网上，当底部的水受热产生的蒸气通过原料时，则挥发油受热随水蒸气同时蒸馏出来，收集蒸馏液，经冷却后分取油层。

此方法具有设备简单，操作容易，成本低、产量大、挥发油的回收率较高等优点。但原料易受强热而焦化，或使成分发生变化，所得挥发油的芳香气味也可能变味，往往降低作为香料的价值，应加以注意。而且有的挥发油（如玫瑰油）含水溶性化合物较多，可将初次蒸馏液再重新蒸气蒸馏，并盐析后用低沸点有机溶剂萃取出来。

（二）浸取法

对不宜用水蒸气蒸馏法提取的挥发油原料，可以直接利用有机溶剂进行浸取。常用的方法有油脂吸收法、溶剂萃取法、超临界流体萃取法。

1. 油脂吸收法油脂类一般具有吸收挥发油的性质，往往利用此性质提取贵重的挥发油，如玫瑰油、茉莉花油常采用吸附法进行。通常用无臭味的猪油3份与牛油2份的混合物，均匀地涂在面积$50cm \times 100cm$的玻璃板两面，然后将此玻璃板嵌入高$5 \sim 10cm$的木制框架中，在玻璃板上面铺放金属网，网上放一层新鲜花瓣，这样一个个的木框玻璃板重叠起来，花瓣被包围在两层脂肪的中间，挥发油逐渐被油脂所吸收，待脂肪充分吸收芳香成分后，刮下脂肪，即为"香脂"，谓之冷吸收法。或者将花等原料浸泡于油脂中，于$50 \sim 60℃$条件下低温加热，让芳香成分溶于油脂中，此则为温浸吸收法。吸收挥发油后的油脂可直接供香料工业用，也可加入无水乙醇共搅，醇溶液减压蒸去乙醇即得精油。

2. 溶剂萃取法用石油醚（$30 \sim 60℃$）、二硫化碳、四氯化碳、苯等有机溶剂浸提。浸取的方法可采用回流浸出法或冷浸法，减压蒸去有机溶剂后即得浸膏。得到的浸膏往往含有植物蜡类等物质，可利用乙醇对植物蜡等脂溶性杂质的溶解度随温度的下降而降低的特性，先用热乙醇溶解浸膏，放置冷却，滤除杂质，回收乙醇后即得净油。

3. 超临界流体萃取法二氧化碳超临界流体萃取方法和溶剂萃取技术相似，用这种技术提取芳香挥发油，具有防止氧化、热解及提高品质的突出优点。所得芳香挥发油气味与原料相同，明显优于其他方法。但由于工艺技术要求高，设备费用投资大，在我国应用还不普遍。

（三）冷压法

此法适用于新鲜原料，如橘、柑、柠檬果皮含挥发油较多的原料，可经撕裂、捣碎冷压后静置分层，或用离心机分出油分，即得粗品。此法所得挥发油可保持原有的新鲜香味，但可能溶出原料中的不挥发性物质。例如柠檬油常溶出原料中的叶绿素，而使柠檬油呈绿色。

四、挥发油成分的分离

从植物中提取出来的挥发油往往为混合物，根据要求和需要，可作进一步分离与纯化，以获得单体成分，常用方法如下：

（一）冷冻处理

将挥发油置于0℃以下使析出结晶，如无结晶析出可将温度降至－20℃，继续放置。取出结晶再经重结晶可得纯品。例如薄荷油冷至－10℃，12小时析出第一批粗脑，油再在－20℃冷冻24小时可析出第二批粗脑，粗脑加热熔融，在0℃冷冻即可得较纯薄荷脑。

（二）分馏法

由于挥发油的组成成分多对热及空气中的氧较敏感，因此分馏时宜在减压下进行。通常在35～70℃/10mmHg被蒸馏出来的为单萜烯类化合物，在70～100℃/10mmHg被蒸馏出来的是单萜的含氧化合物，在更高的温度被蒸馏出来的是倍半萜烯及其含氧化合物，有的倍半萜含氧化合物的沸点很高，所得的各馏分中的组成成分有时呈交叉情况。蒸馏时，在相同压力下，收集同一温度蒸馏出来的部分为一馏分，将各馏分分别进行薄层色谱或气相色谱。必要时结合物理常数如比重、折光率、比旋度等的测定，以了解其是否已初步纯化。还需要经过适当的处理分离，才能获得纯品。如薄荷油在200～220℃的馏分，主要是薄荷脑，在0℃以下低温放置，即可得到薄荷脑的结晶，再进一步重结晶可得纯品。

（三）化学方法

1. 利用酸、碱性不同进行分离

（1）碱性成分的分离　挥发油经过预试若含有碱性成分，可将挥发油溶于乙醚，加稀盐酸或硫酸萃取，分取酸水层，碱化，用乙醚萃取，蒸去乙醚可得碱性成分。

（2）酚、酸性成分的分离将挥发油溶于等量乙醚中，先以5%的碳酸氢钠溶液直接进行萃取，分出碱水液，加稀酸酸化，用乙醚萃取，蒸去乙醚，可得酸性成分。继用2%氢氧化钠溶液萃取，分取碱水层、酸化后，用乙醚萃取，蒸去乙醚可得酚性成分。工业上从丁香罗勒油中提取丁香酚就是应用此法。

2. 利用官能团特性进行分离对于一些中性挥发油，多利用功能团的特性制备成相应的衍生物的方法进行分离，如：

（1）醇化合物的分离：将挥发油与丙二酸单酰氯或邻苯二甲酸酐或丁二酸酐反应生成酯，再将生成物溶于碳酸钠溶液，用乙醚洗去未作用的挥发油，碱溶液皂化，再以乙醚提出所生成的酯，蒸去乙醚残留物经皂化而得到原有的醇成分。

（2）醛、酮化合物的分离：分别除去酚、酸成分的挥发油母液，经水洗至中性，以无水硫酸钠干燥后，加亚硫酸氢钠饱和液振摇，分出水层或加成物结晶，加酸或碱液处理，使加成物水解，以乙醚萃取，可得醛或酮类化合物。也可将挥发油与吉拉德试剂 T 或 P 回流 1 小时，使生成水溶性的缩合物，用乙醚除去不具羰基的组分，再以酸处理，又可获得羰基化合物。有些酮类化合物和硫化氢生成结晶状的衍生物，此物质经碱处理又可得到酮化合物。

（3）其他成分的分离：挥发油中的酯类成分，多使用精馏或色谱分离；醚萜成分在挥发油中不多见，可利用醚类与浓酸形成锌盐易于结晶的性质从挥发油中分离出来。如桉叶油中的桉油精（eucalyptol）属于醚成分，它与浓磷酸可形成白色的磷酸盐结晶。或利用 Br_2、HCl、HBr、NOCl 等试剂与双键加成，这种加成产物常为结晶状态，可借以分离和纯化。

用化学法系统分离挥发油中各种单一成分。

（四）色谱分离法

色谱法中以硅胶和氧化铝吸附柱色谱应用最广泛。由于挥发油的组成分多而复杂，分离多采用分馏法与吸附色谱法相结合，往往能得到较好效果。一般将分馏的馏分溶于石油醚或己烷等极性小的溶剂，使其通过硅胶或氧化铝吸附柱，依次用石油醚、己烷、乙酸乙酯等，按一定比例组成的混合溶剂进行洗脱。洗脱液分别以 TLC 进行检查，这样使每一馏分中的各成分又得到了分离。如香叶醇和柠檬烯常常共存于许多植物的挥发油中，如将其混合物溶于石油醚，使其通过氧化铝吸附柱，用石油醚洗脱，由于柠檬烯的极性小于香叶醇，吸附较弱，可被石油醚先洗脱下来，然后再改用石油醚中加入少量甲醇的混合溶剂冲洗，则香叶醇就被洗脱下来，使二者得到分离。

除采用一般色谱法之外，还可采用硝酸银柱色谱或硝酸银 TLC 进行分离。这是根据挥发油成分中双键的多少和位置不同，与硝酸银形成 π 络合物难易程度和稳定性的差别，而得到色谱分离。一般硝酸银浓度 2%～2.5% 较为适宜。

气相色谱是研究挥发油组成成分的好方法，有些研究应用制备性气－液色谱，成功地将挥发油成分分开，使所得纯品能进一步应用四大波谱加以确切鉴定。制备性薄层色谱结合波谱鉴定，也是常用的方法。

五、提取分离实例

1. 蹄叶橐吾中艾里莫酚烷（eremophilane）的提取分离

蹄叶橐吾 *Ligularia fischeri*（Ledeb）Turcz. 又名肾叶橐吾（中药志）、马蹄叶（东北）、葫芦七（陕西）、马蹄当归（贵州）等，是菊科（Compasitae）橐吾属（*Ligularia*）多年生草本植物。分布于中国东北、华北、湖南、湖北等地，吉林省延边地区各县市均有分布，是朝鲜族膳食之一，其根和根茎收入吉林省药材标准，名山紫菀。该植物性温，味辛、苦，有温肺下气、镇咳祛痰、理气活血、止痛、利尿、止血之功能，用于治疗慢性支气管炎、风寒咳嗽气喘、结核久咳、百日咳、肺痈咯血、咽喉炎症、跌打损伤、劳伤、腰腿痛等。其叶用于治疗黄疸、猩红热、风湿性关节炎和肝脏疾病，朝鲜族民间用其作健胃开胃药、化痰药，作野菜有几种烹调方法。将采自吉林省延边朝鲜自治州图们市的蹄叶橐吾叶粉碎后，用 20 倍量的 80% 甲醇浸泡提取 3 次，每次 7 天，合并提取液，减压浓缩得到深绿色粘稠状浸膏。将甲醇粗提物用去离子水加热溶解，依次用石油醚、二氯甲烷、饱和正丁醇萃取，各萃取三次，旋转蒸发仪减压浓缩至干，得石油醚萃取部位，二氯甲烷萃取部分，正丁醇萃取部分，以及剩余水层部分。将二氯甲烷部分浸膏拌以等量的硅胶（200～300 目），旋转蒸发减压浓缩干燥至呈流沙状，研钵研细备用。硅胶（200～300 目）湿法装柱，以氯仿—甲醇溶剂系统进行梯度洗脱（400:1－3:1），根据薄层检测后更换梯度并合并相似组分，得到 Fr.1－17。其中，Fr.7 经过石油醚－乙酸乙酯溶剂系统梯度洗脱（50:1－0:1），得到 Fr.a1－a15，其中 Fr.a10 再经过 Sephadex LH－20（氯仿—甲醇 1:1）纯化，得到化合物艾里莫酚烷（eremophilane）。

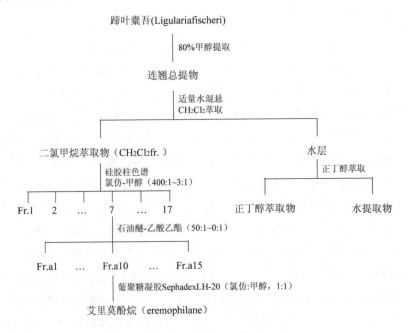

蹄叶橐吾中分离得到的艾里莫酚烷（eremophilane）结构式

分离流程图如图4－10：

图4－10 蹄叶橐吾提取分离流程图

2. 连翘中白桦脂酸（betulinic acid）的提取分离

连翘果实用8，6，6倍量的80% MeOH 加热回流提取3次，每次3h，合并3次提取液，减压浓缩。甲醇提取物用适量水混悬，依次用二氯甲烷（3次）、正丁醇（3次）、萃取，得二氯甲烷萃取物（FSD）、正丁醇萃取物（FSB）、水萃取物（FSW）。取连翘二氯甲烷萃取物 FSD 进行硅胶柱色谱，二氯甲烷—甲醇（50:1 ～ 1:1）梯度洗脱，薄层色谱配合检识，得到9个组分（FSD1 ～ 9）。FSD4再经硅胶柱色谱分离，乙酸乙酯—甲醇（100:1 ～ 1:1）洗脱，得到 8 个组分（FSD4 - 1 ~ FSD 4 - 8）。FSD4 - 1 再经硅胶柱色谱，石油醚—乙酸乙酯（5∶1 ~ 0∶1）洗脱，重结晶，得到化合物白桦脂酸（图 4 - 11）。

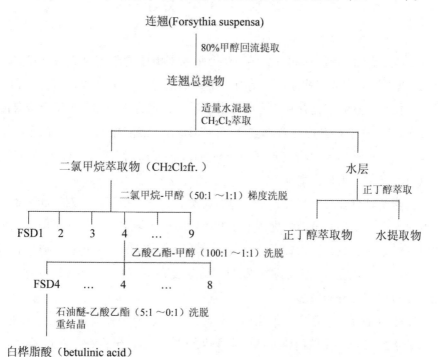

图 4 - 11　连翘中白桦脂酸的提取分离流程图

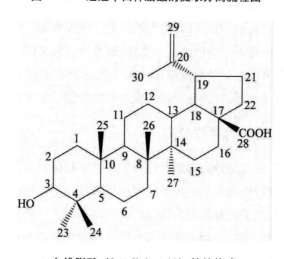

白桦脂酸（betulinic acid）的结构式

第六节　三萜及其苷类成分的提取分离

　　多数三萜（triterpenoids）是由30个碳原子组成的萜类化合物，根据"异戊二烯定则"，多数三萜被认为是由6个异戊二烯（三十个碳）缩合而成。该类化合物在自然界广泛存在，有的以游离形式存在，有的则与糖结合成苷的形式存在[51-56]。三萜苷类化合物多数可溶于水，水溶液振摇后产生似肥皂水溶液样泡沫，故被称为三萜皂苷（triterpenoid saponins），该类皂苷多具有羧基，所以有时又称之为酸性皂苷。

　　三萜及其皂苷广泛存在于自然界，菌类、蕨类、单子叶、双子叶植物、动物及海洋生物中均有分布，尤以双子叶植物中分布最多。文献报道游离三萜主要来源于菊科、豆科、大戟科、楝科、卫矛科、茜草科、橄榄科、唇形科等植物，三萜皂苷在豆科、五加科、葫芦科、毛茛科、石竹科、伞形科、鼠李科、报春花科等植物分布较多。

　　由于色谱等分离手段、波谱等结构测定技术、分子和细胞水平的活性测试方法的迅速发展，使结构相似的三萜类化合物及其皂苷的研究得到很大发展。越来越多的新的三萜及其皂苷被分离和鉴定，具有生物活性的该类化合物也不断被发现。如1963至1970年8年间报道的游离三萜为232个，1990年至1994年5年期间发现的新三萜类化合物约为330个，许多为新的骨架类型；1966年至1972年7年间仅有30个皂苷口。的结构被鉴定，而1987年至1989年2年半中就有1000多个新皂苷被分离鉴定。由于皂苷具有多种生物活性，显示出广泛的应用前景，所以皂苷类化合物已成为天然药物研究中的一个重要领域。

一、三萜类成分的提取分离

　　三萜化合物的提取与分离方法大致分四类：一是用乙醇、甲醇或稀乙醇提取，提取物直接进行分离；二是用醇类溶剂提取后，提取物依次用石油醚、氯仿、乙酸乙酯等溶剂进行分步提取，然后进一步分离，三萜成分主要从氯仿部位中获得；三是制备成衍生物再作分离，即将提取物先用乙醚提取，用重氮甲烷甲基化，制成甲酯衍生物，或将提取物按常法进行乙酰化制成乙酰衍生物，然后进行分离；四是有许多三萜化合物在植物体中是以皂苷形式存在，可由三萜皂苷水解后获得，即将三萜皂苷进行水解，水解产物用氯仿等溶剂萃取，然后进行分离。但有些三萜在酸水解时，由于水解反应比较强烈，发生结构变异而生成次生结构，得不到原生皂苷元，如欲获得原生皂苷元，则应采用温和的水解条件，两相酸水解、酶水解或 Smith 降解等方法。

三萜化合物的分离通常是采用反复硅胶吸附柱色谱。先经常压或低压硅胶柱做初步分离，样品纯度有所提高，再经中压柱色谱、薄层制备、高效液相色谱制备等方法。硅胶柱色谱常用溶剂系统为石油醚—氯仿、苯—乙酸乙酯、氯仿—乙酸乙酯、氯仿—丙酮、氯仿—甲醇、乙酸乙酯—丙酮等。

二、三萜皂苷的提取与分离

三萜皂苷常用醇类溶剂提取，若皂苷含有羟基、羧基极性基团较多，亲水性强，用稀醇提取效果较好。提取液减压浓缩后，加适量水，必要时先用石油醚等亲脂性溶剂萃取，除去亲脂性杂质，然后用正丁醇萃取，减压蒸干，得粗制总皂苷，此法被认为是皂苷提取的通法。此外亦可将醇提取液减压回收醇后，通过大孔吸附树脂，先用少量水洗去糖和其他水溶性成分，后改用 30%—80% 甲醇或乙醇梯度洗脱，洗脱液减压蒸干，得粗制总皂苷。由于皂苷难溶于乙醚、丙酮等溶剂，可将粗制总皂苷溶于少量甲醇，然后滴加乙醚或乙酸乙酯或丙酮或乙醚—丙酮（1:1）等混合溶剂，混合均匀，皂苷即析出。如此处理数次，可提高皂苷纯度，再进行分离。

三萜皂苷的分离，采用分配柱色谱法要比吸附柱色谱法好，常用硅胶为支持剂，以 $CHCl_3 - MeOH - H_2O$ 或 $CH_2Cl_2 - MeOH - H_2O$ 或：$EtOAc - EtOH - H_2O$ 等溶剂系统进行梯度洗脱，也可用水饱和的 n—BuOH 等作为洗脱剂。制备薄层色谱用于皂苷分离，可取得较好效果。同时，反相色谱方法，也得到了广泛应用。通常以反相键合相，Rp－18、Rp－8 或 Rp－2 为填充剂，常用 $CH_3OH - H_2O$ 或乙腈—水等溶剂为洗脱剂。反相色谱柱需用相对应的反相薄层色谱进行检识，有预制的 Rp－18、Rp－8 等反相高效薄层板。在总皂苷中常因含有亲水性色素等杂质，在用薄层寻找分离条件时在薄层板上得不到分离度较好的斑点，而是一条线。在用硅胶等色谱法已分离得到的较纯的皂苷中也往往掺杂一些其他杂质，这时采用 Sephadex IM－20，以 MeOH 等为洗脱剂进行纯化可得到令人满意的结果。如被分离的皂苷结构相似，难以分离，亦有将皂苷进行乙酰化制成乙酰酯，如果皂苷结构中有羧基，可用 CH_2N_2 甲酯化制成甲酯，然后用硅胶柱色谱分离，常以己烷、乙酸乙酯等为溶剂，纯化后在碱性条件下脱乙酰基或甲基。分离皂苷常常需将多种方法结合使用才能得到满意的结果。

三、提取分离三萜皂苷实例

人参皂苷的提取分离

人参（*Panax ginseng* C. A. Meyer）为五加科人参属植物人参的干燥根，是传统名贵中药和民族药。人参具有大补元气，复脉固脱、补脾益肺、生津、安神之功能，用于体虚欲脱、肢冷脉微、脾虚食少、肺虚喘咳、津伤口渴、内热消渴、久病虚羸、惊悸失眠、阳痿宫冷、心力衰竭、心源性休克等的治疗。人参含有 3% –6% 的皂苷类成分，主要以达玛烷型四环三萜为主的结构。干燥人参根用 80% 甲醇提取，加压浓缩，人参总提物在用水混悬后，用石油醚等非极性溶剂萃取，除掉脂溶性成分，再用正丁醇萃取。正丁醇萃取物通过 D101 大孔树脂，先用水洗脱，除掉大分子、极性杂质后，用 75% 甲醇洗脱，即可得到人参总皂苷（图 4 –12）。

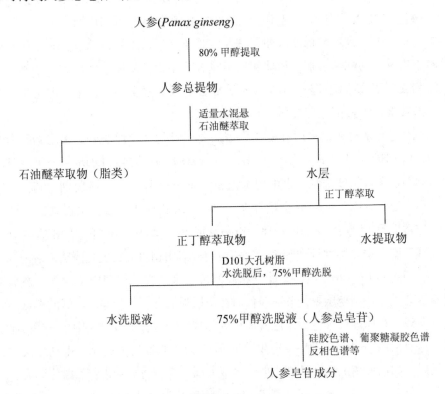

图 4 –12　人参皂苷成分的提取分离流程图

第七节 甾体及其苷类成分的提取分离

甾体化合物是天然广泛存在的一类化学成分，种类很多，但结构中都具有环戊烷骈多氢菲（cyclopentano-perhydrophenanthrene）的甾核。甾核四个环可以有不同的稠合方式。甾核 C3 位有羟基取代，可与糖结合成苷。甾核的 C10 和 C13 位有角甲基取代，C17 位有侧链。根据侧链结构的不同，天然甾类成分又分为许多类型[57-61]。

天然甾类成分的 C10、C13、C17 侧链大都是 p-构型。C3 位有羟基取代，由于此羟基的空间排列，具有二种异构体：C3-OH 和 C10-CH，为顺式，称为 型（以实线表示）；C3-OH 和 C10-CH，为反式，称为 型或 epi-（表-）型（以虚线表示）。甾体母核的其他位置还可以有羟基、羰基、双键、环氧醚键等功能基的取代。

一、强心苷提取分离

植物体中所含强心苷比较复杂，大多含量又较低。多数强心苷是多糖苷，常常与糖类、皂苷、色素、鞣质等共存，这些成分的存在往往能影响或改变强心苷在许多溶剂中的溶解度。同时植物中还含有能酶解强心苷类的酶，植物原料在保存或提取过程中均可促使强心苷的酶解，产生次级苷，增加了成分的复杂性。因此提取过程中，要注意酶的问题。如果要提取原生苷，必须抑制酶的活性，原料要新鲜，采集后要低温快速干燥。如果提取次级苷，可利用酶的活性，进行酶解（25~40℃）可获得次级苷。此外，还要注意酸、碱对强心苷结构的影响。

（一）提取

一般原生苷易溶于水而难溶于亲脂性溶剂，次级苷则相反，易溶于亲脂性溶剂而难溶于水。提取时可根据强心苷的性质选择不同溶剂，例如乙醚、氯仿、氯仿-甲醇混合溶剂、甲醇、乙醇等。但常用的为甲醇或70%乙醇，提取效率高，且能使酶破坏失去活性。

（二）纯化

1. 溶剂法原料如为种子或含油脂类杂质较多时，一般宜先采用压榨法或溶剂法进行脱脂，然后用醇或稀醇提取。另外，也可先用醇或稀醇提取，浓缩提取液除去醇，残留水提液用石油醚、苯等萃取，除去亲脂性杂质。水液再用氯仿—甲醇混合液萃取，提出强心苷，亲水性杂质则留在水层而弃去。若原料为地上部分，叶绿素含量较高，可将醇提液浓缩，保留适量浓度的醇，放置使叶绿素等脂溶性杂质成胶状沉淀析出，过滤除去。

2. 铅盐法 铅盐法是一种比较有效的纯化方法，但铅盐与杂质生成的沉淀能吸附强心苷而导致损失。这种吸附和溶液中醇的含量有关。当增加溶液中醇的含量，能降低沉淀对强心苷的吸附，但纯化效果也随之下降。例如提取毛地黄强心苷时，水提取液用 Pb（Ac）2 试剂处理，强心苷损失达 14%，若增加含醇量为 40%，则并无损失；醇的量若大于 50%，则纯化效果较差。另外过量的铅试剂能引起一些强心苷的脱酰基反应，例如在稀甲醇液中用 Pb（Ac）2 长时间处理，能使葡萄糖吉他洛苷（glucogitaloxin）脱去甲酰基而变为紫花毛地黄苷 B。

3. 吸附法 强心苷稀醇提取液通过活性碳，提取液中的叶绿素等脂溶性杂质可被吸附而除去。当提取液通过 Al_2O_3 溶液中糖类、水溶性色素、皂苷等可吸附，从而达到纯化目的。但强心苷亦有可能被吸附而损失，而且吸附量与溶液中乙醇的浓度有关，是应该注意的。

（三）分离

1. 两相溶剂萃取法 利用强心苷在二种互不相溶的溶剂中分配系数的不同而达到分离。例如毛花毛地黄总苷中苷 A、B、C 的分离，由于在氯仿中苷 C 溶解度（1:2000）比苷 A（1:225）和苷 B（1:550）小，而三者在甲醇（1:20）和水（几乎不溶）中溶解度均相似。用氯仿—甲醇—水（5:1:5）为溶剂系统进行二相溶剂萃取，溶剂用量为总苷 1000 倍，苷 A 和苷 B 容易分配到氯仿层，苷 C 集中留在水层，分出水层，浓缩到原体积的 1/50，放置结晶析出，收集结晶，用相同溶剂再进行第二次两相溶剂萃取，可得到纯的苷 C。

2. 逆流分配法 亦是依据分配系数的不同，使混合苷分离。例如黄花夹竹桃苷 A（thevetin A）和 B（thevetin B）的分离，以氯仿：乙醇（2:1）750ml/水 150ml 为二相溶剂，氯仿为移动相，水为固定相，经九次逆流分配（0~8 管），最后由氯仿层 6~7 管中获得苷 B，水层 2—5 管中获得苷 A。

3. 色谱分离 分离亲脂性单糖苷、次级苷和苷元，一般选用吸附色谱，常以硅胶为吸附剂，用正己烷—乙酸乙酯、苯—丙酮、氯仿—甲醇、乙酸乙酯—甲醇为溶剂，进行梯度洗脱。对弱亲脂性成分宜选用分配色谱，可用硅胶、硅藻土、纤维素为支持剂，常以乙酸乙酯—甲醇—水或氯仿—甲醇—水进行梯度洗脱。液滴逆流色谱法（DCCC）亦是分离强心苷的一种有效方法。F. Abe 等人曾采用氯仿—甲醇—水（5:6:4）为溶剂成功地自夹竹桃科植物 Anodendron affine 中分离出多种强心苷。

当组分复杂时，往往须几种方法配合应用反复分离，才能达到满意的分离效果。

二、甾体皂苷类的提取与分离

甾体皂苷的提取与分离方法，基本与三萜皂苷相似。只是甾体皂苷一般不含羧基，呈中性（因此甾体皂苷俗称中性皂苷），亲水性较弱。甾体皂苷元如薯蓣皂苷元、剑麻皂苷元、海可皂苷元为合成甾体激素和甾体避孕药物的重要原料。因此将甾体皂苷进行水解，提取其皂苷元较为有实用价值。现介绍薯蓣皂苷元的提取方法如下：

我国薯蓣科薯蓣属植物资源丰富，种类多，分布南北各地。其根茎中含有大量的薯蓣皂苷。作为薯蓣皂苷元生产原料的植物主要有盾叶薯蓣（俗称黄姜），是 *Dioscorea zingiberensis* 的根茎和穿龙薯蓣（又称穿地龙），是 *D. nipponica* 的根茎。生产上多采用所谓酸水解法，是先将植物原料加水浸透后，再加水 3.5 倍，并加入浓硫酸，使成 3% 浓度。然后通蒸气加压进行水解反应（8 小时）。水解物用水洗去酸性，干燥后粉碎（含水量不超过 6%），置回流提取器中，加 6 倍量汽油（或甲苯）提取 20 小时。提取液回收溶剂，浓缩至约 1:40，室温放置，使结晶完全析出，离心甩干，用酒精或丙酮重结晶，活性炭脱色，即得薯蓣皂苷元，此法收率比较低，只有 2% 左右，如果将植物原料在酸水解前，经过预发酵或自然发酵，就缩短水解时间，又能提高薯蓣皂苷元的收率，文献有报道带水提取薯蓣皂苷元的工艺，即水解物含水 50% 即用汽油进行提取。

此外也可根据甾体皂苷元难溶于或不溶于水，而易溶于多数常见的有机溶剂的性质。自原料中先提取粗皂苷，将粗皂苷加热加酸水解，然后用苯、氯仿等有机溶剂自水解液中提取皂苷元。

甾体皂苷目前研究很多，实验室和工业生产中多采用溶剂法提取，主要使用甲醇或稀乙醇作溶剂，提取液回收溶剂后，用水稀释，经正丁醇萃取或大孔吸附树脂纯化，得粗皂苷，最后用硅胶柱层析进行分离或高效液相制备，得到单体，常用的洗脱剂有不同比例的氯仿∶甲醇∶水混合溶剂和水饱和的正丁醇。

三、甾体皂苷提取分离和结构测定实例

丝兰（*Yucca smalliana* Fern.）属于龙舌兰科植物，分布在热带与亚热带的干燥地区。它原产于美国北部和中部，很多亚洲国家作为观赏植物栽培。丝兰植物中含有丰富的皂苷类成分，具有降低血液中胆固醇、抗氧化等活性。丝兰叶切碎后，用80%甲醇浸泡提取 2 次，每次浸泡 15 天，加压浓缩，所得丝兰叶的总提物用水混悬，再用二氯甲烷萃取，水层进一步用正丁醇萃取。利用硅胶柱色谱方法，用氯仿—甲醇—水（90∶20∶1 至 70∶30∶4）梯度洗脱丝兰的正丁醇萃取物，得到 7 个组分。反复利用色谱法，对组分 6 进行分离，最终分离得到甾体皂苷 yuccalan（图 4 – 13）。

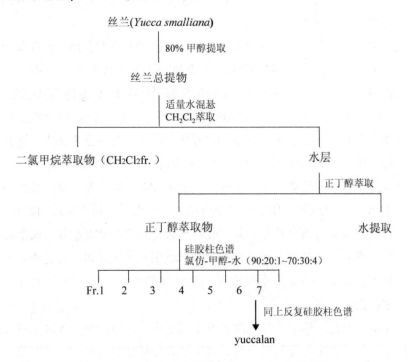

图 4 – 13　丝兰中分离甾体皂苷 yuccalan 的流程图

Yuccalan 结构式

第八节　生物碱类成分的提取分离

生物碱（alkaloids）是一类重要的天然有机化合物。自从 1806 年德国学者 F. W. Sertiirner 从鸦片中分出吗啡碱（morphine）以后，迄今已从自然界分出 10000 多种生物碱。生物碱广泛分布于植物界，其中许多重要的植物药如鸦片、麻黄、金鸡纳、番木鳖、汉防己、莨菪、延胡索、苦参、洋金花、秋水仙、长春花、三尖杉、乌头（附子）等都主要含有生物碱成分。生物碱具有多种多样的生物活性，如黄连中的小檗碱（berberine）用于抗菌消炎，麻黄中的麻黄碱（ephedrine）用于平喘，萝芙木中的利血平（reserpine）用于降压，喜树中的喜树碱（camptothecine）与长春花中的长春新碱（vincristine）用于抗肿瘤等。生物碱又是天然有机化学的重要研究领域之一。在生物碱研究中，创立和发现了不少新的方法、技术和反应，对天然有机化学的发展有着重要的促进作用。有关生物碱的文献数目繁多，且与日俱增[62-66]。

生物碱集中地分布在系统发育较高级的植物类群（裸子植物，尤其是被子植物）中。表现在：①裸子植物中，仅紫杉科红豆杉属（*Taxus*）、松柏科松属（*Pinus*）、云杉属（*Picea*）、油杉属（*Ketelearia*）、麻黄科麻黄属（*Ephedra*）、三尖杉科三尖杉属（*Cephalotaxus*）等植物含有生物碱。②少数被子植物的单子叶植物中，生物碱主要分布于百合科、石蒜科和百部科等植物中。

③在被子植物古生花被类双子叶植物中，生物碱主要分布于毛茛科、木兰科、小檗科、防己科、马兜铃科、罂粟科、番荔枝科、芸香科等植物中。④在被子植物后生花被类双子叶植物中，生物碱主要分布在龙胆科、夹竹桃科、马钱科、茜草科、茄科、紫草科、菊科等植物中。

一、总生物碱的提取

总生物碱的提取方法有溶剂法、离子交换树脂法和沉淀法。

（一）溶剂法

这是最常见的方法。提取速率与溶剂用量（一般 7－15 倍）、原料粉碎度、操作条件（如温度、搅拌）等因素有关。如采用超声波工业规模地提取萝芙木根生物碱时，提取时间从原来的 120 小时缩短为 5 小时。含油脂多的植物材料，则应预先脱脂。苷类生物碱的提取，宜采用新鲜原材料或先进行杀酶处理。

1. 水或酸水—有机溶剂提取法提取原理是生物碱盐类易溶于水，难溶于有机溶剂；其游离碱易溶于有机溶剂，难溶于水。一般操作是用水或 0.5%～1% 矿酸水液提取。提取液浓缩成适当体积后，再用碱（如氨水、石灰乳等）碱化游离出生物碱，然后用有机溶剂如氯仿、苯等进行萃取。此时，如有沉淀析出，则需滤集。最后浓缩萃取液得亲脂性总生物碱。本法简便易行，但不适用于含大量淀粉或蛋白质的植物材料，且操作上提取液浓缩较难。

2. 醇—酸水—有机溶剂提取法本法基于生物碱及其盐类易溶于甲醇或醇。故用醇代替水或酸水提取生物碱。醇提取物含不少非生物碱成分，需进一步纯化。常用适量酸水使生物碱成盐溶出，过滤，酸滤液再如上述方法碱化、有机溶剂萃取、浓缩得亲脂性总生物碱。

3. 碱化—有机溶剂提取法

一般操作方法是将提取材料用碱水（石灰乳、Na_2CO_3 溶液或 10% 氨水等）润湿后，再用有机溶剂如 CH_2Cl_2、$CHCl_3$、CCl_4 或苯等直接进行固—液提取。回收有机溶剂后即得亲脂性总生物碱。由于弱碱性生物碱难以稳定的盐类形式存在于植物中，所以，如欲提取总弱碱性生物碱，只需用水或稀有机酸如酒石酸、乙酸等润湿后，再用有机溶剂进行固—液提取、回收溶剂，即得。本法所得总生物碱较为纯净。同时，提取过程中完成与其他强碱性生物碱的分离。

4. 其他溶剂法某些亲水性生物碱如 N－氧化物等，常用与水不相混溶的有机溶剂如正丁醇、异戊醇等进行提取。

（二）离子交换树脂法

将酸水液与阳离子交换树脂（多用磺酸型）进行交换，以与非生物碱成分分离。交换后树脂，用碱液或10%氨水碱化后，再用有机溶剂（如乙醚、氯仿、甲醇等）进行洗脱，回收有机溶剂得总生物碱。树脂的交联度十分重要，以1%～3%为宜。操作上，若用乙醚洗脱，则碱化十分关键，以有润湿感为指标。本法有很重要的实用价值。许多药用生物碱如筒箭毒碱（tubocurarine）、奎宁、麦角碱类、东莨菪碱、石蒜碱、咖啡因、一叶萩碱等都是应用此法生产的。不过，个别情况下，如 vincanidine 离子交换后，因强吸附作用而难于用有机溶剂洗脱下来。

（三）沉淀法

季胺生物碱因易溶于碱水中，除离子交换树脂法外，往往难于用一般溶剂法将其提取出来。此时常采用沉淀法进行提取。以雷氏铵盐为例，一般操作如下：①将季胺生物碱的水溶液，用酸水调到弱酸性，加入新鲜配制的雷氏铵盐饱和水溶液至不再生成沉淀为止。滤取沉淀，用少量水洗涤1～2次，抽干，将沉淀溶于丙酮（或乙醇）中，过滤，滤液即为雷氏生物碱复盐丙酮（或乙醇）溶液。②于此滤液中，加入 Ag_2SO_4 饱和水液，形成雷氏铵盐沉淀，滤除，滤液备用。③于滤液中加入计算量 $BaCl_2$ 溶液，滤除沉淀，最后所得滤液即为季胺生物碱的盐酸盐。

二、生物碱的分离

分离程序一般有系统分离与特定生物碱的分离。前者带有基础研究的性质；后者则侧重于生产实用，具有应用开发价值。二者对分离方法的设计均有定向作用。系统分离通常采用总碱—类别或部位—单体生物碱的分离程序。类别是指按碱性强弱或酚性、非酚性粗分的生物碱类别。部位主要指最初色谱中洗脱的极性不同的生物碱。

特定生物碱的分离是基于对欲分离的特定生物碱的结构、理化特性的充分理解。许多药用生物碱的生产都是属于这种分离。

（一）利用生物碱的碱性差异进行分离

同一植物中含有生物碱的碱性往往不同。据此，可采用不同的 pH 值下，用水不溶性有机溶剂萃取进行生物碱的分离。若欲利用这种方法系统分离生物碱，则常采用 pH 梯度萃取。萃取时，应用缓冲液调制 pH 梯度。

（二）利用生物碱及其盐溶解度的差异进行分离

某些生物碱对有机溶媒的溶解度不同，由此可以将它们彼此分离。如从唐古特山莨菪中将莨菪碱和红古豆碱与山莨菪碱、樟柳碱分离时，就是采用 pH9 时，依次利用 CCl_4 和 $CHCl_3$ 萃取，前二者溶于 CCl_4，而后二者溶于 $CHCl_3$ 中。另外，常常利用生物碱盐的溶解度不同来进行分离。少数情况下，可直接从原料中以特殊的盐类形式分出单一生物碱。典型的例子是金鸡纳（Cinchona suc-cirabra）树皮中四种生物碱奎宁、奎尼丁、金鸡宁（cinchonine）和金鸡宁丁（cinchonidine）的分离。硫酸奎宁、酒石酸金鸡宁丁和氢溴酸奎尼丁均在水中溶解度较小，金鸡宁不溶于乙醚。据此在不同分离的步骤制备成相应的难溶盐类而彼此分离。

（三）色谱法

该法广泛地用于生物碱的分离。绝大多数采用吸附色谱，但应用分配色谱的实例亦不少。高速逆流色谱仪的出现，则更开拓了这方面的应用。吸附剂多用硅胶、氧化铝、纤维素、聚酰胺等。其中，硅胶应用最广。对苷类生物碱或极性较大的生物碱，可用反相色谱材料（如 RP-8、RP-18 等）或葡聚糖凝胶进行分离。HPLC 虽有快速、高效的特点，但用于较大量制备性分离仍有困难。实际工作中，常是运用中压或低压柱色谱、制备薄层色谱进行分离。其他如 GLC、电泳等分离方法，仅少数情况下采用，不再赘述。应强调的是，一个成功的系统分离常需若干色谱或同一色谱方法交替反复使用。

（四）其他方法

个别情况下，可利用使欲分离生物碱分子中某种基团如羟基、内酯或内酰胺等，发生可逆性化学转换的方法进行分离。如酯化用于美登木碱的分离、喜树碱分离中的皂化以及苦参碱分离中应用内酰胺开环。闭环反应等。

综上所述，生物碱的提取与分离，方法较多，各有特点。多数情况下，总是视分离对象、目的不同，灵活地综合运用各种方法进行提取分离。

三、生物碱提取分离的实例

野罂粟（*Papaver nudicaule* L.）是罂粟科罂粟属植物，是我国北方地区少数民族常用的一种草药，民间以全草或蒴果入药，具有止咳平喘[67]、抗腹泻。野罂粟总生物碱是野罂粟镇咳平喘的有效部位[68]。野罂粟全草用 80% 乙醇提取，加压浓缩，用稀盐酸调至 pH3～4 后，用氯仿萃取，除掉氯仿萃取物（脂溶性杂质），再用氨水调至 pH10～11，最后用氯仿萃取，得到野罂粟总生物碱（图 4-14）。

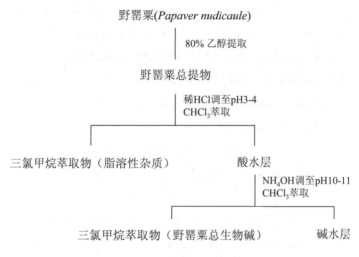

图 4-14 野罂粟总生物碱提取流程图

参 考 文 献

[1] 王珲，陈平，张丽萍等. 玄参多糖成分抗疲劳活性的研究［J］. 武汉植物学研究，2009，27（1）：118-120.

[2] 王晓琴，余岚岚. 超声波技术提取乌龙茶多糖工艺及其降血糖活性研究［J］. 中国农学通报，2010，26（20）：102-105.

[3] 王宗君，廖丹葵. 茶树菇多糖抗氧化活性研究［J］. 食品研究与开发，2010，31（1）：50-55.

[4] 魏明，熊双丽，金虹等. 夏枯草水溶性酸性多糖的分离及活性分析［J］. 食品科学，2010，31（1）：91-94.

[5] 杨咏洁，梁成云，崔福顺. 荠菜多糖的超声波提取工艺及其抑菌活性的研究［J］. 食品工业科技，2010（4）：146-148，151.

[6] 向善荣. 中国绞股蓝研究与资源开发利用［M］. 北京：江西高校出版社，1997.

[7] Cosentino M, Marino F, Maio RC, et al. Immunomodulatory activity of the lignan 7-hydroxymatairesinol potassium acetate（HMR/lignan）extracted from

the heartwood of Norway spruce (Picea abies) [J]. International Immunopharmacology, 2010, 10 (3): 339 – 343.

[8] Moon HI, Lee JH, Lee YC, et al. Antiplasmodial and cytotoxic activity of coumarin derivatives from dried roots of Angelica gigas Nakai in vitro [J]. Immunopharmacology and Immunotoxicology, doi: 10.3109/08923973.2011.559248.

[9] Razavi SM, Zarrini G, Rad FG. Isoarnottinin 4′-glucoside, a glycosylated coumarin from Prangos uloptera, with biological activity [J]. Bioorganicheskaya Khimia, 2011, 37 (2): 269 – 272.

[10] Gilani AH, Shaheen E, Saeed SA, et al. Hypotensive action of coumarin glycosides from Daucus carota [J]. Phytomedicine, 2000, 7 (5): 423 – 426.

[11] Kim DK, Lim JP, Yang JH, et al. Acetylcholinesterase inhibitors from the roots of Angelica dahurica [J]. Arch Pharm Res, 2002, 25 (6): 856 – 859.

[12] Xu Z, Wang X, Zhou M, et al. The antidiabetic activity of total lignan from Fructus Arctii against alloxan-induced diabetes in mice and rats [J]. Phytotherapy Research, 2008, 22 (1): 97 – 101.

[13] Boluda CJ, Trujillo JM, Perez JA, et al. Semisynthesis of justicidone and a 1, 2-quinone lignan. Cytotoxic activity of some natural and synthetic lignans [J]. Natural Product Communications, 2009, 4 (2): 235 – 238.

[14] Herman Z, Hasegawa S, Fong CH, et al. Limonoids in Citrus ichangensis [J]. Journal of Agricultural and Food Chemistry, 1989, 37: 850 – 851.

[15] Bennett RD. Acidic limonoids of grapefruit seeds [J]. Phytochemistry, 1971, 10: 3065 – 3038.

[16] Dreyer DL, Bennett RD, Basa SC. Limonoids from Atalantia. Isolation and structure [J]. Tetrahedron, 1976, 32: 2367 – 2373.

[17] Li W, Dai RJ, Yu YH, et al. Antihyperglycemic effect of Cephalotaxus sinensis leaves and GLUT-4 translocation facilitating activity of its flavonoid constituents [J]. Biological and Pharmaceutical Bulletin, 2007, 30 (6): 1123 – 1129.

[18] Nishibe S, Okabe K, Tsukamoto H, et al. Studies on the Chinese crude drug "Forsythiae Fructus." VI. The structure and antibacterial activity of suspensa-

side isolated from Forsythia suspensa ［J］. Chemical and Pharmaceutical Bulletin（Tokyo）, 1982, 30（12）: 4548 – 4553.

［19］ Simpson DJ, Smallwood M, Twigg S, et al. Purification and characterisation of an antifreeze protein from Forsythia suspensa（L.）［J］. Cryobiology, 2005, 51（2）: 230 – 234.

［20］ Qu H, Zhang Y, Wang Y, et al. Antioxidant and antibacterial activity of two compounds（forsythiaside and forsythin）isolated from Forsythia suspensa ［J］. Journal of Pharmacy and Pharmacology, 2008, 60（2）: 261 – 266.

［21］ Hao Y, Li D, Piao X, et al. Forsythia suspensa extract alleviates hypersensitivity induced by soybean beta-conglycinin in weaned piglets ［J］. Journal of Ethnopharmacology, 2010, 128（2）: 412 – 418.

［22］ 陈杨, 李鑫, 周婧瑜等. 连翘抗病毒有效部位（LC-4）体外抗呼吸道合胞病毒作用的研究 ［J］. 卫生研究, 2009, 38（6）: 733 – 735.

［23］ 国家药典委员会编. 中华人民共和国药典 ［M］. 北京: 中国医药科技出版社, 2010.

［24］ Kwon YS, Kobayashi A, Kajiyama S, et al. Antimicrobial constituents of Angelica dahurica roots ［J］. Phytochemistry, 1997, 44（5）: 887 – 889.

［25］ Lechner D, Stavri M, Oluwatuyi M, et al. The anti-staphylococcal activity of Angelica dahurica（Bai Zhi）［J］. Phytochemistry, 2004, 65（3）: 331 – 335.

［26］ Thanh PN, Jin W, Song G, et al. Cytotoxic coumarins from the root of Angelica dahurica ［J］. Archives of Pharmacal Research, 2004, 27（12）: 1211 – 1215.

［27］ Piao XL, Yoo HH, Kim HY, et al. Estrogenic activity of furanocoumarins isolated from Angelica dahurica ［J］. Archives of Pharmacal Research, 2006, 29（9）: 741 – 745.

［28］ Miethbauer S, Gunther W, Schmidtke KU, et al. Uredinorubellins and caeruleoramularin, photodynamically active anthraquinone derivatives produced by two species of the genus ramularia ［J］. Journal of Natural Products, 2008, 71（8）: 1371 – 1375.

［29］ Barragan-Huerta BE, Peralta-Cruz J, Gonzalez-Laredo RF, et al. Neocandenatone, an isoflavan-cinnamylphenol quinone methide pigment from Dalbergia congestiflora [J]. Phytochemistry, 2004, 65 (7): 925 –928.

[30] Kofujita H, Ota M, Takahashi K, et al. A diterpene quinone from the bark of Cryptomeria japonica [J]. Phytochemistry, 2002, 61 (8): 895 –898.

[31] Wolkenstein K, Schoefberger W, Muller N, et al. Proisocrinins A-F, brominated anthraquinone pigments from the stalked crinoid Proisocrinus ruberrimus [J]. Journal of Natural Products, 2009, 72 (11): 2036 –2039.

[32] Nunez Montoya SC, Agnese AM, Cabrera JL. Anthraquinone derivatives from Heterophyllaea pustulata [J]. Journal of Natural Products, 2006, 69 (5): 801 –803.

[33] Saravanakumar A, Venkateshwaran K, Vanitha J, et al. Evaluation of antibacterial activity, phenol and flavonoid contents of Thespesia populnea flower extracts [J]. Pakistan Journal of Pharmaceutical Sciences, 2009, 22 (3): 282 –286.

[34] Giangaspero A, Ponti C, Pollastro F, et al. Topical anti-inflammatory activity of Eupatilin, a lipophilic flavonoid from mountain wormwood (Artemisia umbelliformis Lam.) [J]. Journal of Agricultural and Food Chemistry, 2009, 57 (17): 7726 –7730.

[35] Rashid F, Ahmed R, Mahmood A, et al. Flavonoid glycosides from Prunus armeniaca and the antibacterial activity of a crude extract [J]. Archives of Pharmacal Research, 2007, 30 (8): 932 –937.

[36] Smolarz HD, Budzianowski J, Bogucka-Kocka A, et al. Flavonoid glucuronides with anti-leukaemic activity from Polygonum amphibium L [J]. Phytochemical Analysis, 2008, 19 (6): 506 –513.

[37] Mandal AK, Das S, Basu MK, et al. Hepatoprotective activity of liposomal flavonoid against arsenite-induced liver fibrosis [J]. The Journal of Pharmacology and Experimental Therapeutics, 2007, 320 (3): 994 –1001.

[38] Seufi AM, Ibrahim SS, Elmaghraby TK, et al. Preventive effect of the flavonoid, quercetin, on hepatic cancer in rats via oxidant/antioxidant activity: molecular and histological evidences [J]. Journal of Experimental and Clinical Cancer Research, 2009, 28 (1): 80.

[39] 聂鲁，赵永康，马光发等．聂苏诺期［M］．昆明：云南民族出版社，1981．

[40] Markham KP，Ternai B，Stanley R，et al. Carbon-13 NMR studies of flavonoids（Ⅲ）［J］. Tetrahedron，1978，34：1389–1397.

[41] Bae KH，Kim YK，Min BS. A Cytotoxic Constituents from Sophora flavescens ［J］. Archives of Pharmacal Research，1997，20（4）：342–345.

[42] Ryu SY，Lee HS，Kim YK，et al. Determination of Isoprenyl and Lavandulyl Positions of Flavonoids from Sophora flavescens by NMR Experiment ［J］. Archives of Pharmacal Research，1997，20（5）：491–495.

[43] Ha TJ，Yang MS，Jang DS，et al. Inhibitory activities of flavanone derivatives isolated from Sophora flavescens for melanogenesis ［J］. Bulletin of the Korean Chemical Society，2001，22（1）：97–99.

[44] 张艾玲，梁惠，逄丹等．海藻萜类化合物对大鼠急性酒精性肝损伤的保护作用研究［J］．中国食品学报，2008，8（3）：23–27．

[45] 朱兴一，谢捷，忙怡丽等．微波辅助提取银杏叶萜类内酯的工艺研究［J］．高校化学工程学报，2009，23（6）：1080–1083．

[46] 吴勇．萜烯类化合物与茶叶香气［J］．化学工程与装备，2009（11）：123–125．

[47] 刘明志，唐建洲，张建社等．白芨萜类化合物对人脐静脉内皮细胞凋亡和细胞骨架的作用［J］．生命科学研究，2009，13（6）：482–486．

[48] 刘可越，刘海军，张铁军等．款冬花中萜类及甾体化合物的分离与鉴定［J］．复旦学报（自然科学版），2010，49（3）：389–393．

[49] 刘志平，崔建国．近三年环烯醚萜类新化合物的研究进展［J］．天然产物研究与开发，2010，22（1）：167–170．

[50] 麻秀萍，杨清秋，蒋朝晖等．采收时期对黔产银杏叶中萜类内酯含量的影响［J］．贵州农业科学，2010，38（12）：71–76．

[51] 沈思，李孚杰，梅光明等．茯苓皮三萜类物质含量的测定及其抑菌活性的研究［J］．食品科学，2009，30（1）：95–98．

[52] 陈磊，杨小生，杨娟等．五环三萜衍生物的合成和对 α–葡萄糖苷酶的抑制活性［J］．中国药科大学学报，2010，41（3）：222–225．

[53] 黄霄云，何晋浙，王静等．微波提取灵芝中三萜类化合物的研究［J］．

中国食品学报，2010，10（2）：89 – 96.

［54］孙凤，蔡铮，杨得坡等．液相色谱—质谱联用定量分析威灵仙及其同属植物中4种三萜皂苷［J］．分析化学，2010，38（9）：1293 – 1298.

［55］唐庆九，季哲，郝瑞霞等．灵芝中性三萜类成分的抗肿瘤作用［J］．食用菌学报，2010，17（1）：60 – 64.

［56］张本印，王环，沈建伟等．大戟属三萜类结构及生物活性［J］．化学进展，2010，22（5）：877 – 887.

［57］李玉，王稳航，刘逸寒等．3 – 甾酮 – 1 – 脱氢酶基因在大肠杆菌中的表达及甾体转化研究［J］．生物技术通报，2008（3）：115 – 118.

［58］张黎明，宋京涛，代永刚等．超声辅助提取胡芦巴甾体皂苷的工艺研究［J］．天津科技大学学报，2009，24（1）：15 – 18.

［59］李少亮．天然甾体皂苷的提取分离现状［J］．辽宁化工，2010，39（4）：428 – 430，443.

［60］廖辉，单晓庆，王林等．通关藤中甾体化合物的电喷雾质谱裂解规律研究［J］．质谱学报，2010，31（2）：103 – 109.

［61］聂中标，高丽，张然等．白英中甾体皂苷纯化工艺的研究［J］．中国中医药信息杂志，2010，17（1）：58 – 60.

［62］任舒燕，钱斯日古楞，王红英等．展毛翠雀花根部生物碱的提取及抑菌试验［J］．大连工业大学学报，2009，28（4）：248 – 250.

［63］胡长鹰，徐德平．沙棘籽粕生物碱的提取分离及对乳鼠心肌细胞损伤的保护作用［J］．食品科学，2010，31（9）：234 – 237.

［64］胡水涛，赵文恩，时国庆等．八仙草生物碱的提取及活性成分分析［J］．河南化工，2010，27（2）：44 – 46.

［65］肖谷清，龙立平，王姣亮等．微波、超声及其联用萃取黄连中总生物碱的对比研究［J］．光谱实验室，2010，27（3）：844 – 849.

［66］周琳，马志卿，冯俊涛等．雷公藤总生物碱对玉米象和赤拟谷盗的种群抑制作用［J］．中国生物防治，2010，26（1）：106 – 109.

［67］崔箭，狄留庆，沈红等．野罂粟中野罂粟碱提取方法及其含量测定［J］．北京中医药大学学报，2005，28（2）：73 – 74.

［68］肖桂芝，冯立新，王栋等．野罂粟对人淋巴细胞的毒性效应［J］．上海中医药杂志，2007，41（2）：64 – 66.

第五章　民族药物开发

民族医药是我国传统医药学的重要组成部分。由于受历史文化和地理条件的限制，多为师承口传或经验流传于民间，因此，总结的少，文字记载少，导致发展缓慢，但它为我国少数民族的繁衍昌盛做出了极为重要的贡献。由于近代时期受崇尚西医药思想的影响，忽视了对民族医药的发掘和整理，使许多宝贵的民族医药的治病方法和药物失传。因此，首要任务是对民族医药的继承和发扬，是我们这一代人义不容辞的责任。现就发掘和开发的研究思路、方法，予以探讨。

第一节　开发民族医药的时代背景

20 世纪末全球医药学的发展走向有了很大变化。由于化学药物的不良反应和副作用逐渐增多，由热衷于西医、西药的人们转向到我国的中医、中药，全球医学都崇尚回归自然，更多的人们向往绿色植物药的兴起，为的是保障健康，提高人们的生存质量。国家在鼓励和支持民族医药的发展上，给予了优惠政策。由此，给我的民族医药带来了极好的发展机遇，使民族医药异军突起，受到世人的关注，如藏药、蒙药、苗药等少数民族药的研究都取得了可喜的成就，尤其是邻省周边地区，如湘西土家族医药，贵州的苗药，云南的傣医，广西的壮医，都正在如火如荼的研究和开发，既为地方经济做出了贡献，又展示了我国的中医中药是西医西药无法替代的传统医药学。民族医药的发掘和开发是时代的需要，是保障人类健康、促进地方经济建设的需要。

第二节　开发民族医药要大力开展历史
文献的整理和挖掘

在我国历史上，民族药为民族地区的繁荣和发展做出了重要的贡献，并留下了许多经典著作。为了继承民族医药学的宝贵遗产，民族医药工作者不懈地努力，发掘、整理、编译出版了一批有影响的民族医药历史文献，著名的有藏族的《晶珠本草》，蒙古族的《四部医典》、《蒙医本草学》、《碧光琉璃医鉴》，傣族的《档哈雅》等。我国一些民族地区，对当地民族药进行广泛调查，收集了地区性民族药综合资料。例如，《云南民族药名录》收载省内 21 个民族的药物，共计 1250 种；《广西民族药简编》包括当地 7 个民族使用的药物 1021 种。据不完全统计，到 1989 年止，已出版的民族药志、验方集、选编、名录、图鉴以及用药标准等约有 50 多种，除部分属综合民族药资料外，多数为单一民族药篇，主要有：《维吾尔药志》、《彝药志》、《佤族药志》、《西双版纳傣药志》、《楚雄彝药志》、《德宏民族药志》、《壮族民间用药选编》（上）、《朝鲜族民族药材录》、《浙江畲族民间药用植物名录》、《傣药传统方志》、《畲族验方集》、《元江哈尼族药》、《大理白族药》、《苗族药物集》、《拉祜族常用药》、《迪庆藏药》、《藏药验方选编》、《青藏高原药物图鉴》、《常用藏药知识》和《实用蒙药学》等。《中国民族药志》的出版，是 40 年来我国民族药开发研究的历史性总结，被国际上誉为"近世纪来一部罕见的类别书"。

第三节　开发民族医药要大力从现有民族药中开发新药

20 世纪 70 年代以来，云南已从民族药中开发出 20 种新药，其中著名的"傣肌松"，就是从傣药"亚乎奴"开发出的一种肌肉松弛剂；"木札"为景颇族用药，其种子有治疗失眠和头痛的作用，从中分离出豆腐果甙，开发生产出"神衰果素片"；苗族用灯盏细辛治疗瘫痪，其主要成分是焦麸康酸，有扩张血管、增加血流量、减低外围血管阻力的作用，现已生产出"灯盏细辛注射液"；用哈尼族药青叶胆制成了治疗肝炎的"青叶胆片"；用哈尼族药"莫阿宰呢"生产的"昆明山海棠片"，可用于治疗类风湿和红斑狼疮；从纳西族药"埃酥蒙"（岩白菜）开发出"岩白菜素片"；利用景颇族药雪胆生产出"雪胆素片"等。这些新药均被收入《云南省药品标准》（1974 年版）。此外，彝药中的七叶莲、地黄连、奶浆草、月芽蒿、小绿芨、宿苞豆根、满山香及铁箍散等也收入了该省药品标准。

民族药的开发涉及的民族和地区十分广泛，产品剂型多种多样。藏药中的"唐冲那博"（唐古特山莨菪）为青藏高原特产，提取的山莨菪碱和樟柳碱，具有改善微循环的功能，可用于治疗各种中毒休克、眩晕等症；用藏药花锚提取物制成了"急肝宁"和"乙肝宁"；用藏茵陈（普兰獐牙菜）等生产出了成药"蒂达丸"、"藏茵陈糖衣片"、"藏茵陈胶囊"；以唐古特瑞香和麝香为原料，生产出"青海麝香膏"、"祖师麻注射液"等。其他新的藏成药还有"玉宁片"、洁白片、"烈香杜鹃气雾剂"等等。蒙药主要有"金莲花片"、"那如注射液"等。用维药雪莲生产出"风湿灵"胶囊和注射液、"贝梨膏"等。以傣药"麻三端"开发出"降压灵"。以纳西族药竹红菌制取的"竹红菌软膏"，可治疗外阴白色病变，软化疤痕、疙瘩等，从瑶药黄藤提取的黄藤素对妇科炎症、外科感染、菌痢、胃肠炎、呼吸道及泌尿系感染均有疗效，现已开发出注射液和片剂。民族地区从当地资源中发现许多有开发利用前途的药物：维药有阿里红、一枝蒿、驱虫斑鸠菊、唇香草、苦豆子、菊苣、心草、睡莲等；藏药有西藏龙胆、粗茎龙胆、藏紫草、细花滇紫草、阿坝当归、竹节羌活、水母雪莲花、珠子参等；蒙药有沙棘、香青兰、寒水石等；白族药有青羊参等；纳西和苗药有金不换等。

民族地区有着独特的自然条件和生活习俗，长期实践形成了对某些疾病独特的治疗经验。如高寒地区专长于治疗风湿病，鄂伦春族对冻伤有独特治疗方法，草原游牧民族则善于治跌打损伤和脑震荡等。

民族药的科学研究工作近年来进展也很快，研究不断深入，内容日益广泛。研究的学科包括本草学、生药学、植物学、化学、药剂学、药理学等，尤以化学成分分析和药理为多。在蒙药中，近年来较系统研究了文冠木、金莲花、北草乌叶、窄叶蓝盆花、广枣、紫花高乌头、白苣子、土牛黄和沙棘等。据统计，国内已对70多种藏药进行了多学科的研究，主要有红秦艽、獐牙菜、虎耳草、矮莨菪、红景天、湿生扁蕾、雪莲、独一味、紫堇属、杜鹃属、蒿类和藏雪鸡等。维药中有天山棱子芹、骆驼蓬、新疆雪莲等。其他民族药中进行科研的有壮药岩石羊，傣药"麻新哈不"马鞍莲、"牙节"南山藤，畲药细叶青蒌藤，朝鲜族药"该阿母奴再"，以及蒙古、藏、纳西等民族共用药独一味等。

针对发现的毒性低、生物活性高、有前景、作用独特的民族药材或样品，可发展成为开发的候选药物，申请药品注册，争取药品上市。

第四节　药品注册

　　药品注册是控制药品市场准入的前置性管理，是对药品上市的事前管理。是国家食品药品监督管理局根据药品注册申请人的申请，依照法定程序，对拟上市药品的安全性、有效性、质量可控性等进行审查，并决定是否同意其申请的审查过程。通过注册的发给药品注册证书，保证药品质量，保障人体用药安全。

　　药品注册，是指国家食品药品监督管理局根据药品注册申请人的申请，依照法定程序，对拟上市销售药品的安全性、有效性、质量可控性等进行审查，并决定是否同意其申请的审批过程。药品注册申请包括新药申请、仿制药申请、进口药品申请及其补充申请和再注册申请。新药申请，是指未曾在中国境内上市销售的药品的注册申请。对已上市药品改变剂型、改变给药途径、增加新适应症的药品注册按照新药申请的程序申报。仿制药申请，是指生产国家食品药品监督管理局已批准上市的已有国家标准的药品的注册申请；但是生物制品按照新药申请的程序申报。进口药品申请，是指境外生产的药品在中国境内上市销售的注册申请。补充申请，是指新药申请、仿制药申请或者进口药品申请经批准后，改变、增加或者取消原批准事项或者内容的注册申请。再注册申请，是指药品批准证明文件有效期满后申请人拟继续生产或者进口该药品的注册申请。

　　《药品注册管理办法》（局令第 28 号）于 2007 年 6 月 18 日经国家食品药品监督管理局局务会审议通过，自 2007 年 10 月 1 日起施行。《药品注册管理办法》由原来的 16 章 211 条变为现在的 15 章 177 条，第一章是总则，第二章为基本要求，第三章是药物的临床试验，第四章是新药申请的申报与审批，第五章是仿制药的申报与审批，第六章是进口药品的申报与审批，第七章是非处方药的申报，第八章补充申请的申报与审批，第九章药品再注册，第十章药品注册检验，第十一章药品注册标准和说明书，第十二章时限，第十三章复审，第十四章法律责任，第十五章附则。

　　28 号令，修订的重点内容主要有强化药品的安全性要求，严把药品上市关；整合监管资源，明确职责，强化权力制约机制；提高审评审批标准，鼓励创新、限制低水平重复。

附录 1：药品注册管理办法

《药品注册管理办法》于 2007 年 6 月 18 日经国家食品药品监督管理局局务会审议通过，自 2007 年 10 月 1 日起施行。《药品注册管理办法》共有十五章，第一章是总则，第二章为基本要求，第三章是药物的临床试验，第四章是新药申请的申报与审批，第五章是仿制药的申报与审批，第六章是进口药品的申报与审批，第七章是非处方药的申报，第八章补充申请的申报与审批，第九章药品再注册，第十章药品注册检验，第十一章药品注册标准和说明书，第十二章时限，第十三章复审，第十四章法律责任，第十五章附则。

一、修订背景

2005 年 5 月 1 日起施行的《药品注册管理办法》（以下简称《办法》）的实施对于规范药品的审评审批起到了积极作用，但是，在实施过程中也暴露出该办法存在的突出问题和薄弱环节，主要有以下几个方面：一是药品注册与监督管理脱节。办法主要在受理、审评、审批等方面进行规定，但对原始资料的审查、生产现场的检查、产品质量的检验等方面的要求不够，监督措施也不到位。一些申报单位的研究资料不规范，其中甚至出现了弄虚作假的严重问题，药品的安全性难以保证。二是审评审批标准偏低，导致了企业创制新药的积极性不强。由于没有从法规上设定必要的条件，没有发挥政策导向作用，鼓励创新不够，造成简单改剂型品种和仿制品种申报数量急剧增多，低水平重复现象严重。三是监督制约不到位。审评审批权力配置不合理，程序不够严密，过程不够透明等。因此，有必要对现行的《办法》进行修订。

二、修订过程

国家食品药品监督管理局高度重视《办法》修订工作，成立了专门的起草小组，先后召开研讨会 30 余次，分别听取了药品生产经营企业、研发机构、行业协会、药监系统等的意见，并就草案和有关问题专门征求了人大代表、政协委员、两院院士及法律专家的意见，还书面征求相关部委的意见，两次当面听取国务院法制办有关司室同志的意见和建议。2007 年 3 月，《办法》草案在上网公开征求意见长达两个月之久，得到了社会各界的广泛关注和积极回应。起草小组还分赴各地实地调研，当面征求相对人意见。共收集到意见和建议万余条，经逐条梳理反复研究论证后，整理出有代表性的意见近 2000 条，对其中的合理建议和意见在条款中予以落实。考虑到社会公众尤其是业界对《办法》的修订高度关注，国家食品药品监督管理局在今年 5 月将修订草案和经过修订的全部附件上网再次征求意见，体现了"开门立法"和"阳光行政"。

可以说，此次《办法》的修订过程是更新理念、统一思想、充分表达、形成共识的过程，它凝聚了医药企业、研发机构和监管部门以及社会各界的心血与智慧。

三、修改的重点内容

本次修订坚持以科学监管理念统领药品注册工作的指导思想，通过整合药品注册管理资源，深化药品注册审评机制改革，严格药品注册审批程序，建立高效运转、科学合理的药品注册管理体制。

28 号令对章节的框架作了部分调整，对临床前研究、临床试验等在其它规章中已有规定的内容，本次修订予以简化；对药品标准、新药技术转让等将制定其它具体办法进行规定的，28 号令不再重复规定。

28 号令由原来的 16 章 211 条变为现在的 15 章 177 条，修订的重点内容主要有以下 3 个方面：

（一）强化药品的安全性要求，严把药品上市关

本次修订着重加强了真实性核查，从制度上保证申报资料和样品的真实性、科学性和规范性，严厉打击药品研制和申报注册中的造假行为，从源头上确保药品的安全性。

一是强化了对资料真实性核查及生产现场检查的要求，防止资料造假。二是抽取的样品从"静态"变为"动态"，确保样品的真实性和代表性。三是调整了新药生产申请中技术审评和复核检验的程序设置，确保上市药品与所审评药品的一致性。

（二）整合监管资源，明确职责，强化权力制约机制

一是合理配置监管资源，将部分国家食品药品监督管理局职能明确委托给

省食品药品监督管理局行使。28 号令进一步明确了补充申请的事权划分，在保留了国家食品药品监督管理局对一部分重大事项的审批权外，将大部分补充申请委托省食品药品监督管理局进行审批，并且针对一些简单事项的变更，明确了报省食品药品监督管理局备案的程序。今后还将根据审评审批工作的实际情况有条件有监控地对审批事项进行委托。

二是明确分工，各司其职，形成多部门参与，各部门之间相互协调，相互制约的工作格局。

三是明确信息公开、责任追究等制度，健全药品注册责任体系。28 号令明确规定，药品注册应当遵循公开、公平、公正原则，并实行主审集体责任制、相关人员公示制和回避制、责任过错追究制，受理、检验、审评、审批、送达等环节接受社会监督。

通过上述措施，将药品注册工作置于社会监督之下，杜绝暗箱操作，确保阳光透明。

（三）提高审评审批标准，鼓励创新、限制低水平重复

为保护技术创新，遏制低水平重复，28 号令采取了几项措施：一是对创新药物改"快速审批"为"特殊审批"，根据创新程度设置不同的通道，进一步提高审批效率。二是厘清新药证书的发放范围，进一步体现创新药物的含金量。三是提高了对简单改剂型申请的技术要求，更加关注其技术合理性和研制必要性，进一步引导企业有序申报。四是提高了仿制药品的技术要求，强调仿制药应与被仿药在安全性、有效性及质量上保持一致，进一步引导仿制药的研发与申报。

第一章　总　　则

第一条　为保证药品的安全、有效和质量可控，规范药品注册行为，根据《中华人民共和国药品管理法》（以下简称《药品管理法》）、《中华人民共和国行政许可法》（以下简称《行政许可法》）、《中华人民共和国药品管理法实施条例》（以下简称《药品管理法实施条例》），制定本办法。

第二条　在中华人民共和国境内申请药物临床试验、药品生产和药品进口，以及进行药品审批、注册检验和监督管理，适用本办法。

第三条　药品注册，是指国家食品药品监督管理局根据药品注册申请人的

申请，依照法定程序，对拟上市销售药品的安全性、有效性、质量可控性等进行审查，并决定是否同意其申请的审批过程。

第四条 国家鼓励研究创制新药，对创制的新药、治疗疑难危重疾病的新药实行特殊审批。

第五条 国家食品药品监督管理局主管全国药品注册工作，负责对药物临床试验、药品生产和进口进行审批。

第六条 药品注册工作应当遵循公开、公平、公正的原则。

国家食品药品监督管理局对药品注册实行主审集体负责制、相关人员公示制和回避制、责任追究制，受理、检验、审评、审批、送达等环节接受社会监督。

第七条 在药品注册过程中，药品监督管理部门认为涉及公共利益的重大许可事项，应当向社会公告，并举行听证。

行政许可直接涉及申请人与他人之间重大利益关系的，药品监督管理部门在作出行政许可决定前，应当告知申请人、利害关系人享有要求听证、陈述和申辩的权利。

第八条 药品监督管理部门应当向申请人提供可查询的药品注册受理、检查、检验、审评、审批的进度和结论等信息。

药品监督管理部门应当在行政机关网站或者注册申请受理场所公开下列信息：

（一）药品注册申请事项、程序、收费标准和依据、时限，需要提交的全部材料目录和申请书示范文本；

（二）药品注册受理、检查、检验、审评、审批各环节人员名单和相关信息；

（三）已批准的药品目录等综合信息。

第九条 药品监督管理部门、相关单位以及参与药品注册工作的人员，对申请人提交的技术秘密和实验数据负有保密的义务。

第二章 基本要求

第十条 药品注册申请人（以下简称申请人），是指提出药品注册申请并承担相应法律责任的机构。

境内申请人应当是在中国境内合法登记并能独立承担民事责任的机构，境外申请人应当是境外合法制药厂商。境外申请人办理进口药品注册，应当由其驻中国境内的办事机构或者由其委托的中国境内代理机构办理。

办理药品注册申请事务的人员应当具有相应的专业知识，熟悉药品注册的法律、法规及技术要求。

第十一条　药品注册申请包括新药申请、仿制药申请、进口药品申请及其补充申请和再注册申请。

境内申请人申请药品注册按照新药申请、仿制药申请的程序和要求办理，境外申请人申请进口药品注册按照进口药品申请的程序和要求办理。

第十二条　新药申请，是指未曾在中国境内上市销售的药品的注册申请。

对已上市药品改变剂型、改变给药途径、增加新适应症的药品注册按照新药申请的程序申报。

仿制药申请，是指生产国家食品药品监督管理局已批准上市的已有国家标准的药品的注册申请；但是生物制品按照新药申请的程序申报。

进口药品申请，是指境外生产的药品在中国境内上市销售的注册申请。

补充申请，是指新药申请、仿制药申请或者进口药品申请经批准后，改变、增加或者取消原批准事项或者内容的注册申请。

再注册申请，是指药品批准证明文件有效期满后申请人拟继续生产或者进口该药品的注册申请。

第十三条　申请人应当提供充分可靠的研究数据，证明药品的安全性、有效性和质量可控性，并对全部资料的真实性负责。

第十四条　药品注册所报送的资料引用文献应当注明著作名称、刊物名称及卷、期、页等；未公开发表的文献资料应当提供资料所有者许可使用的证明文件。外文资料应当按照要求提供中文译本。

第十五条　国家食品药品监督管理局应当执行国家制定的药品行业发展规划和产业政策，可以组织对药品的上市价值进行评估。

第十六条　药品注册过程中，药品监督管理部门应当对非临床研究、临床试验进行现场核查、有因核查，以及批准上市前的生产现场检查，以确认申报资料的真实性、准确性和完整性。

第十七条　两个以上单位共同作为申请人的，应当向其中药品生产企业所在地省、自治区、直辖市药品监督管理部门提出申请；申请人均为药品生产企业的，应当向申请生产制剂的药品生产企业所在地省、自治区、直辖市药品监督管理部门提出申请；申请人均不是药品生产企业的，应当向样品试制现场所在地省、自治区、直辖市药品监督管理部门提出申请。

第十八条 申请人应当对其申请注册的药物或者使用的处方、工艺、用途等，提供申请人或者他人在中国的专利及其权属状态的说明；他人在中国存在专利的，申请人应当提交对他人的专利不构成侵权的声明。对申请人提交的说明或者声明，药品监督管理部门应当在行政机关网站予以公示。

药品注册过程中发生专利权纠纷的，按照有关专利的法律法规解决。

第十九条 对他人已获得中国专利权的药品，申请人可以在该药品专利期届满前 2 年内提出注册申请。国家食品药品监督管理局按照本办法予以审查，符合规定的，在专利期满后核发药品批准文号、《进口药品注册证》或者《医药产品注册证》。

第二十条 按照《药品管理法实施条例》第三十五条的规定，对获得生产或者销售含有新型化学成份药品许可的生产者或者销售者提交的自行取得且未披露的试验数据和其他数据，国家食品药品监督管理局自批准该许可之日起6 年内，对未经已获得许可的申请人同意，使用其未披露数据的申请不予批准；但是申请人提交自行取得数据的除外。

第二十一条 为申请药品注册而进行的药物临床前研究，包括药物的合成工艺、提取方法、理化性质及纯度、剂型选择、处方筛选、制备工艺、检验方法、质量指标、稳定性、药理、毒理、动物药代动力学研究等。中药制剂还包括原药材的来源、加工及炮制等的研究；生物制品还包括菌毒种、细胞株、生物组织等起始原材料的来源、质量标准、保存条件、生物学特征、遗传稳定性及免疫学的研究等。

第二十二条 药物临床前研究应当执行有关管理规定，其中安全性评价研究必须执行《药物非临床研究质量管理规范》。

第二十三条 药物研究机构应当具有与试验研究项目相适应的人员、场地、设备、仪器和管理制度，并保证所有试验数据和资料的真实性；所用实验动物、试剂和原材料应当符合国家有关规定和要求。

第二十四条 申请人委托其他机构进行药物研究或者进行单项试验、检测、样品的试制等的，应当与被委托方签订合同，并在申请注册时予以说明。申请人对申报资料中的药物研究数据的真实性负责。

第二十五条 单独申请注册药物制剂的，研究用原料药必须具有药品批准文号、《进口药品注册证》或者《医药产品注册证》，且必须通过合法的途径获得。研究用原料药不具有药品批准文号、《进口药品注册证》或者《医药产品注册证》的，必须经国家食品药品监督管理局批准。

第二十六条 药品注册申报资料中有境外药物研究机构提供的药物试验研究资料的，必须附有境外药物研究机构出具的其所提供资料的项目、页码的情况说明和证明该机构已在境外合法登记的经公证的证明文件。国家食品药品监督管理局根据审查需要组织进行现场核查。

第二十七条 药品监督管理部门可以要求申请人或者承担试验的药物研究机构按照其申报资料的项目、方法和数据进行重复试验，也可以委托药品检验所或者其他药物研究机构进行重复试验或方法学验证。

第二十八条 药物研究参照国家食品药品监督管理局发布的有关技术指导原则进行，申请人采用其他评价方法和技术的，应当提交证明其科学性的资料。

第二十九条 申请人获得药品批准文号后，应当按照国家食品药品监督管理局批准的生产工艺生产。

药品监督管理部门根据批准的生产工艺和质量标准对申请人的生产情况进行监督检查。

第三章 药物的临床试验

第三十条 药物的临床试验（包括生物等效性试验），必须经过国家食品药品监督管理局批准，且必须执行《药物临床试验质量管理规范》。

药品监督管理部门应当对批准的临床试验进行监督检查。

第三十一条 申请新药注册，应当进行临床试验。仿制药申请和补充申请，根据本办法附件规定进行临床试验。

临床试验分为 I、II、III、IV 期。

I 期临床试验：初步的临床药理学及人体安全性评价试验。观察人体对于新药的耐受程度和药代动力学，为制定给药方案提供依据。

II 期临床试验：治疗作用初步评价阶段。其目的是初步评价药物对目标适应症患者的治疗作用和安全性，也包括为 III 期临床试验研究设计和给药剂量方案的确定提供依据。此阶段的研究设计可以根据具体的研究目的，采用多种形式，包括随机盲法对照临床试验。

Ⅲ期临床试验：治疗作用确证阶段。其目的是进一步验证药物对目标适应症患者的治疗作用和安全性，评价利益与风险关系，最终为药物注册申请的审查提供充分的依据。试验一般应为具有足够样本量的随机盲法对照试验。

Ⅳ期临床试验：新药上市后应用研究阶段。其目的是考察在广泛使用条件下的药物的疗效和不良反应，评价在普通或者特殊人群中使用的利益与风险关系以及改进给药剂量等。

生物等效性试验，是指用生物利用度研究的方法，以药代动力学参数为指标，比较同一种药物的相同或者不同剂型的制剂，在相同的试验条件下，其活性成份吸收程度和速度有无统计学差异的人体试验。

第三十二条 药物临床试验的受试例数应当符合临床试验的目的和相关统计学的要求，并且不得少于本办法附件规定的最低临床试验病例数。罕见病、特殊病种等情况，要求减少临床试验病例数或者免做临床试验的，应当在申请临床试验时提出，并经国家食品药品监督管理局审查批准。

第三十三条 在菌毒种选种阶段制备的疫苗或者其他特殊药物，确无合适的动物模型且实验室无法评价其疗效的，在保证受试者安全的前提下，可以向国家食品药品监督管理局申请进行临床试验。

第三十四条 药物临床试验批准后，申请人应当从具有药物临床试验资格的机构中选择承担药物临床试验的机构。

第三十五条 临床试验用药物应当在符合《药品生产质量管理规范》的车间制备。制备过程应当严格执行《药品生产质量管理规范》的要求。

申请人对临床试验用药物的质量负责。

第三十六条 申请人可以按照其拟定的临床试验用样品标准自行检验临床试验用药物，也可以委托本办法确定的药品检验所进行检验；疫苗类制品、血液制品、国家食品药品监督管理局规定的其他生物制品，应当由国家食品药品监督管理局指定的药品检验所进行检验。

临床试验用药物检验合格后方可用于临床试验。

药品监督管理部门可以对临床试验用药物抽查检验。

第三十七条 申请人在药物临床试验实施前，应当将已确定的临床试验方案和临床试验负责单位的主要研究者姓名、参加研究单位及其研究者名单、伦理委员会审核同意书、知情同意书样本等报送国家食品药品监督管理局备案，并抄送临床试验单位所在地和受理该申请的省、自治区、直辖市药品监督管理部门。

第三十八条 申请人发现药物临床试验机构违反有关规定或者未按照临床试验方案执行的，应当督促其改正；情节严重的，可以要求暂停或者终止临床试验，并将情况报告国家食品药品监督管理局和有关省、自治区、直辖市药品监督管理部门。

第三十九条 申请人完成临床试验后，应当向国家食品药品监督管理局提交临床试验总结报告、统计分析报告以及数据库。

第四十条 药物临床试验应当在批准后 3 年内实施。逾期未实施的，原批准证明文件自行废止；仍需进行临床试验的，应当重新申请。

第四十一条 临床试验过程中发生严重不良事件的，研究者应当在 24 小时内报告有关省、自治区、直辖市药品监督管理部门和国家食品药品监督管理局，通知申请人，并及时向伦理委员会报告。

第四十二条 临床试验有下列情形之一的，国家食品药品监督管理局可以责令申请人修改试验方案、暂停或者终止临床试验：

（一）伦理委员会未履行职责的；

（二）不能有效保证受试者安全的；

（三）未按照规定时限报告严重不良事件的；

（四）有证据证明临床试验用药物无效的；

（五）临床试验用药物出现质量问题的；

（六）临床试验中弄虚作假的；

（七）其他违反《药物临床试验质量管理规范》的情形。

第四十三条 临床试验中出现大范围、非预期的不良反应或者严重不良事件，或者有证据证明临床试验用药物存在严重质量问题时，国家食品药品监督管理局或者省、自治区、直辖市药品监督管理部门可以采取紧急控制措施，责令暂停或者终止临床试验，申请人和临床试验单位必须立即停止临床试验。

第四十四条 境外申请人在中国进行国际多中心药物临床试验的，应当按照本办法向国家食品药品监督管理局提出申请，并按下列要求办理：

（一）临床试验用药物应当是已在境外注册的药品或者已进入 II 期或者 III 期临床试验的药物；国家食品药品监督管理局不受理境外申请人提出的尚未在

境外注册的预防用疫苗类药物的国际多中心药物临床试验申请；

（二）国家食品药品监督管理局在批准进行国际多中心药物临床试验的同时，可以要求申请人在中国首先进行 I 期临床试验；

（三）在中国进行国际多中心药物临床试验时，在任何国家发现与该药物有关的严重不良反应和非预期不良反应，申请人应当按照有关规定及时报告国家食品药品监督管理局；

（四）临床试验结束后，申请人应当将完整的临床试验报告报送国家食品药品监督管理局；

（五）国际多中心药物临床试验取得的数据用于在中国进行药品注册申请的，应当符合本办法有关临床试验的规定并提交国际多中心临床试验的全部研究资料。

第四章　新药申请的申报与审批

第四十五条　国家食品药品监督管理局对下列申请可以实行特殊审批：

（一）未在国内上市销售的从植物、动物、矿物等物质中提取的有效成份及其制剂，新发现的药材及其制剂；

（二）未在国内外获准上市的化学原料药及其制剂、生物制品；

（三）治疗艾滋病、恶性肿瘤、罕见病等疾病且具有明显临床治疗优势的新药；

（四）治疗尚无有效治疗手段的疾病的新药。

符合前款规定的药品，申请人在药品注册过程中可以提出特殊审批的申请，由国家食品药品监督管理局药品审评中心组织专家会议讨论确定是否实行特殊审批。

特殊审批的具体办法另行制定。

第四十六条　多个单位联合研制的新药，应当由其中的一个单位申请注册，其他单位不得重复申请；需要联合申请的，应当共同署名作为该新药的申请人。新药申请获得批准后每个品种，包括同一品种的不同规格，只能由一个单位生产。

第四十七条　对已上市药品改变剂型但不改变给药途径的注册申请，应当采用新技术以提高药品的质量和安全性，且与原剂型比较有明显的临床应用优势。

改变剂型但不改变给药途径，以及增加新适应症的注册申请，应当由具备生产条件的企业提出；靶向制剂、缓释、控释制剂等特殊剂型除外。

第四十八条　在新药审批期间，新药的注册分类和技术要求不因相同活性成份的制剂在国外获准上市而发生变化。

在新药审批期间，其注册分类和技术要求不因国内药品生产企业申报的相同活性成份的制剂在我国获准上市而发生变化。

第四十九条　药品注册申报资料应当一次性提交，药品注册申请受理后不得自行补充新的技术资料；进入特殊审批程序的注册申请或者涉及药品安全性的新发现，以及按要求补充资料的除外。申请人认为必须补充新的技术资料的，应当撤回其药品注册申请。申请人重新申报的，应当符合本办法有关规定且尚无同品种进入新药监测期。

第一节　新药临床试验

第五十条　申请人完成临床前研究后，应当填写《药品注册申请表》，向所在地省、自治区、直辖市药品监督管理部门如实报送有关资料。

第五十一条　省、自治区、直辖市药品监督管理部门应当对申报资料进行形式审查，符合要求的，出具药品注册申请受理通知书；不符合要求的，出具药品注册申请不予受理通知书，并说明理由。

第五十二条　省、自治区、直辖市药品监督管理部门应当自受理申请之日起 5 日内组织对药物研制情况及原始资料进行现场核查，对申报资料进行初步审查，提出审查意见。申请注册的药品属于生物制品的，还需抽取 3 个生产批号的检验用样品，并向药品检验所发出注册检验通知。

第五十三条　省、自治区、直辖市药品监督管理部门应当在规定的时限内将审查意见、核查报告以及申报资料送交国家食品药品监督管理局药品审评中心，并通知申请人。

第五十四条　接到注册检验通知的药品检验所应当按申请人申报的药品标准对样品进行检验，对申报的药品标准进行复核，并在规定的时间内将药品注册检验报告送交国家食品药品监督管理局药品审评中心，并抄送申请人。

第五十五条　国家食品药品监督管理局药品审评中心收到申报资料后，应在规定的时间内组织药学、医学及其他技术人员对申报资料进行技术审评，必要时可以要求申请人补充资料，并说明理由。完成技术审评后，提出技术审评意见，连同有关资料报送国家食品药品监督管理局。

国家食品药品监督管理局依据技术审评意见作出审批决定。符合规定的，发给《药物临床试验批件》；不符合规定的，发给《审批意见通知件》，并说明理由。

第二节　新药生产

第五十六条　申请人完成药物临床试验后，应当填写《药品注册申请表》，向所在地省、自治区、直辖市药品监督管理部门报送申请生产的申报资料，并同时向中国药品生物制品检定所报送制备标准品的原材料及有关标准物质的研究资料。

第五十七条　省、自治区、直辖市药品监督管理部门应当对申报资料进行形式审查，符合要求的，出具药品注册申请受理通知书；不符合要求的，出具药品注册申请不予受理通知书，并说明理由。

第五十八条　省、自治区、直辖市药品监督管理部门应当自受理申请之日起5日内组织对临床试验情况及有关原始资料进行现场核查，对申报资料进行初步审查，提出审查意见。除生物制品外的其他药品，还需抽取3批样品，向药品检验所发出标准复核的通知。

省、自治区、直辖市药品监督管理部门应当在规定的时限内将审查意见、核查报告及申报资料送交国家食品药品监督管理局药品审评中心，并通知申请人。

第五十九条　药品检验所应对申报的药品标准进行复核，并在规定的时间内将复核意见送交国家食品药品监督管理局药品审评中心，同时抄送通知其复核的省、自治区、直辖市药品监督管理部门和申请人。

第六十条　国家食品药品监督管理局药品审评中心收到申报资料后，应当在规定的时间内组织药学、医学及其他技术人员对申报资料进行审评，必要时可以要求申请人补充资料，并说明理由。

经审评符合规定的，国家食品药品监督管理局药品审评中心通知申请人申请生产现场检查，并告知国家食品药品监督管理局药品认证管理中心；经审评不符合规定的，国家食品药品监督管理局药品审评中心将审评意见和有关资料报送国家食品药品监督管理局，国家食品药品监督管理局依据技术审评意见，作出不予批准的决定，发给《审批意见通知件》，并说明理由。

第六十一条 申请人应当自收到生产现场检查通知之日起 6 个月内向国家食品药品监督管理局药品认证管理中心提出现场检查的申请。

第六十二条 国家食品药品监督管理局药品认证管理中心在收到生产现场检查的申请后，应当在 30 日内组织对样品批量生产过程等进行现场检查，确认核定的生产工艺的可行性，同时抽取 1 批样品（生物制品抽取 3 批样品），送进行该药品标准复核的药品检验所检验，并在完成现场检查后 10 日内将生产现场检查报告送交国家食品药品监督管理局药品审评中心。

第六十三条 样品应当在取得《药品生产质量管理规范》认证证书的车间生产；新开办药品生产企业、药品生产企业新建药品生产车间或者新增生产剂型的，其样品生产过程应当符合《药品生产质量管理规范》的要求。

第六十四条 药品检验所应当依据核定的药品标准对抽取的样品进行检验，并在规定的时间内将药品注册检验报告送交国家食品药品监督管理局药品审评中心，同时抄送相关省、自治区、直辖市药品监督管理部门和申请人。

第六十五条 国家食品药品监督管理局药品审评中心依据技术审评意见、样品生产现场检查报告和样品检验结果，形成综合意见，连同有关资料报送国家食品药品监督管理局。国家食品药品监督管理局依据综合意见，作出审批决定。符合规定的，发给新药证书，申请人已持有《药品生产许可证》并具备生产条件的，同时发给药品批准文号；不符合规定的，发给《审批意见通知件》，并说明理由。

改变剂型但不改变给药途径，以及增加新适应症的注册申请获得批准后不发给新药证书；靶向制剂、缓释、控释制剂等特殊剂型除外。

第三节　新药监测期

第六十六条 国家食品药品监督管理局根据保护公众健康的要求，可以对批准生产的新药品种设立监测期。监测期自新药批准生产之日起计算，最长不得超过 5 年。

监测期内的新药，国家食品药品监督管理局不批准其他企业生产、改变剂型和进口。

第六十七条 药品生产企业应当考察处于监测期内的新药的生产工艺、质量、稳定性、疗效及不良反应等情况，并每年向所在地省、自治区、直辖市药品监督管理部门报告。药品生产企业未履行监测期责任的，省、自治区、直辖市药品监督管理部门应当责令其改正。

第六十八条 药品生产、经营、使用及检验、监督单位发现新药存在严重质量问题、严重或者非预期的不良反应时，应当及时向省、自治区、直辖市药品监督管理部门报告。省、自治区、直辖市药品监督管理部门收到报告后应当立即组织调查，并报告国家食品药品监督管理局。

第六十九条 药品生产企业对设立监测期的新药从获准生产之日起 2 年内未组织生产的，国家食品药品监督管理局可以批准其他药品生产企业提出的生产该新药的申请，并重新对该新药进行监测。

第七十条 新药进入监测期之日起，国家食品药品监督管理局已经批准其他申请人进行药物临床试验的，可以按照药品注册申报与审批程序继续办理该申请，符合规定的，国家食品药品监督管理局批准该新药的生产或者进口，并对境内药品生产企业生产的该新药一并进行监测。

第七十一条 新药进入监测期之日起，不再受理其他申请人的同品种注册申请。已经受理但尚未批准进行药物临床试验的其他申请人同品种申请予以退回；新药监测期满后，申请人可以提出仿制药申请或者进口药品申请。

第七十二条 进口药品注册申请首先获得批准后，已经批准境内申请人进行临床试验的，可以按照药品注册申报与审批程序继续办理其申请，符合规定的，国家食品药品监督管理局批准其进行生产；申请人也可以撤回该项申请，重新提出仿制药申请。对已经受理但尚未批准进行药物临床试验的其他同品种申请予以退回，申请人可以提出仿制药申请。

第五章　仿制药的申报与审批

第七十三条 仿制药申请人应当是药品生产企业，其申请的药品应当与《药品生产许可证》载明的生产范围一致。

第七十四条 仿制药应当与被仿制药具有同样的活性成份、给药途径、剂型、规格和相同的治疗作用。已有多家企业生产的品种，应当参照有关技术指导原则选择被仿制药进行对照研究。

第七十五条 申请仿制药注册，应当填写《药品注册申请表》，向所在地省、自治区、直辖市药品监督管理部门报送有关资料和生产现场检查申请。

第七十六条 省、自治区、直辖市药品监督管理部门对申报资料进行形式审查，符合要求的，出具药品注册申请受理通知书；不符合要求的，出具药品注册申请不予受理通知书，并说明理由。

已申请中药品种保护的，自中药品种保护申请受理之日起至作出行政决定期间，暂停受理同品种的仿制药申请。

第七十七条 省、自治区、直辖市药品监督管理部门应当自受理申请之日起 5 日内组织对研制情况和原始资料进行现场核查，并应当根据申请人提供的生产工艺和质量标准组织进行生产现场检查，现场抽取连续生产的 3 批样品，送药品检验所检验。

样品的生产应当符合本办法第六十三条的规定。

第七十八条 省、自治区、直辖市药品监督管理部门应当在规定的时限内对申报资料进行审查，提出审查意见。符合规定的，将审查意见、核查报告、生产现场检查报告及申报资料送交国家食品药品监督管理局药品审评中心，同时通知申请人；不符合规定的，发给《审批意见通知件》，并说明理由，同时通知药品检验所停止该药品的注册检验。

第七十九条 药品检验所应当对抽取的样品进行检验，并在规定的时间内将药品注册检验报告送交国家食品药品监督管理局药品审评中心，同时抄送通知其检验的省、自治区、直辖市药品监督管理部门和申请人。

第八十条 国家食品药品监督管理局药品审评中心应当在规定的时间内组织药学、医学及其他技术人员对审查意见和申报资料进行审核，必要时可以要求申请人补充资料，并说明理由。

第八十一条 国家食品药品监督管理局药品审评中心依据技术审评意见、样品生产现场检查报告和样品检验结果，形成综合意见，连同相关资料报送国家食品药品监督管理局，国家食品药品监督管理局依据综合意见，做出审批决定。符合规定的，发给药品批准文号或者《药物临床试验批件》；不符合规定的，发给《审批意见通知件》，并说明理由。

第八十二条 申请人完成临床试验后，应当向国家食品药品监督管理局药品审评中心报送临床试验资料。国家食品药品监督管理局依据技术意见，发给药品批准文号或者《审批意见通知件》。

第八十三条 已确认存在安全性问题的上市药品，国家食品药品监督管理局可以决定暂停受理和审批其仿制药申请。

第六章　进口药品的申报与审批

第一节　进口药品的注册

第八十四条　申请进口的药品，应当获得境外制药厂商所在生产国家或者地区的上市许可；未在生产国家或者地区获得上市许可，但经国家食品药品监督管理局确认该药品安全、有效而且临床需要的，可以批准进口。

申请进口的药品，其生产应当符合所在国家或者地区药品生产质量管理规范及中国《药品生产质量管理规范》的要求。

第八十五条　申请进口药品注册，应当填写《药品注册申请表》，报送有关资料和样品，提供相关证明文件，向国家食品药品监督管理局提出申请。

第八十六条　国家食品药品监督管理局对申报资料进行形式审查，符合要求的，出具药品注册申请受理通知书，并通知中国药品生物制品检定所组织对3个生产批号的样品进行注册检验；不符合要求的，出具药品注册申请不予受理通知书，并说明理由。

国家食品药品监督管理局可以组织对其研制和生产情况进行现场检查，并抽取样品。

第八十七条　中国药品生物制品检定所收到资料和样品后，应当在5日内组织进行注册检验。

第八十八条　承担进口药品注册检验的药品检验所在收到资料、样品和有关标准物质后，应当在60日内完成注册检验并将药品注册检验报告报送中国药品生物制品检定所。

特殊药品和疫苗类制品的样品检验和药品标准复核应当在90日内完成。

第八十九条　中国药品生物制品检定所接到药品注册检验报告和已经复核的进口药品标准后，应当在20日内组织专家进行技术审查，必要时可以根据审查意见进行再复核。

第九十条　中国药品生物制品检定所完成进口药品注册检验后，应当将复核的药品标准、药品注册检验报告和复核意见送交国家食品药品监督管理局药品审评中心，并抄送申请人。

第九十一条　国家食品药品监督管理局药品审评中心应当在规定的时间内

组织药学、医学及其他技术人员对申报资料进行审评，必要时可以要求申请人补充资料，并说明理由。

第九十二条　国家食品药品监督管理局药品审评中心依据技术审评意见和样品检验结果等，形成综合意见，连同相关资料报送国家食品药品监督管理局，国家食品药品监督管理局依据综合意见，做出审批决定。符合规定的，发给《药物临床试验批件》；不符合规定的，发给《审批意见通知件》，并说明理由。

第九十三条　临床试验获得批准后，申请人应当按照本办法第三章及有关要求进行试验。

临床试验结束后，申请人应当填写《药品注册申请表》，按照规定报送临床试验资料及其他变更和补充的资料，并详细说明依据和理由，提供相关证明文件。

第九十四条　国家食品药品监督管理局药品审评中心应当在规定的时间内组织药学、医学及其他技术人员对报送的临床试验等资料进行全面审评，必要时可以要求申请人补充资料，并说明理由。

国家食品药品监督管理局依据综合意见，做出审批决定。符合规定的，发给《进口药品注册证》。中国香港、澳门和台湾地区的制药厂商申请注册的药品，参照进口药品注册申请的程序办理，符合要求的，发给《医药产品注册证》；不符合要求的，发给《审批意见通知件》，并说明理由。

第九十五条　申请进口药品制剂，必须提供直接接触药品的包装材料和容器合法来源的证明文件、用于生产该制剂的原料药和辅料合法来源的证明文件。原料药和辅料尚未取得国家食品药品监督管理局批准的，应当报送有关生产工艺、质量指标和检验方法等规范的研究资料。

第二节　进口药品分包装的注册

第九十六条　进口药品分包装，是指药品已在境外完成最终制剂生产过程，在境内由大包装规格改为小包装规格，或者对已完成内包装的药品进行外包装、放置说明书、粘贴标签等。

第九十七条　申请进口药品分包装，应当符合下列要求：

（一）该药品已经取得《进口药品注册证》或者《医药产品注册证》；

（二）该药品应当是中国境内尚未生产的品种，或者虽有生产但是不能满足临床需要的品种；

（三）同一制药厂商的同一品种应当由一个药品生产企业分包装，分包装的期限不得超过《进口药品注册证》或者《医药产品注册证》的有效期；

（四）除片剂、胶囊外，分包装的其他剂型应当已在境外完成内包装；

（五）接受分包装的药品生产企业，应当持有《药品生产许可证》。进口裸片、胶囊申请在国内分包装的，接受分包装的药品生产企业还应当持有与分包装的剂型相一致的《药品生产质量管理规范》认证证书；

（六）申请进口药品分包装，应当在该药品《进口药品注册证》或者《医药产品注册证》的有效期届满 1 年前提出。

第九十八条 境外制药厂商应当与境内药品生产企业签订进口药品分包装合同，并填写《药品补充申请表》。

第九十九条 申请进口药品分包装的，应当由接受分包装的药品生产企业向所在地省、自治区、直辖市药品监督管理部门提出申请，提交由委托方填写的《药品补充申请表》，报送有关资料和样品。省、自治区、直辖市药品监督管理部门对申报资料进行形式审查后，符合要求的，出具药品注册申请受理通知书；不符合要求的，出具药品注册申请不予受理通知书，并说明理由。

省、自治区、直辖市药品监督管理部门提出审核意见后，将申报资料和审核意见报送国家食品药品监督管理局审批，同时通知申请人。

第一百条 国家食品药品监督管理局对报送的资料进行审查，符合规定的，发给《药品补充申请批件》和药品批准文号；不符合规定的，发给《审批意见通知件》，并说明理由。

第一百零一条 进口分包装的药品应当执行进口药品注册标准。

第一百零二条 进口分包装药品的说明书和标签必须与进口药品的说明书和标签一致，并且应当标注分包装药品的批准文号和分包装药品生产企业的名称。

第一百零三条 境外大包装制剂的进口检验按照国家食品药品监督管理局的有关规定执行。包装后产品的检验与进口检验执行同一药品标准。

第一百零四条 提供药品的境外制药厂商应当对分包装后药品的质量负责。分包装后的药品出现质量问题的，国家食品药品监督管理局可以撤销分包装药品的批准文号，必要时可以依照《药品管理法》第四十二条的规定，撤销该药品的《进口药品注册证》或者《医药产品注册证》。

190

第七章　非处方药的申报

第一百零五条　申请仿制的药品属于按非处方药管理的，申请人应当在《药品注册申请表》的"附加申请事项"中标注非处方药项。

第一百零六条　申请仿制的药品属于同时按处方药和非处方药管理的，申请人可以选择按照处方药或者非处方药的要求提出申请。

第一百零七条　属于以下情况的，申请人可以在《药品注册申请表》的"附加申请事项"中标注非处方药项，符合非处方药有关规定的，按照非处方药审批和管理；不符合非处方药有关规定的，按照处方药审批和管理。

（一）经国家食品药品监督管理局确定的非处方药改变剂型，但不改变适应症或者功能主治、给药剂量以及给药途径的药品；

（二）使用国家食品药品监督管理局确定的非处方药活性成份组成的新的复方制剂。

第一百零八条　非处方药的注册申请，其药品说明书和包装标签应当符合非处方药的有关规定。

第一百零九条　进口的药品属于非处方药的，适用进口药品的申报和审批程序，其技术要求与境内生产的非处方药相同。

第八章　补充申请的申报与审批

第一百一十条　变更研制新药、生产药品和进口药品已获批准证明文件及其附件中载明事项的，应当提出补充申请。

申请人应当参照相关技术指导原则，评估其变更对药品安全性、有效性和质量可控性的影响，并进行相应的技术研究工作。

第一百一十一条　申请人应当填写《药品补充申请表》，向所在地省、自治区、直辖市药品监督管理部门报送有关资料和说明。省、自治区、直辖市药品监督管理部门对申报资料进行形式审查，符合要求的，出具药品注册申请受理通知书；不符合要求的，出具药品注册申请不予受理通知书，并说明理由。

第一百一十二条　进口药品的补充申请，申请人应当向国家食品药品监督管理局报送有关资料和说明，提交生产国家或者地区药品管理机构批准变更的文件。国家食品药品监督管理局对申报资料进行形式审查，符合要求的，出具药品注册申请受理通知书；不符合要求的，出具药品注册申请不予受理通知书，并说明理由。

第一百一十三条 修改药品注册标准、变更药品处方中已有药用要求的辅料、改变影响药品质量的生产工艺等的补充申请，由省、自治区、直辖市药品监督管理部门提出审核意见后，报送国家食品药品监督管理局审批，同时通知申请人。

修改药品注册标准的补充申请，必要时由药品检验所进行标准复核。

第一百一十四条 改变国内药品生产企业名称、改变国内生产药品的有效期、国内药品生产企业内部改变药品生产场地等的补充申请，由省、自治区、直辖市药品监督管理部门受理并审批，符合规定的，发给《药品补充申请批件》，并报送国家食品药品监督管理局备案；不符合规定的，发给《审批意见通知件》，并说明理由。

第一百一十五条 按规定变更药品包装标签，根据国家食品药品监督管理局的要求修改说明书等的补充申请，报省、自治区、直辖市药品监督管理部门备案。

第一百一十六条 进口药品的补充申请，由国家食品药品监督管理局审批。其中改变进口药品制剂所用原料药的产地、变更进口药品外观但不改变药品标准、根据国家药品标准或国家食品药品监督管理局的要求修改进口药说明书、补充完善进口药说明书的安全性内容、按规定变更进口药品包装标签、改变注册代理机构的补充申请，由国家食品药品监督管理局备案。

第一百一十七条 对药品生产技术转让、变更处方和生产工艺可能影响产品质量等的补充申请，省、自治区、直辖市药品监督管理部门应当根据其《药品注册批件》附件或者核定的生产工艺，组织进行生产现场检查，药品检验所应当对抽取的3批样品进行检验。

第一百一十八条 国家食品药品监督管理局对药品补充申请进行审查，必要时可以要求申请人补充资料，并说明理由。符合规定的，发给《药品补充申请批件》；不符合规定的，发给《审批意见通知件》，并说明理由。

第一百一十九条 补充申请获得批准后，换发药品批准证明文件的，原药品批准证明文件由国家食品药品监督管理局予以注销；增发药品批准证明文件的，原批准证明文件继续有效。

第九章　药品再注册

第一百二十条　国家食品药品监督管理局核发的药品批准文号、《进口药品注册证》或者《医药产品注册证》的有效期为 5 年。有效期届满，需要继续生产或者进口的，申请人应当在有效期届满前 6 个月申请再注册。

第一百二十一条　在药品批准文号、《进口药品注册证》或者《医药产品注册证》有效期内，申请人应当对药品的安全性、有效性和质量控制情况，如监测期内的相关研究结果、不良反应的监测、生产控制和产品质量的均一性等进行系统评价。

第一百二十二条　药品再注册申请由药品批准文号的持有者向省、自治区、直辖市药品监督管理部门提出，按照规定填写《药品再注册申请表》，并提供有关申报资料。

进口药品的再注册申请由申请人向国家食品药品监督管理局提出。

第一百二十三条　省、自治区、直辖市药品监督管理部门对申报资料进行审查，符合要求的，出具药品再注册申请受理通知书；不符合要求的，出具药品再注册申请不予受理通知书，并说明理由。

第一百二十四条　省、自治区、直辖市药品监督管理部门应当自受理申请之日起 6 个月内对药品再注册申请进行审查，符合规定的，予以再注册；不符合规定的，报国家食品药品监督管理局。

第一百二十五条　进口药品的再注册申请由国家食品药品监督管理局受理，并在 6 个月内完成审查，符合规定的，予以再注册；不符合规定的，发出不予再注册的通知，并说明理由。

第一百二十六条　有下列情形之一的药品不予再注册：

（一）有效期届满前未提出再注册申请的；

（二）未达到国家食品药品监督管理局批准上市时提出的有关要求的；

（三）未按照要求完成 IV 期临床试验的；

（四）未按照规定进行药品不良反应监测的；

（五）经国家食品药品监督管理局再评价属于疗效不确、不良反应大或者其他原因危害人体健康的；

（六）按照《药品管理法》的规定应当撤销药品批准证明文件的；

（七）不具备《药品管理法》规定的生产条件的；

（八）未按规定履行监测期责任的；

（九）其他不符合有关规定的情形。

第一百二十七条 国家食品药品监督管理局收到省、自治区、直辖市药品监督管理部门意见后，经审查不符合药品再注册规定的，发出不予再注册的通知，并说明理由。

对不予再注册的品种，除因法定事由被撤销药品批准证明文件的外，在有效期届满时，注销其药品批准文号、《进口药品注册证》或者《医药产品注册证》。

第十章 药品注册检验

第一百二十八条 药品注册检验，包括样品检验和药品标准复核。

样品检验，是指药品检验所按照申请人申报或者国家食品药品监督管理局核定的药品标准对样品进行的检验。

药品标准复核，是指药品检验所对申报的药品标准中检验方法的可行性、科学性、设定的项目和指标能否控制药品质量等进行的实验室检验和审核工作。

第一百二十九条 药品注册检验由中国药品生物制品检定所或者省、自治区、直辖市药品检验所承担。进口药品的注册检验由中国药品生物制品检定所组织实施。

第一百三十条 下列药品的注册检验由中国药品生物制品检定所或者国家食品药品监督管理局指定的药品检验所承担：

（一）本办法第四十五条（一）、（二）规定的药品；

（二）生物制品、放射性药品；

（三）国家食品药品监督管理局规定的其他药品。

第一百三十一条 获准进入特殊审批程序的药品，药品检验所应当优先安排样品检验和药品标准复核。

第一百三十二条 从事药品注册检验的药品检验所，应当按照药品检验所实验室质量管理规范和国家计量认证的要求，配备与药品注册检验任务相适应的人员和设备，符合药品注册检验的质量保证体系和技术要求。

第一百三十三条 申请人应当提供药品注册检验所需要的有关资料、报送样品或者配合抽取检验用样品、提供检验用标准物质。报送或者抽取的样品量应当为检验用量的 3 倍；生物制品的注册检验还应当提供相应批次的制造检定记录。

第一百三十四条 药品检验所进行新药标准复核时，除进行样品检验外，还应当根据药物的研究数据、国内外同类产品的药品标准和国家有关要求，对药物的药品标准、检验项目等提出复核意见。

第一百三十五条 要求申请人重新制订药品标准的，申请人不得委托提出原复核意见的药品检验所进行该项药品标准的研究工作；该药品检验所不得接受此项委托。

第十一章 药品注册标准和说明书

第一节 药品注册标准

第一百三十六条 国家药品标准，是指国家食品药品监督管理局颁布的《中华人民共和国药典》、药品注册标准和其他药品标准，其内容包括质量指标、检验方法以及生产工艺等技术要求。

药品注册标准，是指国家食品药品监督管理局批准给申请人特定药品的标准，生产该药品的药品生产企业必须执行该注册标准。

药品注册标准不得低于中国药典的规定。

第一百三十七条 药品注册标准的项目及其检验方法的设定，应当符合中国药典的基本要求、国家食品药品监督管理局发布的技术指导原则及国家药品标准编写原则。

第一百三十八条 申请人应当选取有代表性的样品进行标准的研究工作。

第二节 药品标准物质

第一百三十九条 药品标准物质，是指供药品标准中物理和化学测试及生物方法试验用，具有确定特性量值，用于校准设备、评价测量方法或者给供试药品赋值的物质，包括标准品、对照品、对照药材、参考品。

第一百四十条　中国药品生物制品检定所负责标定国家药品标准物质。

中国药品生物制品检定所可以组织有关的省、自治区、直辖市药品检验所、药品研究机构或者药品生产企业协作标定国家药品标准物质。

第一百四十一条　中国药品生物制品检定所负责对标定的标准物质从原材料选择、制备方法、标定方法、标定结果、定值准确性、量值溯源、稳定性及分装与包装条件等资料进行全面技术审核，并作出可否作为国家药品标准物质的结论。

第三节　药品名称、说明书和标签

第一百四十二条　申请注册药品的名称、说明书和标签应当符合国家食品药品监督管理局的规定。

第一百四十三条　药品说明书和标签由申请人提出，国家食品药品监督管理局药品审评中心根据申报资料对其中除企业信息外的内容进行审核，在批准药品生产时由国家食品药品监督管理局予以核准。

申请人应当对药品说明书和标签的科学性、规范性与准确性负责。

第一百四十四条　申请人应当跟踪药品上市后的安全性和有效性情况，及时提出修改药品说明书的补充申请。

第一百四十五条　申请人应当按照国家食品药品监督管理局规定的格式和要求、根据核准的内容印制说明书和标签。

第十二章　时　限

第一百四十六条　药品监督管理部门应当遵守《药品管理法》、《行政许可法》及《药品管理法实施条例》规定的药品注册时限要求。本办法所称药品注册时限，是药品注册的受理、审查、审批等工作的最长时间，根据法律法规的规定中止审批或者申请人补充资料等所用时间不计算在内。

药品注册检验、审评工作时间应当按照本办法的规定执行。有特殊原因需要延长时间的，应当说明理由，报国家食品药品监督管理局批准并告知申请人。

第一百四十七条　药品监督管理部门收到申请后进行形式审查，并根据下列情况分别作出处理：

（一）申请事项依法不需要取得行政许可的，应当即时告知申请人不受理；

（二）申请事项依法不属于本部门职权范围的，应当即时作出不予受理的决定，并告知申请人向有关行政机关申请；

（三）申报资料存在可以当场更正的错误的，应当允许申请人当场更正；

（四）申报资料不齐全或者不符合法定形式的，应当当场或者在 5 日内一次告知申请人需要补正的全部内容，逾期不告知的，自收到申报资料之日起即为受理；

（五）申请事项属于本部门职权范围，申报资料齐全、符合法定形式，或者申请人按照要求提交全部补正资料的，应当受理药品注册申请。

药品监督管理部门受理或者不予受理药品注册申请，应当出具加盖药品注册专用印章和注明日期的书面凭证。

第一百四十八条　省、自治区、直辖市药品监督管理部门应当在受理申请后 30 日内完成对研制情况及原始资料的核查、对申报资料的审查、抽取样品、通知药品检验所进行注册检验、将审查意见和核查报告连同申请人的申报资料一并报送国家食品药品监督管理局等工作，同时将审查意见通知申请人。

第一百四十九条　药品注册检验的时间按照以下规定执行：

（一）样品检验：30 日；同时进行样品检验和标准复核：60 日；

（二）特殊药品和疫苗类制品的样品检验：60 日；同时进行样品检验和标准复核：90 日。

按照本办法第三十六条的规定由药品检验所进行临床试验用样品检验的，应当按照前款样品检验的时间完成。

第一百五十条　技术审评工作时间按照下列规定执行：

（一）新药临床试验：90 日；获准进入特殊审批程序的品种：80 日；

（二）新药生产：150 日；获准进入特殊审批程序的品种：120 日；

（三）对已上市药品改变剂型和仿制药的申请：160 日；

（四）需要进行技术审评的补充申请：40 日。

进口药品注册申请的技术审评时间参照前款执行。

第一百五十一条　在技术审评过程中需要申请人补充资料的，应当一次性发出补充资料通知，申请人对补充资料通知内容提出异议的，可以当面听取申请人的陈述意见。申请人应当在 4 个月内按照通知要求一次性完成补充资料，进入特殊审批程序的，按照特殊审批程序的要求办理。

收到补充资料后，技术审评时间应当不超过原规定时间的 1/3；进入特殊审批程序的，不得超过原规定时间的 1/4。

药品注册过程中申请人自行提出撤回申请的，其审批程序自行终止。

第一百五十二条　国家食品药品监督管理局应当在 20 日内作出审批决定；20 日内不能作出决定的，经主管局领导批准，可以延长 10 日，并应当将延长时限的理由告知申请人。

第一百五十三条　国家食品药品监督管理局应当自作出药品注册审批决定之日起 10 日内颁发、送达有关行政许可证件。

第十三章　复　　审

第一百五十四条　有下列情形之一的，国家食品药品监督管理局不予批准：

（一）不同申请人提交的研究资料、数据相同或者雷同，且无正当理由的；

（二）在注册过程中发现申报资料不真实，申请人不能证明其申报资料真实的；

（三）研究项目设计和实施不能支持对其申请药品的安全性、有效性、质量可控性进行评价的；

（四）申报资料显示其申请药品安全性、有效性、质量可控性等存在较大缺陷的；

（五）未能在规定的时限内补充资料的；

（六）原料药来源不符合规定的；

（七）生产现场检查或者样品检验结果不符合规定的；

（八）法律法规规定的不应当批准的其他情形。

第一百五十五条　药品监督管理部门依法作出不予受理或者不予批准的书面决定，应当说明理由，并告知申请人享有依法提请行政复议或者提起行政诉讼的权利。

第一百五十六条　申请人对国家食品药品监督管理局作出的不予批准决定有异议的，可以在收到不予批准的通知之日起 60 日内填写《药品注册复审申请表》，向国家食品药品监督管理局提出复审申请并说明复审理由。

复审的内容仅限于原申请事项及原申报资料。

第一百五十七条　国家食品药品监督管理局接到复审申请后，应当在 50 日内作出复审决定，并通知申请人。维持原决定的，国家食品药品监督管理局不再受理再次的复审申请。

第一百五十八条　复审需要进行技术审查的，国家食品药品监督管理局应当组织有关专业技术人员按照原申请时限进行。

第十四章　法律责任

第一百五十九条　有《行政许可法》第六十九条规定情形的，国家食品药品监督管理局根据利害关系人的请求或者依据职权，可以撤销有关的药品批准证明文件。

第一百六十条　药品监督管理部门及其工作人员违反本法的规定，有下列情形之一的，由其上级行政机关或者监察机关责令改正；情节严重的，对直接负责的主管人员和其他直接责任人员依法给予行政处分：

（一）对符合法定条件的药品注册申请不予受理的；

（二）不在受理场所公示依法应当公示的材料的；

（三）在受理、审评、审批过程中，未向申请人、利害关系人履行法定告知义务的；

（四）申请人提交的申报资料不齐全、不符合法定形式，不一次告知申请人必须补正的全部内容的；

（五）未依法说明不受理或者不批准药品注册申请理由的；

（六）依法应当举行听证而不举行听证的。

第一百六十一条　药品监督管理部门及其工作人员在药品注册过程中索取或者收受他人财物或者谋取其他利益，构成犯罪的，依法追究刑事责任；尚不构成犯罪的，依法给予行政处分。

第一百六十二条　药品监督管理部门在药品注册过程中有下列情形之一的，由其上级行政机关或者监察机关责令改正，对直接负责的主管人员和其他直接责任人员依法给予行政处分；构成犯罪的，依法追究刑事责任：

（一）对不符合法定条件的申请作出准予注册决定或者超越法定职权作出

准予注册决定的；

（二）对符合法定条件的申请作出不予注册决定或者不在法定期限内作出准予注册决定的；

（三）违反本办法第九条的规定未履行保密义务的。

第一百六十三条　药品检验所在承担药品审批所需要的检验工作时，出具虚假检验报告的，依照《药品管理法》第八十七条的规定处罚。

第一百六十四条　药品监督管理部门擅自收费或者不按照法定项目和标准收费的，由其上级行政机关或者监察机关责令退还非法收取的费用；对直接负责的主管人员和其他直接责任人员依法给予行政处分。

第一百六十五条　在药品注册中未按照规定实施《药物非临床研究质量管理规范》或者《药物临床试验质量管理规范》的，依照《药品管理法》第七十九条的规定处罚。

第一百六十六条　申请人在申报临床试验时，报送虚假药品注册申报资料和样品的，药品监督管理部门不予受理或者对该申报药品的临床试验不予批准，对申请人给予警告，1年内不受理该申请人提出的该药物临床试验申请；已批准进行临床试验的，撤销批准该药物临床试验的批件，并处1万元以上3万元以下罚款，3年内不受理该申请人提出的该药物临床试验申请。

药品监督管理部门对报送虚假资料和样品的申请人建立不良行为记录，并予以公布。

第一百六十七条　申请药品生产或者进口时，申请人报送虚假药品注册申报资料和样品的，国家食品药品监督管理局对该申请不予受理或者不予批准，对申请人给予警告，1年内不受理其申请；已批准生产或者进口的，撤销药品批准证明文件，5年内不受理其申请，并处1万元以上3万元以下罚款。

第一百六十八条　根据本办法第二十七条的规定，需要进行药物重复试验，申请人拒绝的，国家食品药品监督管理局对其予以警告并责令改正，申请人拒不改正的，不予批准其申请。

第一百六十九条　具有下列情形之一的，由国家食品药品监督管理局注销药品批准文号，并予以公布：

（一）批准证明文件的有效期未满，申请人自行提出注销药品批准文号的；

（二）按照本办法第一百二十六条的规定不予再注册的；

（三）《药品生产许可证》被依法吊销或者缴销的；

（四）按照《药品管理法》第四十二条和《药品管理法实施条例》第四十一条的规定，对不良反应大或者其他原因危害人体健康的药品，撤销批准证明文件的；

（五）依法作出撤销药品批准证明文件的行政处罚决定的；

（六）其他依法应当撤销或者撤回药品批准证明文件的情形。

第十五章　附　　则

第一百七十条　中药和天然药物、化学药品、生物制品、补充申请、再注册的申报资料和要求分别见本办法附件1、附件2、附件3、附件4、附件5，监测期的规定见附件6。

第一百七十一条　药品批准文号的格式为：国药准字H（Z、S、J）+4位年号+4位顺序号，其中H代表化学药品，Z代表中药，S代表生物制品，J代表进口药品分包装。

《进口药品注册证》证号的格式为：H（Z、S）+4位年号+4位顺序号；《医药产品注册证》证号的格式为：H（Z、S）C+4位年号+4位顺序号，其中H代表化学药品，Z代表中药，S代表生物制品。对于境内分包装用大包装规格的注册证，其证号在原注册证号前加字母B。

新药证书号的格式为：国药证字H（Z、S）+4位年号+4位顺序号，其中H代表化学药品，Z代表中药，S代表生物制品。

第一百七十二条　本办法规定由省、自治区、直辖市药品监督管理部门承担的受理、补充申请的审批、再注册的审批，均属国家食品药品监督管理局委托事项。国家食品药品监督管理局还可以委托省、自治区、直辖市药品监督管理部门承担药品注册事项的其他技术审评或者审批工作。

第一百七十三条　国家食品药品监督管理局对批准上市的药品实行编码管理。药品编码管理的规定另行制定。

第一百七十四条　麻醉药品、精神药品、医疗用毒性药品、放射性药品的注册申请，除按照本办法的规定办理外，还应当符合国家的其他有关规定。

第一百七十五条　实施批准文号管理的中药材、中药饮片以及进口中药材的注册管理规定，由国家食品药品监督管理局另行制定。

第一百七十六条　药品技术转让和委托生产的办法另行制定。

第一百七十七条　本办法自 2007 年 10 月 1 日起施行。国家食品药品监督管理局于 2005 年 2 月 28 日公布的《药品注册管理办法》（国家食品药品监督管理局令第 17 号）同时废止。

附录 2：中药、天然药物注册分类及申报资料要求

本附件中的中药是指在我国传统医药理论指导下使用的药用物质及其制剂。

本附件中的天然药物是指在现代医药理论指导下使用的天然药用物质及其制剂。

一、注册分类及说明

（一）注册分类

1. 未在国内上市销售的从植物、动物、矿物等物质中提取的有效成份及其制剂。

2. 新发现的药材及其制剂。

3. 新的中药材代用品。

4. 药材新的药用部位及其制剂。

5. 未在国内上市销售的从植物、动物、矿物等物质中提取的有效部位及其制剂。

6. 未在国内上市销售的中药、天然药物复方制剂。

7. 改变国内已上市销售中药、天然药物给药途径的制剂。

8. 改变国内已上市销售中药、天然药物剂型的制剂。

9. 仿制药。

（二）说明

注册分类 1~6 的品种为新药，注册分类 7、8 按新药申请程序申报。

1. "未在国内上市销售的从植物、动物、矿物等物质中提取的有效成份及其制剂"是指国家药品标准中未收载的从植物、动物、矿物等物质中提取得到的天然的单一成份及其制剂，其单一成份的含量应当占总提取物的 90% 以上。

2. "新发现的药材及其制剂"是指未被国家药品标准或省、自治区、直

辖市地方药材规范（统称"法定标准"）收载的药材及其制剂。

3. "新的中药材代用品"是指替代国家药品标准中药成方制剂处方中的毒性药材或处于濒危状态药材的未被法定标准收载的药用物质。

4. "药材新的药用部位及其制剂"是指具有法定标准药材的原动、植物新的药用部位及其制剂。

5. "未在国内上市销售的从植物、动物、矿物等物质中提取的有效部位及其制剂"是指国家药品标准中未收载的从单一植物、动物、矿物等物质中提取的一类或数类成份组成的有效部位及其制剂，其有效部位含量应占提取物的50%以上。

6. "未在国内上市销售的中药、天然药物复方制剂"包括：

6.1 中药复方制剂；

6.2 天然药物复方制剂；

6.3 中药、天然药物和化学药品组成的复方制剂。

中药复方制剂应在传统医药理论指导下组方。主要包括：来源于古代经典名方的中药复方制剂、主治为证候的中药复方制剂、主治为病证结合的中药复方制剂等。

天然药物复方制剂应在现代医药理论指导下组方，其适应症用现代医学术语表述。

中药、天然药物和化学药品组成的复方制剂包括中药和化学药品，天然药物和化学药品，以及中药、天然药物和化学药品三者组成的复方制剂。

7. "改变国内已上市销售中药、天然药物给药途径的制剂"是指不同给药途径或吸收部位之间相互改变的制剂。

8. "改变国内已上市销售中药、天然药物剂型的制剂"是指在给药途径不变的情况下改变剂型的制剂。

9. "仿制药"是指注册申请我国已批准上市销售的中药或天然药物。

二、申报资料项目及说明

（一）申报资料项目

综述资料：

1. 药品名称。

2. 证明性文件。

3. 立题目的与依据。

4. 对主要研究结果的总结及评价。

5. 药品说明书样稿、起草说明及最新参考文献。

6. 包装、标签设计样稿。

药学研究资料：

7. 药学研究资料综述。

8. 药材来源及鉴定依据。

9. 药材生态环境、生长特征、形态描述、栽培或培植（培育）技术、产地加工和炮制方法等。

10. 药材标准草案及起草说明，并提供药品标准物质及有关资料。

11. 提供植物、矿物标本，植物标本应当包括花、果实、种子等。

12. 生产工艺的研究资料、工艺验证资料及文献资料，辅料来源及质量标准。

13. 化学成份研究的试验资料及文献资料。

14. 质量研究工作的试验资料及文献资料。

15. 药品标准草案及起草说明，并提供药品标准物质及有关资料。

16. 样品检验报告书。

17. 药物稳定性研究的试验资料及文献资料。

18. 直接接触药品的包装材料和容器的选择依据及质量标准。

药理毒理研究资料：

19. 药理毒理研究资料综述。

20. 主要药效学试验资料及文献资料。

21. 一般药理研究的试验资料及文献资料。

22. 急性毒性试验资料及文献资料。

23. 长期毒性试验资料及文献资料。

24. 过敏性（局部、全身和光敏毒性）、溶血性和局部（血管、皮肤、粘膜、肌肉等）刺激性、依赖性等主要与局部、全身给药相关的特殊安全性试验资料和文献资料。

25. 遗传毒性试验资料及文献资料。

26. 生殖毒性试验资料及文献资料。

27. 致癌试验资料及文献资料。

28. 动物药代动力学试验资料及文献资料。

临床试验资料：

29. 临床试验资料综述。

30. 临床试验计划与方案。

31. 临床研究者手册。

32. 知情同意书样稿、伦理委员会批准件。

33. 临床试验报告。

（二）说明

1. 申报资料项目说明

综述资料：

（1）资料项目1 药品名称包括：

①中文名；

②汉语拼音名；

③命名依据。

（2）资料项目2 证明性文件包括：

①申请人合法登记证明文件、《药品生产许可证》、《药品生产质量管理规范》认证证书复印件，申请新药生产时应当提供样品制备车间的《药品生产质量管理规范》认证证书复印件；

②申请的药物或者使用的处方、工艺、用途等在中国的专利及其权属状态的说明，以及对他人的专利不构成侵权的声明；

③麻醉药品、精神药品、医用毒性药品研制立项批复文件复印件；

④申请新药生产时应当提供《药物临床试验批件》复印件；

⑤直接接触药品的包装材料（或容器）的《药品包装材料和容器注册证》或《进口包装材料和容器注册证》复印件；

⑥其他证明文件。

如为进口申请，还应提供：

①生产国家或者地区药品管理机构出具的允许药品上市销售及该药品生产企业符合药品生产质量管理规范的证明文件、公证文书；出口国物种主管当局同意出口的证明；

②由境外制药厂商常驻中国代表机构办理注册事务的，应当提供《外国企业常驻中国代表机构登记证》复印件；

境外制药厂商委托中国代理机构代理申报的，应当提供委托文书、公证文书以及中国代理机构的《营业执照》复印件；

③安全性试验资料应当提供相应的药物非临床研究质量管理规范证明文件；临床试验用样品应当提供相应的药品生产质量管理规范证明文件。

（3）资料项目3 立题目的与依据：中药材、天然药物应当提供有关古、现代文献资料综述。中药、天然药物制剂应当提供处方来源和选题依据，国内外研究现状或生产、使用情况的综述，以及对该品种创新性、可行性、剂型的合理性和临床使用的必要性等的分析，包括和已有国家标准的同类品种的比较。中药还应提供有关传统医药的理论依据及古籍文献资料综述等。

（4）资料项目4 对研究结果的总结及评价：包括申请人对主要研究结果进行的总结，以及从安全性、有效性、质量可控性等方面对所申报品种进行的综合评价。

（5）资料项目5 药品说明书样稿、起草说明及最新参考文献：包括按有关规定起草的药品说明书样稿、说明书各项内容的起草说明、有关安全性和有效性等方面的最新文献。

药学研究资料：

（6）资料项目16 样品检验报告书：是指对申报样品的自检报告。临床试验前报送资料时提供至少1批样品的自检报告，完成临床试验后报送资料时提供连续3批样品的自检报告。

药理毒理研究资料：

（7）资料项目24 过敏性（局部、全身和光敏毒性）、溶血性和局部（血管、皮肤、粘膜、肌肉等）刺激性、依赖性等主要与局部、全身给药相关的特殊安全性试验资料和文献资料：根据药物给药途径及制剂特点提供相应的制剂安全性试验资料。具有依赖性倾向的新药，应提供药物依赖性试验资料。

（8）资料项目25 遗传毒性试验资料及文献资料：如果处方中含有无法定标准的药材，或来源于无法定标准药材的有效部位，以及用于育龄人群并可能对生殖系统产生影响的新药（如避孕药、性激素、治疗性功能障碍药、促精子生成药、保胎药或有细胞毒作用等的新药），应报送遗传毒性试验资料。

（9）资料项目26 生殖毒性试验资料及文献资料：用于育龄人群并可能对生殖系统产生影响的新药（如避孕药、性激素、治疗性功能障碍药、促精子生成药、保胎药以及遗传毒性试验阳性或有细胞毒作用等的新药），应根据具体情况提供相应的生殖毒性研究资料。

（10）资料项目 27 致癌试验资料及文献资料：新药在长期毒性试验中发现有细胞毒作用或者对某些脏器组织生长有异常促进作用的以及致突变试验结果为阳性的，必须提供致癌试验资料及文献资料。

2. 申报资料的具体要求

（1）申请新药临床试验，一般应报送资料项目 1～4、7～31。

（2）完成临床试验后申请新药生产，一般应报送资料项目 1～33 以及其他变更和补充的资料，并详细说明变更的理由和依据。

（3）申请仿制药（中药、天然药物注射剂等需进行临床试验的除外），一般应报送资料项目 2～8、12、15～18。

（4）进口申请提供的生产国家或者地区政府证明文件及全部技术资料应当是中文本并附原文；其中质量标准的中文本必须按中国国家药品标准规定的格式整理报送。

（5）由于中药、天然药物的多样性和复杂性，在申报时，应当结合具体品种的特点进行必要的相应研究。如果减免试验，应当充分说明理由。

（6）中药、天然药物注射剂的技术要求另行制定。

（7）对于"注册分类 1"的未在国内上市销售的从植物、动物、矿物等中提取的有效成份及其制剂，当有效成份或其代谢产物与已知致癌物质有关或相似，或预期连续用药 6 个月以上，或治疗慢性反复发作性疾病而需经常间歇使用时，必须提供致癌性试验资料。

申请"未在国内上市销售的从植物、动物、矿物等中提取的有效成份及其制剂"，如有由同类成份组成的已在国内上市销售的从单一植物、动物、矿物等物质中提取的有效部位及其制剂，则应当与该有效部位进行药效学及其他方面的比较，以证明其优势和特点。

（8）对于"注册分类 3"的新的中药材代用品，除按"注册分类 2"的要求提供临床前的相应申报资料外，还应当提供与被替代药材进行药效学对比的试验资料，并应提供进行人体耐受性试验以及通过相关制剂进行临床等效性研究的试验资料，如果代用品为单一成份，尚应当提供药代动力学试验资料及文献资料。

新的中药材代用品获得批准后，申请使用该代用品的制剂应当按补充申请办理，但应严格限定在被批准的可替代的功能范围内。

（9）对于"注册分类5"未在国内上市销售的从单一植物、动物、矿物等中提取的有效部位及其制剂，除按要求提供申报资料外，尚需提供以下资料：

①申报资料项目第12项中需提供有效部位筛选的研究资料或文献资料；申报资料项目第13项中需提供有效部位主要化学成份研究资料及文献资料；

②由数类成份组成的有效部位，应当测定每类成份的含量，并对每类成份中的代表成份进行含量测定且规定下限（对有毒性的成份还应该增加上限控制）；

③申请由同类成份组成的未在国内上市销售的从单一植物、动物、矿物等物质中提取的有效部位及其制剂，如其中含有已上市销售的从植物、动物、矿物等中提取的有效成份，则应当与该有效成份进行药效学及其他方面的比较，以证明其优势和特点。

（10）对于"注册分类6"未在国内上市销售的中药、天然药物复方制剂按照不同类别的要求应提供资料为：

①中药复方制剂，根据处方来源和组成、功能主治、制备工艺等可减免部分试验资料，具体要求另行规定；

②天然药物复方制剂应当提供多组份药效、毒理相互影响的试验资料及文献资料；

③处方中如果含有无法定标准的药用物质，还应当参照相应注册分类中的要求提供相关的申报资料；

④中药、天然药物和化学药品组成的复方制剂中的药用物质必需具有法定标准，申报临床时应当提供中药、天然药物和化学药品间药效、毒理相互影响（增效、减毒或互补作用）的比较性研究试验资料及文献资料，以及中药、天然药物对化学药品生物利用度影响的试验资料；申报生产时应当通过临床试验证明其组方的必要性，并提供中药、天然药物对化学药品人体生物利用度影响的试验资料。处方中含有的化学药品（单方或复方）必须被国家药品标准收载。

（11）对于"注册分类8"改变国内已上市销售中药、天然药物剂型的制剂，应当说明新制剂的优势和特点。新制剂的功能主治或适应症原则上应与原制剂相同，其中无法通过药效或临床试验证实的，应当提供相应的资料。

（12）对于"注册分类9"仿制药应与被仿制品种一致，必要时还应当提高质量标准。

（13）关于临床试验

①临床试验的病例数应当符合统计学要求和最低病例数要求；

②临床试验的最低病例数（试验组）要求：Ⅰ期为 20～30 例，Ⅱ期为 100 例，Ⅲ期为 300 例，Ⅳ期为 2000 例；

③属注册分类 1、2、4、5、6 的新药，以及 7 类和工艺路线、溶媒等有明显改变的改剂型品种，应当进行Ⅳ期临床试验；

④生物利用度试验一般为 18～24 例；

⑤避孕药Ⅰ期临床试验应当按照本办法的规定进行，Ⅱ期临床试验应当完成至少 100 对 6 个月经周期的随机对照试验，Ⅲ期临床试验应当完成至少 1000 例 12 个月经周期的开放试验，Ⅳ期临床试验应当充分考虑该类药品的可变因素，完成足够样本量的研究工作；

⑥新的中药材代用品的功能替代，应当从国家药品标准中选取能够充分反映被代用药材功效特征的中药制剂作为对照药进行比较研究，每个功能或主治病症需经过 2 种以上中药制剂进行验证，每种制剂临床验证的病例数不少于 100 对；

⑦改剂型品种应根据工艺变化的情况和药品的特点，免除或进行不少于 100 对的临床试验；

⑧仿制药视情况需要，进行不少于 100 对的临床试验；

⑨进口中药、天然药物制剂按注册分类中的相应要求提供申报资料，并应提供在国内进行的人体药代动力学研究资料和临床试验资料，病例数不少于 100 对；多个主治病症或适应症的，每个主要适应症的病例数不少于 60 对。

三、申报资料项目表及说明

（一）中药、天然药物申报资料项目表

资料分类	资料项目	注册分类及资料项目要求										
		1	2	3	4	5	6			7	8	9
							6.1	6.2	6.3			
综述资料	1	+	+	+	+	+	+	+	+	+	+	－
	2	+	+	+	+	+	+	+	+	+	+	+
	3	+	+	+	+	+	+	+	+	+	+	+
	4	+	+	+	+	+	+	+	+	+	+	+
	5	+	+	+	+	+	+	+	+	+	+	+
	6	+	+	+	+	+	+	+	+	+	+	+

资料分类	资料项目	注册分类及资料项目要求										
		1	2	3	4	5	6			7	8	9
							6.1	6.2	6.3			
药学资料	7	+	+	+	+	+	+	+	+	+	+	+
	8	+	+	+	+	+	+	+	+	+	+	+
	9	–	+	+	–	▲	▲	▲	▲	–	–	–
	10	–	+	+	+	▲	▲	▲	▲	–	–	–
	11	–	+	+	–	▲	▲	▲	▲	–	–	–
	12	+	+	+	+	+	+	+	+	+	+	+
	13	+	+	±	+	+	+	+	+	+	+	–
药学资料	14	+	+	±	+	+	+	±	±	±	±	–
	15	+	+	+	+	+	+	+	+	+	+	+
	16	+	+	+	+	+	+	+	+	+	+	+
	17	+	+	+	+	+	+	+	+	+	+	+
	18	+	+	+	+	+	+	+	+	+	+	+
药理毒理资料	19	+	+	*	+	+	+	+	+	+	±	–
	20	+	+	*	+	+	±	+	+	+	±	–
	21	+	+	*	+	+	±	+	+	–	–	–
	22	+	+	*	+	+	+	+	+	+	±	–
	23	+	+	±	+	+	+	+	+	+	±	–
	24	*	*	*	*	*	*	*	*	*	*	*
	25	+	+	▲	+	*	*	*	*	*	–	–
	26	+	+	*	*	*	*	*	*	*	–	–
	27	*	*	*	*	*	*	*	*	*	–	–
	28	+	–	*	–	–	–	–	–	–	–	–
临床资料	29	+	+	+	+	+	+	+	+	+	+	–
	30	+	+	+	+	+	+	+	+	+	*	–
	31	+	+	+	+	+	+	+	+	+	*	–
	32	+	+	+	+	+	+	+	+	+	*	–
	33	+	+	+	+	+	+	+	+	+	*	–

（二）说明

1. "＋"指必须报送的资料；

2. "－"指可以免报的资料；

3. "±"指可以用文献综述代替试验研究或按规定可减免试验研究的资料；

4. "▲"具有法定标准的中药材、天然药物可以不提供，否则必须提供资料；

5. "＊"按照申报资料项目说明和申报资料具体要求。